The Good Shufu

米国人博士、大阪で主婦になる。

Finding Love, Self, and Home on the Far Side of the World

Tracy Slater

JN187909

トレイシー・スレイター

高月園子＝訳

亜紀書房

米国人博士、
大阪で主婦になる。

亜紀書房

THE GOOD SHUFU
: Finding Love, Self, and Home on the Far Side of the World
by TRACY SLATER

This edition published by arrangement with G.P. Putnam's Sons, an imprint of Penguin Publishing Group, a division of Penguin Random House LLC through Tuttle-Mori Agency, Inc., Tokyo

序　文

本書はノンフィクションです。そう呼ぶからには、私はその定義に敬意を払うという重大な責任を感じています。けれども、それはあくまで私の記憶力の限界にかかっています。あらゆる状況において、私はできるだけ多くを正確に、また以下のような創造的な例外をのぞいては、誇張なく思い出すことを心がけました。

〈1〉会話はその場で取ったメモからではなく、私の記憶から再生しています（夫が言ったことがあまりにユニークで驚いたために、一言一句をメモした場合のような、ごく稀なケースをのぞいて）。したがって、本書に記されている会話は、実際に交わされた会話についての私の思い出せるかぎりの記憶と、（可能な場合は）その場面に登場した人物からの助言のコンビネーションです。

〈2〉本書の登場人物の一部には、プライバシー保護のために仮名を使用しています。

〈3〉ごく少数のケースにおいて、文脈の一貫性と簡潔さのために、別の機会に起きたいくつかの重要でないシーンを組み合わせて、一つの小さなシーンを作り出しています。

その他の不正確な記述や間違いはすべて意図したものではなく、またその責任はすべて私にあります。

※翻訳にあたり、著者からの指示と依頼により、登場人物の名前は原書から一部変更されています（編集部）

CONTENTS

PART 1

出　発

DEPATURE

カルチャーショックについてのあらゆる、とはいわないまでもほとんどの解説が、（異文化における）自分自身や他者に対する態度は３～５段階のＵカーブを描いて低いレベルから高いレベルへと変化し発展する……としている……（しかし）実際のカルチャーショックはめったにＵカーブで示されるような滑らかなものではない。異文化の中でも自身の文化と同様の高いレベルで機能できる人はきわめて稀であり、したがって、逆さ向きのＪカーブをたどるといったほうが、おそらく真実に近い。

――ポール・ピーダーセン著『カルチャーショックの５段階』より

「絶対にあっちで恋に落ちたりしたらダメよ」

――私の母

（1）

彼に初めて会ったのは二〇〇四年五月、日本の神戸。

三週間後、彼は愛していると言った。少なくとも私はそう言われた、と思った。

そのとき深夜はとうに過ぎていたが、彼と私は企業研修センター内の私の部屋に隠れていた。彼は肘《ひじ》で体を支えて私の上でバランスを保ち、私は下から彼を見上げていた。私は東アジアの企業の幹部社員を対象としたＭＢＡ（経営学修士）課程の新米講師だった。私が教える二〇人の学生は全員が男性で、彼はその一人。私もすでに彼に恋していた。

私が受け持った科目は「ビジネス・コミュニケーション」で、母国語以外の言語と文化の中で、いかにチームを率い、ミーティングを行うか、といったことを教える。ただし私にはＥＳＬ（第二言語としての英語）の分野にまったくといっていいほど知識がなかった。そんな私がその職に就いたのは、ボストンでＭＢＡ課程のアメリカ人学生にビジネス・ライティングを教えているなら、このアジア人のビジネスマン・グループをネイティブばりに英語が話せるよう訓練できるだろうという、雇った側の誤った思い込みゆえだった。

授業の初日に、学生たちのほとんどがお茶くみをしない女性と働いた経験がないと知ったとき、私は早くも自身が直面している問題の大きさを知った。ともかく、数週間後のそのころには、すでに私の仕事は情けないほど破綻していた。まともに英語も話せないのにすでに私のハートをぐらぐらさせている一学生との、真夜中の課外学習という逸脱行為はいうまでもなく。

一カ月半前のボストンに話を戻すと、この仕事が決まった日に、すでに私は年上のアジア人ビジネスマンを教える若いアメリカ女性教師は大変だという警告を受けていた。それは四月初めのこと。同プログラムの韓国人学部長は、それとなく私に心の準備をさせようとしていた。そのころの私は、東アジアにおいては重要なコミュニケーションはほぼ常に間接的で、真意には遠回しな中継点をいくつも経てやっとたどりつけるということを、まだ知らないでいた。

学部長は壁際に本がうず高く積まれた自室の大きなデスクの後ろに座って説得を始めた。背後の窓には、ケンブリッジ（マサチューセッツ州）を流れるチャールズ川の眺めがパノラマのように広がっている。遠くにはマサチューセッツ工科大学の灰色のドームの一つが、対岸のより小さな仲間たちに向かって厳粛にうなずいているかのように、誇り高く屹立《きつりつ》している。

「きみの学生は全員が日本や韓国の世界的企業で働くエリート社員だ」学部長は言った。「彼らとともに神戸、北京《ペキン》、ソウルを回ってほしい。一カ所一カ月のサマー・モジュールで、彼らはその間にさまざまな市場の製造部門をじかに見ることになる。そのあと、ここに来て九カ月学ぶ」学部長はそのグループのミニチュア版がその場にいるかのように、両手を大きく広げて手前に引き込んだ。「ボストンでの課程を修了した翌春には帰国して、それぞれ自分の会社に戻ることになっている」にこやかに微笑んで深く座り直し、両手の指を組み合わせた。

「成績はつけなくていい。ただ彼らと食事をともにし、話をさせ、いっしょにマーケティングや販売戦略の授業に出てくれ。そして、ケーススタディや課題を手伝ってやってほしい。大変なこともあるだろうが、きみならやれる、だろ？」彼は両手をデスクについて、私のほうにぐいと身を乗り出した。「博士号をもってるんだから、プロフェッショナルなはずだ、違うかな？」ふたたび椅子に背を戻して笑った。何に対してかわからないまま、とにかく私もつられて笑った。その仕事は楽勝です、と言いたかった。ビジネスクラスのフライトに加え、いわば〝会話のコーチ〟として夏学期の仕事の代わりに報酬付きでただ旅行をすればいいのだから。

だがほんとうのところ、私はアジアには一度も行ったことがなく、ＥＳＬを教えた経験もなければ、取得していたのは言語学や組織行動論ではなく、英米文学の博士号だ。しかも私は自国以外の文化にまったくといっていいほど興味がなかった。もっとも、進歩的な学者仲間といるときには、そんな偏狭ぶりは隠していたが。

四月のある朝、学部長からその仕事のオファーを受けたほんの数時間前、私はボストンのサウスエンドにあるワンルーム・アパートメントの一階の部屋で目覚めた。ボストンで生まれ育った私は、永遠にその町で暮らす計画にあった。床から天井までの古い窓から陽光が流れ込むと、織のしっかりしたシーツに横たわり、自分の人生の平静さと予測可能性の高さの両方を満喫した。私は左翼傾向のある三六歳の、自他ともに認める典型的ボストン人だ。要するに、過剰に高等教育を受け、自活することに猛烈にこだわり、進歩的なアメリカ北東部の文化的価値観に深く傾倒している。

見回せば、静けさの中、左右に傾きながらぎっしり本が並んだ棚に光が差し込んでいる。あのシェークスピア、ミルトン、ヘミングウェイ、メイラー、モリソン、さらにざっと目を通しただけの文学理論の本たちの間のどこかに、アメリカ現代小説におけるジェンダーとバイオレンスをテーマとする、製本された薄い博士論文がある。床の上には読みかけの「ヴォーグ」、ミニキッチンの簡易デスクの上にはラップトップ・パソコン。その前の棚には皿や鍋だけでなく、地元の大学で教鞭を執《と》った一〇年間にたまりにたまった講義要綱や書類の数々が買い物袋や古い納税申告書の横に押し込まれている。ミニキッチンの上の収納ロフトには、クローゼットに入りきれないハイヒールやブーツや華奢なバレエシューズが木製のラックに積み重なっている。

その日もまた、いつものようにキャンパスでのミーティングに出かける前のひととき、私は自分のまわりに築き上げた生活と、そこに欠けているもの――ややこしい結婚生活と、私の時間を分け与えなくてはならない泣き叫ぶ子ども――の両方に感謝しながら、静けさの中にぐずぐずと浸った。それからやっとベッドから出てシャワーを浴び、着替え、さっとメークをし、いつものカフェに立ち寄って豆乳入りチャイを飲んでから、仕事場であるボストン地区の某大学に向かった。家を出るとき、母に強いられてドア枠に吊るしていた「メズーザー」は無視した。それは銀の容れ物に入った巻紙状の旧約聖書だ〔以降訳註・ユダヤ教徒はこれを門柱にくくりつける〕。

アジアへの旅がこれらのすべてを一変させてしまう前には、毎朝のこのルーティンが破られるのは、週に一度、ノーフォーク矯正施設という中程度警備の男子刑務所に行く日だけだった。その日は明け方に起き、メークもせず、古いぺたんこの靴で、殺風景な高速道路を西に向かって車を走らせる。早朝、鉄条網で囲まれた施設群に到着したあとは、いくつもの電動式ゲートを抜けたのちに教室にたどり着く。そこで私は三時間、受刑者相手に獄中カレッジのプログラムに則り、文学とジェンダー・スタディーズ（女性学／男性学）を教えてきた。それは、私が真に価値あるものとして高く評価している仕事だ。また、私が就いた一連の超進歩的な教職の一つでもあった。それまでに、ホームレスの大人を対象とした文章教室を運営し、スラム街のティーンエイジャーの大学進学準備を手伝い、公立大学で移民一世の学生を教えてきた。アメリカのＭＢＡ課程のライティング・ゼミが、こういった他のプログラムの私の仕事に資金を提供してきた。

向かう先が刑務所であろうが、象牙の塔であろうが、私は自身のために筋書きした進路からけっしてぶれることのない朝を迎えていた。奇しくも元カレの一人はそれを「実践していない共産主義者の人生」と呼んでいた。そこには、うまの合う多くの友人と、政治的、社会的、知的な満足感を与えてくれるいくつかのアカデミックな仕事と、素敵な靴を買うキャッシュがあった。自分の世界のあらゆる側面を細かく計画した末に、けっして犯さないと自分に誓った以下のような間違いに対し、私は一種の防波堤を築いていた。

「宗教にはまる」「ボストンの住まいを手放す」「男に依存する」「両親のような伝統的な核家族を形成する」、そして最も重要な一つとして「毎日晩御飯を作る」。

くだんの韓国人学部長は、経営学大学院での評判でしか私を知らなかった。その前年に、私は同学の院生を対象とした新しいライティング課程を設置するために雇われていた。だがアジアには一度も行ったことがないし、ましてそこで教えたことなどないといくら説明しても、学部長は私こそが外国人のエグゼクティブたちを流暢な英語人に変身させるにふさわしい人材だと信じて疑わなかった。しかもプログラムのスタートまでには数週間しかない。だがいったん条件を提示されると、スペイン語とベトナム語を母国語とする獄中の教え子たちを思い出し、「ええ、私の文学のクラスには英語が母国語でない生徒もいました、実際、多くの場合」などと言って、請け負っていた。

「それはいい」その仕事に私がぴったりであることをあらためて確信し、学部長はうなずいた。私は私で彼に調子を合わせた。なんといっても、その三カ月に得られる報酬は刑務所での丸一年分の五倍以上だし、もともと旅をするのも好きだし……と自分に言い聞かせた。そもそも、そのアジアのエグゼクティブたちが、刑務所やMBAの授業で私がまだ経験していないどんなトラブルを引き起こせるというのか？

アジアに向けて出発する前の数週間に、私はほんの少ししか準備をしなかった。一応、訪問を予定している三カ国の観光ガイドブックは買った。それぞれの国の文化についての短い説明に、男女平等の意識が欧米諸国に比べ遅れているとあった。でも、まさか多国籍企業の職場環境においては、そんなことはないでしょう、と私は勝手に納得した。ところが数カ月後、特に日本においては専門職の女性たちでさえ大多数が「シュフ」と呼ばれるものになると知ることになる。それは結婚後にキャリアを捨てて家庭に入った女性のことだ。

さらに観光ガイドブックには見知らぬ土地で暮らす人々が経験する五段階のカルチャーショック現象が紹介されていた。「ハネムーン」「自己破壊」「自己再統合」「自律」「受容」という各段階に付けられた名前は、ミステリアスであると同時に通俗心理学的にも響いた。そこには、海外では強い高揚感のあとに心理的破綻が訪れるものの、もし十分に長い時間を過ごせば、やがては母国の文化に新しい多文化を統合させた、まったく新しいアイデンティティが生じるであろうと約束されていた。その説もまた無視した。どうせ私はどの国にも長くはいないのだし。それよりもっと私に関係のある課題――その新しいグローバルなギグのための服を買うこと――に取り組むことにした。

五月半ばに神戸港に着くと、ボストンの学部長がすでに到着していた。私たちが滞在する研修センターの日本人センター長と数日ゴルフができるよう、早めに来たのだ。東海岸からの旅にはおよそ二四時間もかかり、私はくたびれ果てていた。だが正式な歓迎のしるしに、市の中心部にある純日本風のレストランに招待された。エントランスまでの通路はミニサイズの庭園になっていて、白い石造りの段には小さな盆栽が配置されている。紙でできた灯籠のやさしい明かりが足元を照らしている。食事処に着くと靴を脱いで小さな四角い木箱に収め、スリッパを履いて、磨き込まれた床の上をするすると滑るようにテーブルへと向かった。時差でぼんやりした頭にさえ、その効果は静謐《せいひつ》で幻想的であった。

着席すると、学部長は私とゴルフ相手ともう一人その場に加わったジーナという名の女性に酒を注《つ》いだ。その夏を通して、私やエグゼクティブたちとともに旅をする若い韓国人のプログラム・コーディネーターだった。彼女は最近、ユダヤ系アメリカ人の経営学教授の夫とともにボストンに移ったばかりだそうで、この職に就いたのは、年に一度ソウルに帰って親族に会えるからだった。

　ジーナがアジアにおける飲酒の正式な作法を説明した。小さな顔と華奢《きゃしゃ》な体が私のほうに傾くと、髪の毛が輝く黒いカーテンのように揺れた。まず一人が全員に酒を注ぎ、皆のグラスが空になると――完全に空ではなく、ほんの少し残っているくらいがいい――その後は残りの人たちが順番に注いでいくのだとか。彼女は円筒形の小さな磁器製の日本酒用ピッチャー〔銚子〕を繊細な指でつかんで、一杯目の役を務めた。

　コース料理の最初の刺身を着物姿のウェイトレスが運んできた。かき氷を敷いた皿の上に魚一尾が頭から尾まで丸ごと、何本ものスティックでもち上げられるように盛りつけられている。胴の部分はくり抜かれていて、そこにはスライスした白い身がきれいに並べられている。私はそのご馳走の横顔をまじまじと見た。口は不意打ちを食らわされたかのようにかすかに開き、片目はこちらを向いている。その黒い瞳はまるでラミネート加工をした円盤のようだ。それまでの私なら、生の魚や、ましてこちらと目を合わせている食材にはとても耐えられなかったが、そのときは果敢にも箸を取り上げ、ひたすら平然さを装いながら一切れつまんで大皿の数センチ上でぶらぶらさせた。そのときだ、魚の尾が空中でメトロノームのように弧を描いてゆっくり揺れているのに気づいたのは。

「えっ、動いてます？」じっくり観察した。「これ、これ……」私は目が大きく見開き、顔が混乱と恐怖の中間の表情に変わっていくのを感じた。

「ええ！　まだ生きてますよ！　だから間違いなく新鮮で美味しいんです！」学部長が熱っぽく

語った。そこでの礼儀正しい行動が、いかにも美味しそうに口に押し込むか、最低でも少しかじってみることだといううくらいはわかっていた。だが私にはどちらもできなかった。箸を置き、顔を火照らせ、消え入りそうな笑みを浮かべて目の前の酒を一気に飲み干した。

翌朝、時差ボケゆえの深くはあっても途切れ途切れの眠りのあとに、次の一カ月、仕事をし、食べ、眠ることになる研修センターを探索する時間があった。方向感覚を失いそうになるくらい無味乾燥な雰囲気だ。どこもかしこも整理整頓されていて、必要最小限で、均一だ。すべてのセミナールームが完全に同じ。階段状に配置されたカーブした長テーブル、オレンジ色の布張りをした回転椅子、グレーの無地のカーペット、壁一面のホワイトボード、その受け皿には等間隔で黒のマーカーペンが置かれている。教職員の部屋は学生たちの部屋からは通路でつながった別棟にあるものの、設《しつら》えはやはり最低限かつ殺風景で、狭いシングルベッドとナイトスタンド、衣類用の引き出しが三組に、小さな白いバスルームがあるだけだ。

授業は正式には翌日に始まった。すぐさま私は大学がとんでもない間違いを犯したことに気づいた。私はその仕事がまったくできなかったのだ。ＥＳＬの分野に何の知識もなく、脳がどのように言葉を習得するのかも、外国人が新しい音を出すために行う口腔内の筋肉の訓練をどうすれば助けられるかも、何もわかっていなかった。学生たちもそれに気づいた。

日本人や韓国人の学生たちはｖとｂやｒとｌを区別して発音することもできない（したがって、「査定する」evaluate は ebaluate に、「製品」product は ploduct になる）のに、自分たちより上の立場の若い女性が嘆かわしいほど経験不足であることを見抜くことにかけては名人級だった。二日目、私は学生たちの前に立ち、顎をしっかり上げ、はっきりとした発音で言った。「欧米人の同僚に初めて会ったときには、彼または彼女の目をしっかり見て、彼または彼女の手をしっかり握りましょう」

　窓の外では熱い太陽が地面を焦がしていたが、研修センターの密閉された壁の内側ではエアコンが轟音を立てていた。室内はまぶしいくらい明るく、やたら清潔で寒かった。

　二〇対の黒い瞳が私を見つめていた。何人かは礼儀正しく、わかったというしるしにうなずいた。その部屋の学生の中で最年少のタクとマコトは親切にも微笑んだ（ともに日本人で三〇代前半。私と同じくらいの年齢、または私より若いのはその二人だけ）。だが、目の前の他の顔はどれも無表情のままだ。汗がにじみ、頬が赤らんできた。ふたたび口を開いたものの、話す代わりにただ茫然としてしまった。白けている。なのに、その理由すらわからない。チラッと時計のほうを見て唾を飲み込んだ。喉がいがらっぽい。一〇分過ぎた。あと二〇分。でも、どうすれば彼らの注意を引きつけられるかがわからない。

　わかったのは、そこでは博士号など何の役にも立たないことだった。アメリカで醸し出すよう訓練されたいかにも大学教授然とした自信にあふれた態度は、ここでは失礼に映る。それは私の年齢性別、なかんずく彼らの国についての無知ぶりにより決定される私の真のステイタスに、私自身が気づいていないことの無様な表出だと受け取られる。私には海外で教えた経験がないことを知りながら、なぜ学部長は相手国の文化について無知であることが無礼にあたると警告してくれなかったの？　怒りがこみ上げてきた。でも心の奥底では、悪いのは自分だと認めていた。着任前の貴重な数週間を、ひたすら旅行者用ガイドブックを読むことと、ビジネスの場を再現するシナリオ作りに費やし、学生たちの国や歴史について本気で勉強しようとしなかったのは、愚かな判断ミスだった。

「正しい挨拶……いえ、えーと、同僚へのアメリカ式挨拶は……」なんとか言葉を絞り出すと、クラス全体が硬直した。「つまり欧米では、カナダや、それに、えーと、北米では、……」またしくじった。「いっしょに仕事をする人たちに対する普通の挨拶は……」いい加減な言葉の選択のせいで、ひどく相手を侮辱していることに気づき、言い直そうとした。これではアメリカ式がベストで他のすべてのやり方は不完全だと聞こえかねない。口ごもり、一秒ごとに汗が噴き出した。

のちに、プログラム・コーディネーターのジーナが私を脇に呼んで言った。彼女によると、学生たちは日本人と韓国人から一人ずつを、自分たちのリーダー兼代弁者に指名したそうだ。どちらの場合も、最年長の五〇代後半の男性が選ばれたとか。なぜなら、彼らの属する会社の儒教的ヒエラルキーのもとでは、年功イコール序列だからだ。

「あの、それで学生たちが……言ってるんですが」少し間をおいたあとに、彼女はやっと切り出した。それからしばらくうつむいていたが、やがて視線を私の目に向かって上げてきて、私の鼻の中央あたりに焦点を合わせた。

「彼らはその……あなたのはっきりした声を気に入ってます」励ますように言う。「でも……」

と口ごもり、ふたたび下を向く。「もうちょっと……あの……小さな声で話していただけませんか？　できれば」そして彼女は華奢な指で口元を覆い、くすっと笑った。「少し控えめに。わかるでしょ？」小さな手を私の前で振る。「もうちょっとシャイに。この国の女性たちのお手本のように。学生たちが慣れているのはそんな女性なので」

のちに食堂で会ったとき、どちらのリーダーも私を見て見ぬ振りをした。自信たっぷりに肩をそびやかした彼らの視線は、私の上を素通りしていった。

その週の残りのほとんどを、私たちは研修センターの蛍光灯の光の中で、黄ばんだ顔で過ごした。学生たちはそこを「コウベ・プリズン（刑務所）」と呼び始めた。室内装飾があまりに少なく、かつ整頓されすぎていて、しかも外界から完全に隔離されていたからだ。アメリカでは本物の刑務所で教えていたが、研修センターのほうがより閉じこめられた感じがした。少なくともボストンでは週三時間の授業がすめば、外に出ることができたから。

何度か意を決し、近くのスーパーマーケットまで行ってみた。防犯ゲートで警備員にＩＤカードを見せ、研修センターのどんよりした照明のあとでは異常なくらいまぶしく感じられる太陽に向かって、目をしばたたかせた。そこは神戸の中心部から少しはずれた住宅街だ。センターから一歩踏み出すなり、誰ともいっさいコミュニケートできなくなった。道で会った子どもたちは恥ずかしそうに私を見つめるか、母親の陰に隠れた。きっと私のブロンドまじりのウェーブしたロングヘアは子どもの目にはとても異質に映るのだろう。店の色あざやかな商品のほとんどが、私には謎だった。派手なパッケージの上や横にはわけのわからない黒い文字が踊っている。まるで解読できない万華鏡のようだ。

ピーナッツの絵のあるパックと、小さな輝くオレンジ色の三日月型ライスクラッカー〔柿の種〕のパックを見つけたのでレジにもっていくと、女性の店員は微笑んでおじぎをし、正しい硬貨を見つけようと四苦八苦している私をやさしく笑った。こんな外界と研修センターの間で、自分がお伽《とぎ》の国に紛れ込んだ子どものようにも、日本に着いた夜のあの大皿の魚のようにも感じられた——必死なのに、逃れられず、完全に人目にさらされていると。

ジーナと話したあとの一週間は、自分を恥じる気持ちと居心地の悪さの両方を感じながら過ごした。授業中は以前より小さな声で話し、ひんぱんに下を向き、シャツのボタンを普段より一つ上まではめた。励ますように微笑んでくれるタクとマコトをのぞけば、まわりの男性たちと目を合わすのが怖かった。ボストンでの私の生活の基盤となっていた理念と、アジアの教室で女性に求められるものの狭間で、私はぺしゃんこになっていた。

とはいえ、気持ちが救われる瞬間もあった。特に教室外の場所での学生たちの礼儀正しいマナーには心を打たれていた。彼らがビジネス会話の授業にもっと経験のある教師を求めていることは察せられたけれども。

「わあ、ご飯がお好きなんですね！」食堂でご飯をてんこ盛りにした茶碗を運んでいる私を見て、学生たちの何人かが歓声を上げた。彼らのテーブルに椅子を引いてトレイを置くと、彼らは歓迎のしるしに頭をかしげた。日本や韓国ではご飯はたいてい何もかけずに食されるので、私が醤油をかけ、わさびをどっさりのせると、やたらおもしろがられた。

「これ？　これは納豆です」黄色いグレービーに浸かった豆に視線を注いでいると、サトウという名の学生が教えてくれた。彼の箸の先からはネバネバした汁が垂れていた。

「これ、アメリカ人、苦手！　食べてみますか？　においは強い！　でもおいしい！」

私は首を振り、器を覗き込んで目を丸くしたが、その瞬間、強烈なにおいに襲われてのけぞった。するとテーブルの全員が人のよさそうな笑い声をあげた。

授業中はほとんどの学生が相変わらず無反応だったが、マコトは私の発した言葉の一語一語を小声で繰り返し、口の動きを練習していた。たとえば「ヴァーティカル・マーケティング（vertical marketing）」と、まず声を出さずに口を動かし、次に上の歯を下唇に押し付けて、「ヴ、ヴ、ヴ」と、日本人がつい「ブ（b）」と言ってしまう「ヴ（v）」の音を練習し、それから小声で「バーティカル、ヴァーティカル、ヴァーティカル・マーケティング」と繰り返していた。

それからタク。三一歳の彼はみんなより少なくとも一〇歳は若い。私がタクに魅かれていることに気づいたのは、彼を観察しながら数日を過ごしたあとだった。頭を傾けて静かに考え込み、電子辞書で英単語の訳をサーチし、そしてゆっくり微笑む。時折、宙を見つめ、うなずき、小型のラップトップの上に身を乗り出すと、逆立った黒髪ときれいな角度の頬骨がキーボードの上のあたりで静止し、シャツの袖口から筋肉質の前腕がのぞく。次に黒い瞳を上げ、小首をかしげ、もう少し考える。顔の造作はすべてシャープなのに動きはゆったりしている。笑うといつもは静かな表情がいっぺんに大きくほころぶ。

授業のあとにときどきタクは、「ちょっと教えていただけませんか？」と言って、わからない語彙《ごい》をブルーのボールペンで丸く囲んだケーススタディの資料を差し出した。それから彼は、私の派手な手の動きを興味深く見つめながら、一つひとつの語に対する説明にゆっくり真剣にうなずいた。マーケット・ローンチ（市場参入）の説明では、指を斜め上に向けて、ロケットのローンチ（発射）を示した。すると彼は「アー、ヤー、ヤー、ヤー」と言い、最後には「わかりました。ありがとうございました」と付け加えた。「感謝します」とも。

教室での失敗と日本での狼狽《ろうばい》の合間に、タクのシャイな真摯さは一服の清涼剤のように、私の気持ちを軽く明るくしてくれた。


学生たちが私の授業に不満足だという、いわば当然の報告をジーナから受けた日から数日後のある夜、彼女と私は研修センターの殺風景なラウンジの一つにへたり込んでいた。蓋《ふた》を開けてみれば、ジーナの仕事もけっして楽ではなかった。なぜなら、彼女は若い女性で、おまけに韓国人だからだ。韓国人の年配の学生たちは、すでにＭＢＡも取得して国際的な管理職用プログラムのコーディネーター職にあるジーナを、まるで秘書のように扱っていた。宿題のコピーを取らせ、お茶やスナックをもってこさせ、くどくど文句を聞かせるのは当然だと思っていた。あの教室はエアコンが効きすぎだの、この教室では効いていないだの、マーケティング・シミュレーションのソフトウェアが旧式でのろいだのと。

ジーナと私はアメリカの〈ドリトス〉に似た日本のスナックをつまみにビールを飲みながら、噂話をし、笑った。ジーナはお気に入りの学生――彼女の目にハンサムでやさしい人だと映る数人――の名を打ち明け、私はちょっと熱を上げている人がいると告白した。日本の研修センターというトワイライトゾーンでは、毎朝無言のまま私たちにおじぎをするユニフォーム姿の清掃員や食堂の職員をのぞけば私たちは唯一の女性であり、また、そこの生活は地球の裏側の私たちの実生活よりすべてが整然とし、秩序があり、無菌状態だった。だからか、私たちのどちらも職業上の境界や教職の倫理などといった現実的な問題を思い煩《わずら》いはしなかった。代わりにジーナはボストンで大学教授をしているユダヤ系アメリカ人の夫といるときにどんなに幸せか（「ちょっとあなたとタクみたい！」と彼女は言った）を語り、年上のそわそわしている学生たちに比べ、どんなにタクが落ち着いて見えるかを指摘した。そして私のボストンの元カレの話を聞くと、徹底的にこき下ろした。いくつも学位を取得し、受賞歴もある科学者だったが、浮気性だったのだ。

その夜、眠るとタクの夢を見た。彼の身体に庇護されて、混乱と動揺のぼんやりした情景がしだいに静かになる夢だった。夢の中で、私はそれまでに出会った現実と想像上のどんな人物を前にしたときよりも、安らぎと温かさを感じていた。目覚めたときには、興奮よりむしろ、おだやかで安全だという感覚があった。さらにタクと私はほとんど言葉も通じない上に、まったく違う世界の出身で、しかも彼は私が教師として救いようがないほど失敗しているプログラムの学生であるにもかかわらず、私の気持ちは驚くべき方向に進んでいた――ひょっとしたら、これは悲惨な終わり方をしないかもしれない。

三日後、神戸の中心にある「イザカヤ」と呼ばれる日本式パブで、プログラムに参加している全員が正式に最初の週末を祝った。酒を飲み、乾杯し、また飲む。これは極東の企業文化にあっては普通に行われていることで、いっしょに酔うことで、ビジネスをする上で必要な信頼関係が築かれる。一般的な意味では、酔っ払いながらビジネスをするというのは私にはかなり奇妙に思える。ところが、酔っぱらって教え子の気を引くのは素晴らしいアイデアだという考えが急に湧き上がった。

その日に至る一週間に、私は教室でタクにじっと見つめられているのに気づいていた。授業のあとにみんなで廊下を歩いてキャフェテリアに向かうときや、プログラムの一環で工場見学に向かうときなどに、彼はわざと歩をゆるめて私を待った。私の近くに座った彼の皮膚から熱が立ち昇っている気がしたが、そんなとき、私は心の中で言っていた。私ってば、どうかしてるわ。彼は学生なのよ。私たちはどちらも大人で、たとえ私には成績を付ける資格はなく、したがって意味のある権威などまったくないにしても、やはり彼のことは禁止領域だと見なすべきだ。不適切な男女関係を付け加えなくても、すでにこの仕事では大失敗してるんだから。

そうは言いつつ、気づくと大学が教員をクビにできる違反行為をどのように定義しているか、契約書をチェックしていた。つまるところ、ボストンでは何年も弁護士とデートしてきたのだ。契約書に目を通しながら、おもしろい！　と思った。教師と成人学生の恋愛は、それ自体は禁止されていなかったのだ。ハラスメントの要素がないかぎり。

その日の午前中、神戸の居酒屋でお祝いをする前だが、全員で姫路城の見物に出かけた。電車の中でもタクと私は並んで座った。他の人たちも私たちの近くで二人ずつ座っていた。ジーナは韓国人の比較的若い学生の一人と座り、母国語で電光石火のごとくしゃべっていた。タクは白手袋をした車掌が誰にともなく何度も何度も頭を下げるのを真似して、私を笑わせた。さらに窓から吹き込む風が私の頬に強く当たりすぎていないか、何度もチェックした。立ち上がって滑らかな素早い動作で窓を閉めるたびに、ほんの一瞬、彼の腕が私の腕に触れる。私はうっとりし、自分に怒った。そしてまたうっとりした。

さて居酒屋に話を戻すと、彼は私の隣に座り、私と同じく酔っ払った。

やがて全員でそこを出て、酔いでふらつきながらエレベーターに乗り込んだ。「カラオケに行くぞ!」誰かが音頭を取った。通りに出ると、全員がカラオケ・バーの方角へ向きを変えた。

私はタクの腕に触れた。それから他の人たちに見えないよう柱の陰に隠れた。タクはニヤッと笑って私に加わった。二人して背中をコンクリートの壁に押し付けていると、神戸の街のネオンサインが私たちを取り巻く夜気の中で瞬きした。他の人たちが去っていくのを黙って見送った。彼らが半ブロックほど先まで行ったところで、私たちは互いに向き合った。彼の瞳は暗く、とても静かだった。私がくるりと向きを変えると、彼もついてきた。ついに私たちは二人きりになった。

二週間後、彼は愛していると言った。

カラオケに行かなかったあの夜、私たちは遅くまで神戸のバーの片隅で、ビールをボトルで空ける合間に人目を盗んでキスした。研修センターにこっそり戻る帰り道では、ずっと手をつなぎ、ついに守衛のいるゲートで別れるまで、つないだ手を離さなかった。続く二週間、タクは他の学生たちが殺風景な自室のシングルベッドで寝具にくるまっているか、スタンドの薄明かりで勉強している真夜中の一二時過ぎに、私の部屋に忍び込み、午前三時ごろに自分の部屋に戻っていった。日本人学生は韓国人学生と相部屋になっていたので、まもなくタクのルームメイト――中年にさしかかったシャイな韓国人――は若いタクの勤勉ぶりによほど感心したらしく、彼がどんなに毎晩遅くまでコンピューター室で、一人こつこつ課題に取り組んでいるかをグループの皆に話し始めた。

　さて、タクが愛の告白をした場面だが、私は最初、彼のアクセントのせいで聞き間違いをしたのではないかと恐れた。真夜中の月の光をさえぎるためにカーテンは引かれていて、タクのつんつんした黒髪は乱れた房になって逆立っていた。私をまっすぐに見て彼は言った。「I lub you」と。

　ＥＳＬの教師として惨憺たる状況にあった私は、ここでもまた即座にうなずいて励ますことも、辛抱強く正しい発音をさせることもしなかった。代わりに「え、なに？」と口走っていた。

　もし彼が私の期待どおりのことを言っているのなら、それは私がそれまでに耳にした言葉の中で最高のものの一つだ。なぜなら、すでに私のハートは完全に彼のものだったのだから。とはいえ、私は彼を、地球という惑星の反対側で生まれ育ち、私が握手するときにおじぎをし、朝食にコーンフレークではなく味噌汁を飲むこの男を、まだ三週間しか知らない。彼が「I live far from you（ぼくたちは離れ離れだね）」と言ったつもりなのに、「I love you」と言われたと思いたくはない。

ところが、彼はその言葉を繰り返した。そして三度目にやっと「ほんとう?」と聞き返すと、彼はシンプルかつ、間違えようもなくはっきりと「Yes, I'm (in) love with you」（うん、きみに恋している）と言った。その瞬間に私は、過去になかったほど最悪の教職の中に、生涯手当を見つけたことを知ったのだった。

その夏を通して、タクと私は二人きりになれる時間こそ少なかったものの、ずっといっしょだった。二人の関係は秘密にし、週日の授業中やみんなとともにする食事の間は、あくまでMBAの教員と一学生として振る舞った。でも観光や小旅行などでグループがバラバラになる週末には二人で抜け出して神戸の街や京都で、そしてプログラムの研修場所が中国へ、続いて韓国へと移動したあとは、北京やソウルで一夜をともにした。

当初の熱病にかかったようなのぼせ上がりは少しは落ち着いたものの、まろやかになるほどではなく、私はタクを恋人として慕うだけでなく、もっとバランスのとれた静かな気持ちで、彼という人間を好きになっていた。アイビーリーグ出身の学者や弁護士や医師や企業家たちとの恋愛で、その野望に感心させられ、そのウィットに知的な刺激を受けながらも、最後には胸が空っぽになった一五年間のあとに、ついに私は実際に私が好きになれる男性に恋していた。

神戸でのある週末、私たちは港の近くの小さなホテルに滞在した。日本のたいていのスペースがそうだが、そこの部屋も狭くはあったが、過去に目にしたことがないほどモダンで洗練されていた。艶《つや》のあるダークマホガニーの家具のすっきりした完璧なライン。真っ白なシーツの上に正確な間隔で配置された枕。しわ一つなくきつく張られたシーツは、見た目と違い、バターのように柔らかい。一面の壁全体が神戸のスカイラインに向かって開く窓になっていた。先の尖ったタワーの光が遠くで瞬き、下の通りを走る車のヘッドライトがぼんやりとした明るさを放つ。高層ビル群の四角い窓が、出来立ての〈チクレット〉〔小さな四角いチューインガム〕のように積み重なっている。別の側には、黒々と広がる海面の上を街のきらめきがレースのように彩っている。

その夜、タクと向かい合って横たわり、彼の家族と生い立ちについて尋ねた。彼は大阪の小さなアパートメントでの中流階級の安定した子ども時代や、彼と妹を控えめだが温かく愛し守ってくれた両親について語った。彼はそういったことを日本ではまったく普通だと考えていたが、私は欧米の家族の力学と比較し、大いに興味をそそられた。

「十分に愛されていることがわかっていたから、いつも安心だった」彼はただそう言った。

タクが六歳で初めて学校に上がった日に、両親に「ママ」「パパ」と呼ぶのをやめて、より改まった「お母さん」「お父さん」という呼び名に変えなさいと言われたことを話したので、私は尋ねた。

「さみしいって感じた？」

「さみしい？」彼はその言葉を繰り返した。「いや、さみしくはなかったよ。たぶん、ちょっと……ほんのちょっと悲しかったかな。でも、得意でもあった。もう立派な男の子なんだ。赤ん坊じゃないってね。だから気分がよかったよ。悲しみより喜びのほうが大きかった」

「ご両親にハグされた？」精神分析に取りかかろうと、その質問をした。博士課程の六年間を、偉大な文学作品に隠されたメッセージについての理論の確立に費やしたあとでは、実体験を分析したくてうずうずしていたのだ。それが私自身の恋愛に関係しているものなら、なおさらだった。

「ああ、もちろん、いっぱい！　大きくなって学校に上がるまではね。その後はほとんどなくなった。ぼくたち日本人はあまり体を触れ合わないんだよ」それが唯一の分別ある選択でもあるかのように、タクはこっくりとうなずいた。

「それでもいつも感じてたのね……いつも、抱きしめられていると？」子どもの守られているという感覚をジェスチャーで示そうと、腕を胸の上で交差させて肩をゆっくり揺すった。

「うん！　そうだ、いつも抱きしめられていた。しょっちゅうハグされてたわけではないけど」

タクによると、彼の両親はただの一度もタクと妹をおいて二人きりで食事に出かけたことはないそうだ。夫婦だけで旅行に行ったこともないとか。タクにとっては子ども抜きのバケーションというコンセプト自体があまりに斬新なため、ただ理解させるのにすら何度かの説明を要した。実際、家族で外食することも、めったになかったそうだ。

「必要ないよ」私が驚くのを見てタクは言った。「ぼくたち、家でハッピーだったから」

私自身の両親の、顔には険しい表情を張りつかせながらも完璧な装いをした姿が心をよぎった。母がドアに向かいながらハウスキーパーにあれこれ指示を飛ばし、かがんで大急ぎのキスをすると、フランス製パフュームの香りが私のまわりの空気に充満した。それから母の声がインターコムを通して大きな暗い家に響きわたった。

「子どもたち！　では行ってきます。ロリータがあとで夕食を用意してくれるわ」

一番うれしかったのは、両親が私たち四人の子どもにドレスアップさせて、いっしょにお出かけさせてくれたときだった。ニューベリー・ストリートの〈ジョセフィンズ〉で私はシュリンプ・カクテルをオーダーし、あらぬ方向を見つめている父に、鏡張りのフォワイエがそのレストランを大好きな理由だとよく説明したものだ。そのときは安全だと感じられた。そこの金ピカの壁や、カチッと音を立てるクリスタル・グラスや、文字ロゴ入りの小さなタオルのあるトイレや、その部屋の美しい人々に囲まれていれば、悪いことなど起きるはずはないと思えたから。

けれども神戸のホテルの部屋ではそんなことは何一つ言わず、私はただ「ふーん、おもしろい」とだけ言っていた。

翌朝、目覚めたとき、私たちは二人とも少しクラクラしていた。まもなく研修センターに戻らなくてはならなかったが、ホテルの匿名性はMBAプログラムの窮屈さとは天と地ほどの違いにも感じられた。タクがカーテンを勢いよく引き開けると、神戸のスカイラインの背後から、輝く陽光が一気に部屋に流れ込んできた。

ウラジーミル・ナボコフ作『ロリータ』の出だしの一節を口ずさんだ。ちょっと気取った学術的ユーモアだが、どちらにしろタクにはわからないだろうから、知ったかぶりを批判されることもないし、最初の数行以外の部分を暗誦（私にはそんな文学的流暢さはない）するよう挑戦されることもないのはありがたい。

「light of my life, fire of my loins（わが生命《いのち》のともしび、わが肉のほむら）」（大久保康雄訳）

　ベッドの上で足を組み、くしゃくしゃにもつれたロングヘアをなびかせ、腕をドラマチックに投げ出してタクに呼びかけた。

　タクは窓から振り返り、静かな笑みを返した。私の意図していることが理解できなくても少しも気にならないらしい。また、くるりと回転して外の景色に視線を戻した。私も同じくらい気にならなかった。突然、共通言語の欠如や、ほとんど常に相手がわかってくれている、それどころか、わかることができるはずだという期待の不在が、むしろ恋愛ではプラスに働くことに思い至り、驚いていた。

　数分後、ふたたび私のほうに向き直り、タクは満面の笑みを浮かべて、私の引用した一節を思い出して繰り返そうとした。

「love of my life, tenderloin of my heart（わが生涯の恋人、わが心のテンダーロイン）」彼は誇らしげに言った。

　私はくすくす笑いながらベッドにふたたび身を投げ出し、手足をばたつかせた。

「わが心のテンダーロインですって！　それ、すごすぎ！」

　タクは首をかしげ、不思議そうな顔で私に微笑みかけた。やがて私がしゃっくりを上げながらシーツの上を転がり回ると、彼も笑わざるをえなかった。

「何がそんなにおかしいの？」ベッドの上の大暴れに彼も飛び込む。

「だって、テンダーロインってステーキよ！」

「えっ、それはひどい。ひどい間違いだ」タクは深刻さを装ってかぶりを振り、私の傍らの枕に背を預けた。

それでも私はそれが、過去に私が読んだどんな西欧の書物の一節よりもじーんとくる、心から出た雄弁な愛の宣言だということに気づかずにはいられなかった。


数週間後、今度は北京の中国商務省研修センターで、私たちはまたもやこっそり一夜をともにしていた。プログラムはすでにアジアでの三カ所の研修先のうち、真ん中の北京に移動していた。タクは数時間後には私の部屋を出て、暗い廊下を忍び足で夜明けまでに自室に戻らなくてはならない。中国の研修センターはいくつもの棟に分散して四方に広がり、教職員用の特別室にはプライバシーがあったため、以前ほど用心深くする必要はなかった。相変わらず日中には関係を隠していたが、夜遅くには気がゆるみ、よりひんぱんに逢瀬を重ねていた。

窓の向こうの夜は暗くて蒸し暑く、エアコンが絶え間なくガラガラ声でハミングしていた。やわらかな規則正しい寝息を立てて静かに横たわるタクのそばで、私は気まぐれな夢から出たり入ったりしていた。私は自身の混濁した眠りとは真逆なタクの眠りののどかさを愛するようになっていた。彼が夜の最もおだやかな部分にすっと入っていくのとは対照的に、私は反抗的な暗闇から一握りの影を引き出すようにわずかな睡眠を得ようと、いつも格闘していた。

私には不穏な夢を見る癖があった。それはホロコーストがトラウマとなっているユダヤ系アメリカ人の親に無理やり見せられた映画の断片的シーンだったりした。血縁の誰かを強制収容所で亡くしたわけではなかったが、両親は「けっして忘れない」という私たちの務めを熱心に助長し、それを「常に覚えている」というところまで拡大させていた。母はこの信条に対する忠誠心から、独自のバージョンの〝アメリカ人のお気に入りのゴールデンアワー〟まで考え出していた。それは家族全員参加の「ホロコースト・ムービー・ナイト」だった。

あれは私が四、五歳だったころ。私たちの通っていたシナゴーグ〔ユダヤ教の礼拝所〕がユダヤ人の虐殺ライヴ映像を大人用に流したことがあった。すると両親は我が子にも目撃証人となる義務を果たさせるべく、別室で子ども用に提供されていたシングアロング〔観客がいっしょに歌う形式〕の映画から私たちきょうだいを無理やり引っ張り出した。さらに五年後、「ホロコースト」というミニシリーズがテレビ放映され始めると、私たちは通っていたプロテスタント系私立学校に手紙をもっていかされた。それには、「今日はユダヤ民族の大災害の歴史を再現したテレビ番組のある日なので、うちの子は宿題を免除されるべきだ」とあった。私は母に渡された「シャーロット・スレイターより」という深紅色の文字とモノグラムのレターヘッドがあるレモンイエローの便箋をつかみ、休憩時間の前に誇らしげに教師に手渡したものだ。

だが、強制収容所で死んだ人たちに対する哀悼や苦悶だけでなく、両親はそういったイメージの表面下に渦巻く別のテーマもほのめかしていた。いや、むしろ理解できないものを理解しようとする混乱した努力を続けるうちに、ただ私がより深いメッセージを作り出していたのかもしれない。それは、犠牲者たちの考えの致命的な甘さだった。なぜなら、彼らは間に合ううちに逃げ出さなかったユダヤ人なのだ。どういうわけか切迫する危険を見逃し、もしくは認めようとしなかった人たちだ。したがってホロコースト教育から私が最も明白に得たものは、アメリカ系ユダヤ人として盲目的にイスラエルを支持する責任ではなかった（それは母が意図していたメッセージだった。母は子ども部屋のすべての窓に「私はシオニストです！」と宣言するステッカーを何枚も貼っていた）。代わりに学んだのは、絶対に愚直な楽天主義に陥らないこと、けっして災難の可能性を甘く見ないこと、そして、どんなことがあろうと絶対に自分の命を運命に任せようなどとは思わないことだった。

ところが今、北京の夜闇の中、ほんの六週間前に会ったばかりの、ほとんど会話もできない日本人の研修中エグゼクティブのそばに横たわる私は、最終的には楽天的譲歩どころか盲信が必要となる超遠距離恋愛にどっぷりはまりつつあった。私は自身に問いかけた。これって自分をだましてるんじゃない？　ただ二大陸にまたがる厄介な破局を自ら招いているだけじゃないの？

そのとき突然、タクがもぞもぞと動き始めた。私は彼のほうを向いて、彼自身の悪夢を想像しながら、彼が叫び声を上げるのに備えた。木製のドレッサー、古びたテレビ、ナイトテーブルの上の本――輪郭が闇の中に幽霊のように浮かび上がっている。タクが私の傍らで寝返りを打って静かに何かつぶやき始めたので、彼を悪夢から呼び覚ますべきか、それが通りすぎるのを待つべきかを逡巡して一瞬じっとした。

すると、タクが笑った。さながらジョークを聞いた子どものように、まどろみの底から笑いがこみ上げている。顔を見ると、そこにあるべきストレスがない。代わりにあるのは、口角がちょっと上がったかすかな微笑だ。頬は満足げな笑みの上で峰のようにふくらみ、アーモンド形の目がぎゅっと閉じられたせいで目尻にしわが寄っている。

次に彼は寝返りを打ち、ため息をつき、ふたたび安らかな眠りに落ちていった。なんてこと！　漆黒の夜にもタクは戦慄や悲劇の夢を見ない。ニュルンベルクや長崎や南京《ナンキン》の断片的なシーンの中にいたりしない。それどころか、おもしろそうに笑っている。

タクの笑い声を聞きながら、湧き上がってきた新たな考えに胸を打たれていた。おそらく完全な無防備さと純粋な安らぎは両立しうるのだ。成り行きに身を任せることは、ときに破滅ではなく、静かな喜びをもたらす。そしてまさにそのとき、中華人民共和国の商務省研修センターで、出会ってから二カ月もたたない日本人ビジネスマンとベッドをともにしながら、私は過去には想像すらできなかったほど深く恋に落ちていった。私のハートが、あることさえ知らなかった底を突き破って落ちていくと、そこには他の人の存在により得られるとは思いもしなかった深い安らぎがあった。

（2）

ＭＢＡプログラムも開始してから八週間がたとうとしていた。中国での滞在も半分近くを終えたある夜、タクと私はまたもやいっしょに丸まって寝ていた。私は横向きで、片肘に頭を乗せ、もう片方の手は二人の間のシーツの上に置いていた。彼は微笑みかけ、それから下を向いて、指で私の手首の骨の上のしわのあたりを軽くさすった。彼はそこにある小さな二本の傷をなぞった。細い静脈をはさむ、淡い括弧《かっこ》。彼は私を見上げ、眉を寄せた。

「ずっと前に自分でやったの」私は認めた。「たいしたことじゃないわ。危険でもなんでもなかったし」

柔らかい皮膚のすぐ下に動脈がある手首の内側からはかなり離れていることを認め、タクは無言でうなずいた。

それは思春期の特に心が混乱した時期に付した刻印だった。私はそのとき、自分を破壊したいというよりは、自身の悲しみを目に見えるものにしたかったのだ。そうすれば、薄くなって、やがてなくなるかもしれないから。

「かなりひどい精神状態だったの、あのころは……一〇代の終わりから二〇代の初めにかけて。ただ……なんとかして気持ちを楽にしたかった。変だって思うでしょ。でも、ほんとうにこんなことしか思いつかなかったの」

私の家族はとても裕福だったけれども、「カインド・オブ・スクルード・アップ（kind of screwed up）だった」と説明した。それは、アメリカ北東部の大学教師たちがパーソナル障害やアッパー・ミドルクラスの苦悩について論じるときによく使う不遜な表現だ。

「要するに、完全にはまともじゃなかったのね。家族関係が」人と人とのつながりを示そうと、指を胸のあたりで前へ後へと振った。

「ふーん」次第にわかってきたといわんばかりに、タクは相槌を打った。それから私は私の家族の破綻について、そして、あんなに物質的には恵まれていたにもかかわらず家族を守れなかった私たちの無力さについて語った。

あれは八歳か九歳だったころ、ある朝私たちきょうだいが目覚めると、キッチンのキャビネットに軒並み蹴られたあとがあった。滑らかなチェリーレッドのドアのあるものは裂け、あるものは驚いたときの口のように大穴がぽっかり空いていた。性格の合わない夫婦の残した瓦礫《がれき》だった。それまでにも両親が木製羽目板張りの書庫に入ってドアを閉める音を、私たちはどれほど耳にしただろう。アンティークの革張りの書物の間で母の声が高ぶり、やがて甲高い叫び声になる。父のつぶやき声は低くピリピリしていた。私たち子ども四人は、両親の苛立った声と低い弁解の声が波になって押し寄せてくる間中、階段のてっぺんでしゃがんでいるか、銀色のゲスト用バスルームで身を寄せ合っていた。その一人――二番目の姉のローレン――は、母がどうしても絆を育むことができなかった子どもで、何年もかけて徐々に執拗な重度の鬱《うつ》に陥っていった。片や私は家族のベイビーとして、母のお気に入りという栄誉を得ていた。その差があまりにあからさまだったため、父をして私こそが「母に選ばれし子」だと言わしめたほどだった。

実際、なぜ私が母のお気に入りの座を獲得し、ローレンがあれほどまでに正反対の感情の矛先を向けられていたのかは、けっしてわからなかった。でも、少なくとも私のステイタスは完璧な女の子を演じることにかかっていると思い込んでいた。姉を心からかわいそうだと思いながらも、私は自分の役割にしっかりしがみついていた。そうしていれば安全だと感じられたから。いえ、私には理解できないある種の恐怖と無力感を遠ざけていられただけだったのかもしれない。どちらにしろ、自分が完璧な女の子になればなるほど、私はより安全になり、この世での私の居場所はより堅固なものとなり、家族の結束はより固くなると信じていた。

もちろん、私は間違っていた。

私が一〇歳だったある日、ローレンの通っていた私立女子校の校長が電話をしてきて、ローレンのロッカーに睡眠薬の錠剤を発見したと言った。一瓶全部飲むつもりだったと認めたローレンは、マウント・オーバン病院の精神科病棟に送られた。その夜、父はテキサスのどこかにいた。母は父がわざと電話に出なかったと言っている。

私は両親の友人のミセス・バーンボームが母といっしょに病院から戻ってきたときのことを覚えている。彼女の髪はアッシュブロンドのハイライトが入ったライトブラウンで、七〇年代風に高く盛り上げられていた。暗い中、彼女は私のベッドのそばに来て前かがみになった。母はキッチンで何かをしていた（泣いていた？　弁護士を探そうと回転式名刺整理器を繰っていた？　それとも中東紛争の最新ニュースは届いていないかとファックスをチェックしていた？）。ミセス・バーンボームはローレンがなぜいなくなったかを説明しようとした。二週間後、父は家を出ていった。

両親はローレンがまだマウント・オーバン病院にいる間に残りの子どもたちを書庫に集め、別居のニュースを告げた。豪華な革張りの家具や、磨き上げられたマホガニーの本箱や、ガラスの棚のあるバーコーナーや、バカラのタンブラーに囲まれて座った私たちに、父がしばらく家を離れることになったと言った。その後、私たちは午後の水泳と日曜のバーベキューのためにカントリークラブに行った。家族の中でも特に私は、皆の前では微笑もうとしていたことを覚えている。

数週間の入院のあと、ローレンは両親が個人的に行った金銭的な契約により、英語教師の家で暮らすことになった。それは州の介在という恥辱のない、アッパー・ミドルクラス・バージョンの里親養育だった。ローレンは何年ものちに、その新しい家族はおだやかでやさしかったと言っていた。それでも精神科病棟に入ったり出たりの生活をローレンは一〇年以上も続けたのだ。あたかも彼女の内面が修復不可能なほど壊れていたかのように。

ローレンが初めてマウント・オーバン病院に入院して数カ月もたたないうちに、当時一二歳だった兄は寄宿学校に送られ、上の姉は父の家に引き取られた。そのころには父はすでに完全に家を出て、テキサス出身の新しい妻と暮らしていた。それから数年間、あたかも家族内の役割によりバラバラの天体に放り出され、そこで凍結されたかのように、ローレンと私は音信不通になった。やっとそれを取り戻せたのは、ローレンが大学に入り、私が寄宿学校に送られた一四歳のときで、それから私たちの距離は縮まっていった。それはまた、母が再婚した年でもあった。年月の経過とともに、私は父母双方の安定した再婚生活を素晴らしいと思うようになり、そのおかげで家族のギザギザの裂け目のいくつかは柔らかくなり、やがてそれらは平らかになるという希望すら抱くようになった。それでも、私が大学生だったころには、ローレンからまたもや睡眠薬のボトルに手がのびそうだとベッドサイドに呼び付けられることがあった。私は暗くした部屋で姉の傍らに座り、死にたがっている人をどうすれば止められるだろうと考えていた。

最終的には、人生を台無しにしかねない鬱病と消すことのできない子ども時代の心の傷というハンディがあったにもかかわらず、大人になったローレンは精神科の患者を卒業して、才能豊かな作家兼精神分析医になった。博士号を取得し、心の病いや科学や薬物治療について、抒情的でありながらときに物議を醸すエッセイを書くことで知られるようになった。結婚し、家庭を築き、自身の生々しい葛藤や、薬物療法についての考えや、かつては自身が入院していた精神科病棟で医師として患者たちを診《み》た経験についてまで本にして出版した。

私はといえば、ローレンに比べるとはるかに控えめではあったが、それなりに思春期には平凡な苦悩をもてあそんだ。私はその時期をお定まりの拒食症と、その結果生じる仲間たち――怒りと羞恥《しゅうち》を内に抑え込んだ崩壊家庭から来た寄宿生たち――のヒステリーという、まるで独創性のない方法でやり過ごした。

大学では不健全な実存主義と死に夢中になった。カミュ、カフカ、レーヴィ、アーレント――それは感傷的な英文学専攻生にとってのポルノだった。しかし、それから私は立ち止まり、そのときには賢明だと思えたある約束を自分自身と交わした。それは「この先、私は二度とふたたび、どんな家族にも、それを言うなら誰にも、依存したりはしない」という約束だった。例の「男のいない女は自転車のない魚のようなもの」〔有名なウーマンリブのスローガンで、魚に自転車が不要なように、女にも男は不要という意味〕とプリントされたTシャツも買った。あのぐちゃぐちゃで予想のつかない世界、とりわけ子ども時代に完璧な女の子でいるためにあらゆる我慢を強いられた世界、最悪の事態を寄せつけまいとしても、結局どうすることもできなかったあの世界に、もうけっして置き去りにされたりはしないと誓ったのだった。

そんな約束を自分と交わせる私はラッキーだと知っていた。何年もセラピーに通える金銭的余裕と、プロザック〔抗鬱剤〕を継続的に処方してもらうための医療保険に加え、カウンセリングと薬物治療のコンビネーションがめざましい効果を示すという幸運もあった。私はついに子ども時代の家族のごたごたを理解し、多くのブルジョアの悲劇の例に漏れず、それをキャリアに変えた。ジェンダーとバイオレンスについての博士論文、大学と刑務所での文学とジェンダー・スタディーズの授業、そしてビジネス関係の執筆仕事により、私は完全な経済的独立を果たした。

そして今、北京でそんな話をざっとしたところ、タクは少なくとも「kind of screwed up」の意味を理解する程度には聞き取っていた。彼は私のまなざしを瞬きもせず見つめ返した。どの部分についても、私がどう感じているかを尋ねたりはしなかった。一言も発しなかった。ただ私の手を取り、悲しそうに微笑んだ。

驚いたことに、その沈黙に私はどんな言葉よりも慰められた。私の家族の特権的なバックグラウンドを通して私をからかう羞恥、後ろめたさ、そしていつも感じていた恐怖の絡み合った、漠然としながらもなかなか消えてくれない感情を、完璧に説明しようとする必要はなかった（もともと完璧な説明などないのだろうが)。タクはただ、私の心の悲しみと麻痺の両方を感じ取り、彼の心も私のために痛んでいることだけを伝えてくれた。それで十分だった。事実、大切なのはそれだけだった。

もちろん北京のその夜、彼が鼻と鼻をくっつけ、手のひらを合わせて眠るために、何も言わずに私の両手を取ってくれたとき、彼のその静かな抱擁がどんなにありがたいかをどう伝えればいいのかは、私にはわからなかった。それでも、その夜、彼は寝入ったあともけっして私を離さなかった。

北京での研修期間も終わりに近づくと、私たちはMBA課程の修了後、すなわちアジアツアーだけでなく、続くボストンでの九カ月もすべて終わったあとにどうするかについて、相談を始めた。MBA取得の学費は会社が出していたので、タクは帰国して会社に戻り、昇進の階段を上ることが期待されていた。具体的な計画こそ何も立てなかったが、私はタクが、少なくとも最終的には、ボストンに移ることを考えてくれているのではないかと思っていた。ある日、話のついでだったが、学費を会社に返すだけの蓄えは十分あると言っていたし、MBAの課程を始める前には三年間マレーシアに住み、彼の会社の現地工場の一つで財務部門の責任者として働いてもいた。そして今はアメリカの大学の修士課程を修めている。外国に定住することに抵抗はないはずだと推測した。

反対に、私がボストン以外の場所に移るというのはとうてい考えられなかった。生まれてからずっとボストン周辺から離れたことはなく、それは私にとって唯一信頼できる、根付いているという感覚を象徴していた。私の中で安全は地勢と結びついていた。目をつむっていてもわかる町の見慣れた変わらない輪郭が、安全だと感じさせてくれた。

北京での最後の週のある夜、私の教職員用特別室のソファで、私はボストンへの愛着や、そこを離れる不安や、そしてボストンを離れることが、地球の反対側から結ばれた恋人の私たちにどんな意味をもちうるかという恐怖を説明しようとした。さらに、七年前に博士課程を修了するにあたり、たとえ文学の終身的な教職のためであっても北東部から引っ越すのはいやだと悟り、ニューイングランド以外の地でのフルタイムの職をいくつか断ったことも話した。

タクは何に対しても私ほどドラマチックではなく、また楽天的なので、なぜそこまでボストンから遠くには住めないと確信できるのかが理解できなかったが、特にそのことを気にしているふうでもなかった。「大丈夫」と小さく微笑んで言った。「今、それを心配する必要はないよ」

頭では、私たちの長期的な未来について話し合うのがまだ早すぎることはわかっていた。でも一方で、将来起きそうな悲劇の根を断つことは、私のおはこであり、私のユニークな得意技なのだ。それ以上に、タクが私たちの関係をどう続けるかについて心配していないことにイラした。それって、彼が私ほど深くは恋に落ちていないっていう意味？　けれども、たぶん最も驚いたのは、タクが私の不安を、不思議なことにまったく苦にしていないことだった。過去に付き合った男たちとあまりに違った。彼らは、ほんの少しでも感情がクールな理性を打ち負かせば見苦しいと受け取り、どんな言い方にせよ「この恋の行方《ゆくえ》はどうなるのか」といった質問には、即座に緊急脱出のライトを点滅させた。

タクとともに中国にいたそのとき、私は豪華を装った特別室の各窓を縁取る重いグリーンのカーテンと、その後ろの、北京のくすんだ景色を隠す白い薄地のカーテンをじっと眺めていた。すると、私はそれまで一度もしたことのないことをした。タクと、そして私たちの間に起きていることについて、疑わしきことは罰しなくてもいいのではないかと思ったのだ。タクが私たちの未来について、そしてそれに関する私自身の不安を気にしないのは、ひょっとしたら私が彼を愛するほどには愛してくれていないのかもしれない。でも、そうではなくて、ただ単に彼が私たちの関係について楽観的で、いざとなれば何とかなると思っていて、むしろ正反対の結末を予測する私の性分にも動じないだけなのかもしれない。最初、グラスに半分しかない水を「半分も」と考えるこの見方は、単に新種のアイデアとして私の心に一瞬入り込んだだけだった。次には、歯が抜けたばかりの空洞を舌でまさぐるように、しばらく心の中でそれを突っついてみた。

すると、どういうわけか、私の心は勝手にジャンプし、気がつくといいほうの可能性を信じることに決めていた。そうした瞬間に、その決断は妙に正しく、揺るぎないものに感じられた。きっとタクは思いやりがないのではなく、単に自信があり強いのだ。きっと――と、次に私は考えた――、タクはほんとうにボストンに移ってくれるのだ。そして、私の完璧に洗練された生活に、一つだけどうしても手に入らなかったものを加えてくれる。それは、安定した深い愛だった。


数日後、私たちは初めて喧嘩した。それは七月の初めで、北京の午後は酷暑の上に湿度が高く、空気は濡れた綿のように重かった。夕暮れ近くになって、私たちは研修センターの近くのランニング用トラックに行った。そこに私は二、三日おきに行くようにしていた。管理職の学生たちの何人かが、真っ白なソックスをふくらはぎの半分くらいまで引き上げて（ダサい！）走っていた。トラックは埃《ほこり》っぽく、センター部分の古い芝生は茶色になっていた。暑いのでゆっくりジョギングした。タクのソックスはうれしいことに足首まわりまで押し下げられていた。

韓国に着くなり、私は一週間の休暇を取れることになっていた。一人で済州島《チェジュド》のスパに行き、ビーチに横たわり、マッサージを受けて、英語を話そうとするビジネスマンたちの声を忘れる計画だった。そこで私はタクに、休暇が終わる金曜日にソウルで合流して、韓国の研修センターに戻る前に一晩か二晩、市内のホテルでともに過ごさないかと提案した。研修センターでは全員がプログラムの最後の一カ月を過ごすことになっていた。

ジョギングと暑さのせいで息をはずませながらその提案をすると、相変わらず安定した呼吸をしているタクは、単に「たぶん」とだけ答えた。

「たぶん？　たぶんって、それ、どういうこと？」私はいっそう荒々しく息を吐き出した。

「たぶん行けると思う。週末の宿題によるけど。プログラムのスケジュール次第だ」

「そう、オッケー」失望を隠すのに苦労しながら、事もなげに言った。「それ、いつわかるの？」

「たぶんソウルに着いたあと。スケジュールについてもっとわかってから」

彼は二人で週末を過ごすことにあまり熱心でないように見えた。何が起きた？　私の心はその日に至る数日間を精査していた。何の亀裂も発見できなかったが、タクの現実主義の温度は今、明らかに数度低い。

「シャワーを浴びて着替えなきゃ」トラックを回るゆっくりしたジョギングのペースをさらに落としながら言った。トラックには他にも何人かいた。私たちのプログラムのメンバーは一人もいなかったが、それでも人前で口論するのはいやだった。というより、彼の明らかな無関心ぶりに傷ついてはいたが、何を言えばいいのかがわからなかった。混乱したまま、ウォーターボトルをつかんで宿舎のほうに向かった。

去っていく私に、タクはストレッチを始めようとしゃがみながら手を振った。

次の二四時間、私たちは互いを避けた。その夜、私は手足が突然重く感じられ、食事に行くのが遅れた。キャフェテリアではタクにじっと見つめられたが、私はそれを避けるように別のテーブルにジーナと座った。そこのビュッフェには、いつも身震いするほどゾッとさせられた。北京の研修センターのキッチンは、鶏の足のフライと、雄鶏のトサカと痩せた鉤爪《かぎづめ》と黄変した軟骨が金属鍋の底のオイルに浸かっている料理を得意としていた。私は炒飯ばかり食べていた。

翌日の教室でも、タクと私は距離を保ち続けた。まわりのすべてのものが突然灰色に感じられ、アジアの魅惑は色褪《あ》せて、奇妙なアクセントと吐き気を催す食べものが混ざり合った薄汚いイメージに変わっていた。その夜にもまだ私たちは、ダイニングルームで悲しげにちょっとうなずき合った以外は互いを無視していた。その後、クラスの全員で研修センターにあるカラオケホールの一つに繰り出すと、中国商務省の職員たちが何らかの祝いのためにやってきて加わった。何の祝いなのかは結局わからなかったが、よくあるビジネスと飲酒と懇親のコンビネーションだったのだろう。

音楽が大音響で鳴り響き、三人の年配の役人がジーナと私をステージに引っ張り上げた。いつだってカラオケは大嫌いだったが、付き合わなければならないとわかっていた。私たちはビートルズのナンバーを選んだ。男たちがジーナと私の肩を抱き、前後に大きく体を揺すりながら「ヘイ・ジュード」を訛《なま》りのきつい英語でがなり立てている間、私は耳まで真っ赤になりながら、ボソボソと小声で歌っていた。その間にタクがそっと部屋を抜け出したのに気づいた。

ジーナはやたらクスクス笑っていたが、それは彼女がカラオケに慣れていたからだ。歌が終わるなりステージから駆け下りた私とは対照的に、ジーナはもう一曲歌おうとステージに残った。

今度、彼らは「レット・イット・ビー」を選んだ。私はけばけばしいラウンジの合成皮革のソファに座って、凍りついた笑みを顔に張り付かせ、まばゆいライトの下の小さなステージで歌う彼らを見守った。他の学生たちは笑い、私とハイタッチをした。「よかったですよ！　歌、お上手ですね！」彼らは親切にも賛辞を浴びせた。「そんなに恥ずかしがらないで。すごくよかったです！」また別の一人がそんなことを言ったので、私は目頭が熱くなった。突然、痛いほどに、どうしようもなくホームシックになった。それまでの二カ月のアドベンチャーがちっぽけでつまらなく感じられ、プログラムの残りの一カ月を、私の秘密の救世主だったタクなしでやり遂げるなどということは、考えただけでも耐えられなかった。

「頭痛」と額を指差しながら言って、ふたたび狂ったように駆け出した――今度はドアに向かって。

外をしばらく歩き回った。薄明かりの中、研修センターやキャンパス内のビル群が陰気くさく、その暗いアウトラインがジメジメした空気の中に浮かび上がっていた。自室に戻ろうと建物の角を曲がると、黄昏《たそがれ》の中から人影が現れた。それは同じ通路の前方にいるタクだった。「あら、ハーイ」と声をかけた。

「ハーイ」下を向き、ありもしない石を爪先で蹴りながら、彼が答えた。

「逃げ出しちゃった、私……カラオケは嫌いなの、知ってるでしょ」つかえながら言った。

「悲しいよ」タクは顔を上げ、私と目を合わせてシンプルに言った。「何が起きたのか、どうして口をきかなくなったのかが、ぼくにはわからない。でも、すごく落ち込んでる。すごーく」通路の照明が彼のまわりを丸く照らし、黒い瞳には光の一片が映っていた。

安堵がすっと心を通り抜けた。あたかも私の中の灰色の部分が涼しい風により吹き飛ばされたかのように。

「私もよ。喧嘩したくない。話さないなんていや」

「だったら、何が理由?」彼は質問した。「どうして、あんなに突然変わってしまったの?」

「なぜ週末に私とソウルで過ごしたくなかったの?」

「過ごしたくないなんて言ってないよ。たぶん、って言っただろ」タクは目を細めて、探るように私を見た。

「だから、どうしてただ〝たぶん〟(maybe)なの?」今度は私のほうが下を向いて石を蹴るふりをしていた。小さなぺたんこのバレエシューズの爪先が埃っぽくなってくる。

「たぶん、たぶん行ける。そう説明しようとしたんだ」彼は言った。「プログラムのスケジュールがどうなるかわかっていない。その週末、休みが取れるかどうかさえわからない。もちろん行きたいよ。でも、行けるかどうかがわからない。だから〝たぶん〟って言ったんだ。それがほんとうだから」

「わかったわ」私はほっとしながらも、まだ苛ついていた。「でも私は、あなたが私といっしょに過ごしたいんだってことを、もし来なくても、それはただ来られない理由があるからだってことをはっきり言ってほしかったの。私にはそこのところがわからなかった。だから、はっきり説明してもらう必要があったのよ」

「つまり、ちょっとした誤解?」彼の顔の表情が緩んで、おだやかな平面になった。それから、彼はかぶりを振った。「ほんとうのことしか言いたくなかった」口調にふたたび苛立ちが忍び込む。彼はいったん下を向き、それから顔を上げた。通路の明かりのせいで、顔の半分が陰になっている。「だから、たぶんって言ったんだ」

それから彼はため息をつき、私の手をつかんだ。そして、私がそばにいないと気持ちが沈んでどうしようもなかったと言った。前夜からのすべてが、あまりにつらかったと。「どうだっていいんだ、きっと。どうして誤解が生じたかなんてことは。ただ、仲直りしようよ」

私は彼の手を強く握り、それをさっと私の胸にもってきて当てた。それから、誰にも見られていないことを確認し、しぶしぶその手を下ろした。私にはまだ、彼がどうしていつもそこまで事実に忠実でなくてはならないのかが理解できなかった。なぜ、肝心な部分、つまり、私といっしょにいたいという部分を強調しないで、プラグマティック（現実主義）な〝たぶん〟の部分に焦点を合わせなくてはならなかったの？　でも、突然、どっと疲れを感じ、それ以上考えることができなくなった。そもそも「プラグマティック」という言葉をどう説明すればいいのかさえわからなかったし、何よりも、私の中の安堵の気持ちに身を任せてしまいたかった。

いっしょに宿舎に歩いて帰ろうと向きを変えた。「そうね」と私はありがたそうに言った。「ただ、仲直りしましょ」

七月も終わるころ、私たちはＭＢＡ課程を修了するためボストンに向かう前に、アジアでの最後の研修場所となるソウル市の少しはずれに滞在していた。その前に私は済州島で休暇を過ごし、その帰りにタクと待ち合わせて市内のホテルで一泊した。丸一日、昼も夜も二人きりでいられることに、私は飛び上がりたいほどの喜びを感じた。その間、人前でも手をつないでいられるし、彼は夜明け前に自分の部屋にこっそり戻らなくてもいいのだから。

ソウルの繁華街を散策し、仁寺洞《インサドン》地区の玉石敷きの通りと古風な家々の間にあるカフェで休息した。とろみのある、レモンに似た味の熱い柚子茶《ゆずちゃ》を飲んだ。それから、二人でネオンきらめく江南《カンナム》地区のヘアサロンに入り、ヘアカットをしてもらった。ウインドウにアメリカ製ヘア製品の宣伝があったので、店員が英語を話せるかもしれないと思ったのだ。

サロン用のハイチェアに座り、韓国人の美容師に櫛でとかされたりカットされたりしている間、私は頭を回し、鏡を通して部屋の反対側にいるタクを見ていた。短くカットした髪をのんきそうに振っている。鏡に映る彼のその動作のゆったりした滑らかさに、私の心は温かくなった。頑丈そうな丸い頭の、赤ん坊のように白い地肌に指を走らせている。私のほうを向いて微笑んだそのとき、電話が鳴った。

呼び出し音を聞きながら、私は視線を自分の美容師に戻し、髪をはさみがスライスしていく小気味よい音に耳を傾け、足元にゆっくりと落ちていく何束かの痩せた髪を眺めていた。タクがふたたび私の視界に入ってきたのは数分後だった。

最初、顔色の変化に気づかなかった。顔に張り付いた、信じられないといった表情を見落としていた。でも、すると、はさみの軽やかな音の合間に、「事故があった」という彼の声が耳に入った。

しばらく、彼はぽかんとしたまま私を見つめていた。それから「日本に帰らなくては」と言った。

髪が片側だけカットされた状態で、完全に彼のほうを向いた。「えっ？」

「帰らないと。タクシーで空港に行って帰らなくては。今すぐ」

頭が混乱し、髪はカットの途中で斜めになったまま、お金をカウンターに投げるようにして大急ぎで支払いを済ませ、タクについて通りに出た。夢かスローモーション映画の中にでもいるかのように感じながら、タクシーを拾った。タクシーが空港へ向かう高速のほうにそれていく間に、タクは母親が日本の病院で昏睡状態にあると教えてくれた。毎朝教会に行くほど敬虔なカトリック信者の彼女は、夜が明けたばかりの時間帯に、やはり祈りに行く途中、飲酒運転のトラックに轢《ひ》かれた。運転手はしばらく彼女を引きずったあと、猛スピードで逃げたそうだ。それは金曜のことだ。今日は日曜。タクの父親と妹は週末の間ずっと彼女を探し続け、やっと大阪のある病院の救急処置室にいることを突き止めた。情報の正しさを確認してから、彼らはタクに電話した。突然、タクは身震いし、それから泣き崩れた。彼が泣くのを見たのは初めてだった。涙があふれ出て、手足はわなわなと震えていた。

空港に着くと、最終の日本便はすでに発ったあとだった。翌朝まで待たねばならない。私はエアポート・ホテルで彼に寄り添っていたが、彼は泣くこともできないほど茫然《ぼうぜん》としていた。私たちは途切れ途切れに眠った。彼は硬直したようにじっと横たわり、私の顔には涙が伝っていた。

タクは夜明けとともに出発し、私は研修センターに戻ったが、そのころには私自身も茫然となっていた。私を乗せたタクシーがセンターの前に停止すると、飛び出してきた韓国人の学部長の顔は怒りでどす黒くなっていた。彼には前夜に電話を入れ、空港でタクとともに過ごすことになると告げていた。さて今、アイドリングをしているタクシーから足を踏み出すと、彼は軽蔑のまなざしでこちらを一瞥し、こういったアメリカ人の若い女性教職員による不作法なルール違反がいつか起きるだろうと思っていたと言わんばかりに、ため息をついた。でも、私はもう平気だった。私たちの関係がばれてしまった。クビにするならどうぞ、と心の中で言いながら、無言のまま踵《きびす》を返し、なおも左右不揃いの髪のまま、歩き去った。

数日後、プログラムを終えるため韓国に戻ってきたタクを、ふたたび空港に出迎えた。「母はもう二度と目覚めない」彼は言った。「助かる見込みはないって医者たちは言うんだ。でも、一

カ月くらいは意識不明の状態が続くだろうって」

「どうして戻ってきたの？」私はショックを隠せなかった。「どうしてプログラムを終えることなんか忘れて、ついていてあげないの？」

「プログラムを終了するのはぼくの義務なんだよ」彼はおだやかに言った。「ボストンでのモジュールを始める前にいったん日本に帰るから、二週間後にはまた母に会えるし。どちらにしろ、それまでに意識が戻ることはないって医者は確信してる」しばらく沈黙した。「それに、あそこにいたってぼくに何ができる？ ただ待つこと以外に」ついに彼は言った。問いでもなければ、完全な文でもなく、待った先に何があるかをあえて言おうともせず。

それでも私にはなぜ彼が戻ってきたのかが理解できなかったが、ただ彼を支えてあげたくてうなずいた。ひょっとしたら、プログラムのスケジュールという正常さに気がまぎれるかもしれない……、そう考えた。たぶん、母親が意識のない眠りから死へと滑り込んでいくのを見守り、最後のさようならを言うために日本に帰る前の数週間、幾分かの気晴らしを得られるかもしれない。そんな一時的救済に彼が慰められることを祈っていた。だが、するとその夜、また電話があった。その日の午後、タクが日本発韓国行の飛行機に搭乗した数時間後に彼の母は亡くなった。

タクの気持ちを思うと胸が張り裂けそうだった。けれども、私はすぐに、次に何が起きるか、そしてそれが私たちにどんな意味をもつかに思い至った。

そのころまでには、私はタクの育った文化や家族、そして長男としての彼の立場について十分に学んでいた。だから、母親が亡くなった今、彼が最終的には大阪に帰って、寡夫となった父親の面倒を見るだろうということがわかった。タクの世界観においては、自分の責任を逃れるなんてことはありえない。したがって九カ月後、ボストンで修士課程を修了した後、五月末の陽光がニューイングランドのうららかな空気を通して燦々《さんさん》と輝くころ、タクは間違いなく帰国する。

　ということは、もし私たちがいっしょになろうとすれば、少なくとも遠くない将来、私のほうがアジアに行かなくてはならないだろう。私がある種の不変性や安心感をもって暮らせると信じることができる唯一の場所を離れなくてはならなくなる。そして、どうにかしてタクの世界を私自身の世界にするすべを見つけなくてはならなくなる。

　これらが私の選択肢になると悟ったとき、私の心には二つの思いがあった――「そんなこと、絶対に無理」そして「やってみるしかない」。

（3）

タクは大阪で執り行われた母親の葬儀が済むなりソウルに戻ってきて、同じクラスの他の学生たちとともに韓国での最後の週を終えた。以前より静かだったが、どちらにしろ、彼は普段から口数が少ないほうで、人前では特にそうだった。

空港で一晩ともに過ごしたことで、明らかに私たちの関係はまわりにばれていたものの、アジアでの最後の週にも、まだ私たちは分別を心掛けていた。二人きりになれた数少ない機会にはタクを抱きしめたが、彼は二度と涙を見せなかった。少なくとも九カ月後にふたたび今度はボストンの空港で私と別れるときまでは。

ソウルでのモジュールが終了してまもなく、暖かい八月の日にタクが初めてアメリカにやってきた。私の故郷の町でのタクとの生活は、過去に経験がないほどパーフェクトに近いものに感じられた。タクの会社は日本人社員の一人ひとりに、キャンパス近くの家具付きアパートメントを借りてくれていた。一番若いタクとマコトだけが独身で、他の日本人学生は妻帯者だったが、ほぼ丸一年離れているにもかかわらず、誰一人、妻や子どもを帯同してはいなかった。これは日本ではべつに特異なことではない。日本人のビジネスマンはしばしば妻よりむしろ会社により大きな忠誠心を示すよう期待される。ほとんどの「シュフ」が、のちに私も学ぶことになるが、これをただ事実として受け入れる。単身赴任として知られる、よくある取り決めにより、夫の仕事の都合で多くの夫婦が離れ離れになる。タクも小さいころに、東京に赴任した父親が週末ごとに大阪の家族のもとに帰ってくるという生活を経験していた。

私はアジアのエグゼクティブを対象としたMBA課程の教職を帰国するなり辞めたが、それでもタクのアパートに私が泊まることだけはすまいと二人で決めていた。なぜなら、他の日本人学生も同じ建物に暮らしていたので、二人連れでばったり彼らに出くわすのはきまりが悪かったのだ。その秋は刑務所での一クラスに加え、私はまだ経営学大学院で、通常のMBA課程の一年生に四学期間、ライティングを教えていた。したがって、キャンパスでもめったに二人で過ごすことはなかった。

でも、週末にタクがサウスエンドにある私の小さなワンルームのアパートメントにやってくると、もはや私の世界に欠けたものはなく、完璧になったと感じられた。私はホームグラウンドにいた。そこでは、ほとんど目を閉じていても動き回れる。アジアにいたときと違い、ボストンの歩道を歩くとき、ただすべての標識や店の名前が読めるだけでなく、人も読めた。誰かが微笑んだり、笑ったり、首を振ったとき、それが何を意味するかが正確にわかった。極東にいたときのかすかではあっても常に存在していた見当識を失うような感覚は、突然のまぶしい日差しに焼かれて消散する霧のように晴れていた。

週日の朝には、私は、自分のアパートメントでホームにいるという喜びに浸りながら起き出した。週末には、タクをセントラル・スクエアにあるお気に入りのカフェに連れていった。私は湯気の立つ豆乳チャイ・ラテとストロベリー・スコーンを楽しみながら新聞の日曜版を読み、彼は日本で毎朝していたように、ミルクティーとバターを塗ったトーストの朝食をとりながら経営学のテキストブックをパラパラめくった。

チャールズ川に沿ってボストンからケンブリッジまでランニングをし、BUボートハウスのところでいっしょに折り返すのが好きだった。二人の吐く息がシンクロし、シティのスカイラインが川沿いにそびえていた。漕ぎ手たちが揃って腕を引くたびに、細長い白いボートが水面のファスナーを開いていく。肌の上を滑るように通り過ぎていく清々しい空気は、私を正しい位置に完璧に保ってくれる無重力の力だ。かなたには、ヨットが小さな〈ブラーミン〉のおもちゃさながらプカプカ上下し、片やビーコン・ヒルが盛り上がり、州議会議事堂の金色のドームが日差しの中できらめいている。

公共の場での私たちの役割は、特に日本にいたときの力関係と比べると完全に逆転した。今では、そこでの言語と文化に通じているのは私のほうだ。無論、タクには彼の同胞のほとんどがそうだが、英語を読む力はかなりある。でも彼らの多くは学校で日本人の教師から文法と語彙を習っただけで、会話は学んでいない。アメリカの大学院課程に登録したものの、話すことには苦労している。レストランに行ったときなど、タクはブロークンな構文でオーダーしようとする。たとえば、「Ahh, I'll gonna have a steak?」〔I'm gonna have ～とすべき〕とメニューを指差しながら言ったりする。するとウェイターやウェイトレスは必ず私のほうに向き直る。たとえタクの言ったことがおおむね理解可能であっても、アクセントのある人とコミュニケートすること自体が彼らをナーバスにさせるのだ。そんなとき、私はタクの気持ちを守りたくなり、彼らに対し苛立ちを覚える。とはいえ、私自身、まだ二〇代の大学生でウェイトレスをしていたころを思い出すと、彼らと同じことをしなかったと言える自信はない。

そのころにはタクと私の間に生じるコミュニケーションの問題は、私たち二人の関係になじみあるリズムを組み込み、まどろっこしさにイライラするよりむしろ、ユーモアの種を提供していた。タクは私の言葉遣いやイントネーションに慣れ、私は彼のそれに慣れていた。もちろん、それでも話が嚙み合わないことはあった。ある晩、タイ料理レストランで、タクはタイで見た巨大なカニ（crab）について話そうとしていたのだが、私は彼がクラブ（club）、つまりディスコのようなものについて話していると思い込んだ。彼がカニの手足のぎくしゃくした動きを真似ると、私は、ははん、ダンスクラブの説明をしようとしてるのね。それにしても変なダンスだわ、などと思っていた。

すると、彼が「hand がバカでかい」というようなことを言った。

「待って、待って」彼の話を遮った。「私たち、club について話してるのよね?」

「そう、そう、crab」タクは言い張り、それからも話は行ったり来たりし、ついに彼がカニの爪の真似をして初めて私は会話のテーマが甲殻類であることを理解したのだった。

けれども、私たちの間には二人の間でわかり合えるジェスチャーやジョークがあり、それらのおかげで私たちの会話はスムースになった。「サイテー!」という日本語は私の頼みの綱だった。英語に直訳すれば worst だが、私は万能の抗議言葉に変えた。一方、タクは私が「Well, that sucks」（それ、最悪）と言ったのを耳にして以来、「That's so suck」というのが気に入っている

〔suck は動詞であって形容詞ではないので、これは間違い〕。私たちの〈ツイスター〉さながらの言葉ゲームと、タクのことを一度間違えて「トウフ」（豆腐）と呼んだジーナに敬意を表して、私は彼に「トフ」というニックネームを授けた。

大事なことで意見の不一致や勘違いが生じたときには、相手が意図していると思われることを繰り返して確認した。それは北京で起きたような、より大きな誤解を避けるためだ。そのせいで会話がスローになることもあったが、同時にそれは物事をシンプルにし、また、私たちを注意深くさせ、言葉が口から出る前に、中身についてじっくり考えさせた。

毎日の彼との付き合いの中で私が一番気に入っていたのは、最も日常的な行為の一つだった。アジアにいたとき同様ボストンでも歩道のない道に降りたときには、たとえほとんど車の通らない道であっても、彼は私をいつかやってくるかもしれない車から守り、私の身体をその小柄ではあるが頑丈な体でブロックするかのように、必ず道の車側を歩いた。

自立に対する熱い思いにもかかわらず、タクがそんなふうに盾となって守ってくれると、たとえそれが私自身の世界からであっても、私は想像すら及ばなかったほどの安心感と安らぎを覚えるのだった。まさに繭にすっぽりくるまれている感覚だった。

そろそろ彼を母に紹介すべきときが来ていた。

その秋、私はタクを母と継父《ままちち》に二度引き合わせた。一度目は彼がボストンに着いた直後で、母たちが秋冬を過ごすためにパームビーチに発つ前だった。タクも私もナーバスになっていたが、私たちは愛し合っていたので、彼が私の家族に会わないでいるなんてことは想像できなかった――たとえ口数は少なくても意志は強い日本人の恋人と、口数が多くて意志も強いユダヤ系アメリカ人の両親の間に文化的な軋轢《あつれき》が生じる可能性はあったとしても。タクは新しくジャケットを買い、私たちはサウスエンドにあるフレンチ・ビストロ〈アキテーヌ〉でのディナーに向かった。

当時六〇代の末だった母は、フェラガモのバッグと靴、いつものハニー・ビー・ピンク〔鮮やかなフーシャ・ピンク〕の口紅にお揃いの色のマニキュアという姿でさっそうと入ってきた。週に二回ヘアサロンでスタイリングしてもらう髪はボストンのノーイースター〔冬季にアメリカ北東部に吹く強風〕さえ一本も乱すことができないほど、スプレーで完璧に固められていた。タクと握手し、私の頬にキスし、それからマティーニ――スミノフを使用、レモン片を添え、グラスは脚付きでないとダメ、と注文した――を手に一段落すると、さっそくタクへの尋問を開始した。「なぜ、あなたの国の人たちは皇太子妃が男の子の世継ぎを産まないからって、あんなに責めるの？」といった具合。

それに対しタクのほうは熱心にうなずき、そして同意した。

「ふーむ、ええ、理不尽ですよね」

感謝祭の期間に両親がボストンに戻ってきたときに会った二度目のときも、母はタクの顔を見るなりこの同じ質問を繰り返した。タクはそのときも愛想よく同意し、強調するため、「気の毒な皇太子妃」とまで付け加えた。

母の再婚相手はグッチのローファーを履いた七〇代前半のリタイヤした元銀行マンで、おおらかに笑う。タクが何か言うたびに「なんだって？」と聞き返すわりには、しょっちゅう微笑んでいた。最後にはタクの背中を温かくぽんぽんと叩き、気前よく勘定書きを取り上げ、タクが財布を取り出そうとすると、手を振ってさえぎった。

このとき彼らは私たちを自分たちの所属するカントリークラブでのディナーに招待し、継父はデイヴィッド・シュワルツ氏までテーブルに呼んだ。シュワルツ氏は南太平洋で戦い、その後、戦後ビジネスで成功して東京にいくつかオフィスを構えた人物だ。

「私たちは日本の半分を買い占めましたよ！」彼は懐かしそうに振り返った。タクはジャケットとタイの上で頭をほんの少しかしげて、一瞬沈黙した。それから礼儀正しく微笑み、「すごい！」と言った。二人は互いに次の言葉を待ちながら笑みを少し引き延ばしていたが、明らかに会話の種はそれで尽きてしまったようだ。シュワルツ氏はタクと力強く握手し、金融市場の動向について話し合おうと継父のほうを向いた。

その間もずっとタクは落ち着いていた。未知の環境で英語で会話をするという緊張感により、少し堅苦しく背筋を伸ばしてはいたが、他人のセットにいる映画監督のように、その場の情景に興味を抱きながらも距離を置き、礼を失することなく、一貫して冷静だった。私はテーブルの下で彼の手を握っていた。二度とも、両親が到着する前に彼は、私が隣にいるかぎり大丈夫だと言った。そのとおりだった。

「英語のいい練習になったよ！」両親と別れてレストランを出たときも、そしてカントリークラブを出たときにも、彼はそう言った。母やカントリークラブについての彼の一番の印象は

「ちょっとゴージャス（gorgeous）すぎ」というものだった。のちにこの形容詞が日本では〝fancy〟（豪華、高級）を意味すると知った〔もともとgorgeousに豪華や高級という意味はなく「きわめて美しい」が近い。英和辞典の和訳も徐々に直されつつある〕。

感謝祭の数日後、母が大学の私の部屋に電話してきたことをタクに話す勇気はとてもなかった。私がタクとすぐには別れそうにないと悟った母は、パームビーチの友人の息子に引き合わせようとしたのだ。

「立派な若者よ。ニューヨークの投資銀行マンで、今、離婚の手続き中。でも両親はちゃんとした申し分ない人たちよ。すごく親しい友人なの」

母は当然すぎる「ユダヤ人だし」という部分は言わずに済ましていたが、「パームビーチ／投資銀行マン＝大金持ち」という方程式に私が気づかなかったとでも思ったのか、その部分は付け加えずにはいられなかった。私は、もしお金に執着があったら刑務所でなんか教えていない（お金欲しさに経営学大学院で教えていることは、この際、無視して）と言って、母の話をきっぱり断った。タクを愛していたし、タクに愛されていることも知っていた。彼が日本に帰ったあともなんとか私たちの関係を続ける方法を見つけられると信じるしかなかった。

ボストンで私自身は一種独特な充足感を得ていたけれども、タクのほうは必ずしもアメリカ文化になじんでいたわけではなかった。私たちのようなカップルでは、流暢な会話ができないことが最大の障害になると思う人が多いだろう。でも私にとっては、習慣の隔たりを克服するほうがよほど困難だった。私がそれまでに出会った外国人の何人かのように、タクもまたアメリカという国とそのカジュアルさに、あたかも気づかないうちに止めていた息をやっと吐き出せたかのような解放感を覚えてくれるのではないかと期待した時期もあった。だがタクは、私の世界を、長い間探し求めていた心の灯台だとは見なしそうになかった。

ある日、ランチをしにケンブリッジのベーカリーカフェに行ったときのこと。オーダーの列で待つ間、タクは厚切りの自家製パンの間から薄切り肉とチーズがこぼれ出ている皿が通りすぎていくのを、期待に目を丸くして見つめていた。だが列は遅々として進まず、これといった秩序もなく、しかもついに私たちが最前列に来ると、レジ係はまずとっくにオーダーを終えた他の客と、次には他の店員とおしゃべりを始めた。彼女の鼻ピアスが窓から差し込む日差しを受けてきらめいた、と思ったら、彼女はくるりと向きを変え、キッチンに消えてしまった。

私たちの後ろでは、男が大声で誰にともなく文句を言い、ティーンエイジャーの女の子が膨らませたバブルガムをポンとはじけさせた。携帯電話で誰かにどんなサンドイッチが欲しいかを訊いている女性もいる。レジ係が戻ってきたので、私たちは前に進み出た。タクがオーダーしようと口を開いた。すると、くだんのレジ係はキッチンの窓から突然顔を突き出した若い女性のほうを向き、ふたたび無駄話を始めた。私たちに背を向けて彼女は笑った。「ヘイ、当たり前じゃん！」白い上着を着たペストリー職人に向かって呼びかける。タクの顔色が変わった。

やっとオーダーを終え、カフェの中央にある合席用のテーブルに席を取った。タクがコートを脱ごうとしていると、アイロンのかかったジーンズにレザーのドライビングシューズというファッションの女がドアから勢いよく入ってきた。首にはスカーフをきれいに結び、こざっぱりした子どもを三人引き連れている。驕慢《きょうまん》な目つきでぐるりとあたりを見回すと、人々の間を抜けて、まっしぐらに私たちの席めざし進んできた。近づきながらタクに向かって舌打ちした上、さらにシッシッと言って、オックスフォードシャツを着たご子息たちが座れるよう、タクをベンチの端まで追い払おうとした。

抗議の言葉が喉元にせり上がってきたが、口から出かかったところで飲み込んだ。むかついた。まるで子犬にでもするようにシッシッと言うなんて。もしタクが白人の大きな男だったら、あれほど見下した態度が取れるかしら? 彼女をにらみつけはしたが、何と言えばいいのかがわからなくて、結局、何も言わないでいた。喉に声にならない抗議を押し込んでいると、自分自身に対する怒りがこみ上げてきた。

「嫌いだ」タクが言った。目を吊り上げて女のほうを見、音節の一つひとつに苛立ちが刻まれていた。荒々しく一度だけ頭を振って女に背を向け、それから彼はあたかもまわりの無礼な無秩序から自身を隔離するかのように肩をすぼめ、唇を真一文字に結んで自分の中に引きこもった。舌打ち女はそんなタクにもどこ吹く風で、子どもたちを席に押し込んだ。

突然、神戸で見た白手袋の車掌の姿が目に浮かんだ。あの堅苦しいまでの儀礼的行為。誰かが見ているかどうかに関係なく、一車両通りすぎるごとにおじぎをすることに固執していた。礼儀正しくすることが車掌の役目だから。そうしないことなど考えられないから。ところがボストンでは、礼儀を欠こうが、秩序が少々乱れようが、誰も気づきもしない。もしタクが私とともにここで人生を築いたなら、現実としてある言葉の壁よりもこの文化の隔たりがすべてのレベルで――個人的にも職業的にも――彼を疎外するだろう。心を掻き乱すそんな考えを、私はなんとか抑え込もうとした。

私の世界からのタクの内なる乖離《かいり》は、他にもいくつかの場面で見られた。最も驚きだったのは、私の友達に対する彼の無関心ぶりだった。タクによると、日本ではカップル同士の友達付き合いはめずらしいそうだ。夫婦は二人きりでなら食事に行くが、何組かの夫婦でいっしょに行くことはまれだとか。ダブルデートや、男女が混ざったグループで出かけることすら、特に大人になってからはめったにないそうだ。

タクには、単に私の恋人だからという理由で、なぜ私の友達とも時間を過ごさなくてはならないのかが理解できない。私の友達を嫌っているわけではない。彼らのやさしさやユーモアや、何よりも私に対する温かさに感謝はしているが、同じ人を好んでいるという理由だけで、その人たちとも友達になるというコンセプトがわからない。しかも彼はとてもシャイだ。私はにぎやかで社交的な人間だが、タクは日本にいるときでさえ、仕事をしていないときには一人でいることを好んだ。

ある夜、私の友達五人とサウスエンドのワシントン・ストリートにあるファンキーなフレンチ・ベトナム料理店〈フォー・リプュブリーク〉に行ったときのこと。粗削りな長テーブルに陣取ってライチ・マティーニをぐいぐいやりながら、私は次から次へと話題の間を飛び回っていた。ロバートに対しては、弱い者が〝女〟というレッテルを張られる男性刑務所内でのジェンダー闘争についての文化的分析を試み、ジェナにはお金のためにMBAの学生を教えなくてはならない悲劇について愚痴をこぼした。テーブルの反対の端では、ロッドの惨めなファーストデートについて笑いが巻き起こり、ルイーズは近々提出するテニュア〔大学教職の終身的地位〕の申し込みについて苦悩していた。誰もが揚げた雲呑の皮をつまみながら、もっと親密に噂話をしようと、肘を張って身を乗り出していた。

タクはベンチの端で私のそばに静かに座り、〈サミュエル・アダムズ〉〔ボストンの地ビール〕をちびちびやりながら、礼儀正しくも話を聴こうと努め、笑うのが適切だと思われる場面では頭をのけぞらして笑っていた。だが、明らかに気分がのってはいなかった。ときどき私は彼の手をぎゅっと握って微笑みかけた。ときには彼を会話に引き込もうとした。

「トフ、パトカーとタクシーを間違え続けたマコトの話をして。ボストンでの最初の週に、どんなにあらゆるところでパトカーに手を挙げて止めようとしたかを」

「警官たちにはわけがわからなかったんだ。なぜその痩せっぽっちの日本人がいつも自分たちに手を振るのかが」タクが言い、みんな笑った。でも大笑いが収まると、タクは会話を続けたがるよりむしろスポットライトから逃れられるチャンスを得てほっとしたかのように椅子に背を預けた。

それでも友達はみんなタクのことが好きだった。彼の静かな謙虚さや、堅実なオーラや、明らかに会話は流暢ではないのに英語でMBAを取ろうとし、さらに私が彼の言葉をまったく話せないのに私との恋愛関係を続けようとしている勇気に敬服していた。そして何よりも、友人たちはタクといるときの私の落ち着いて幸せそうな様子を気に入っていた。もう何年も、私の中のどこか深いところでモーターがあまりにハイギアで回転し続けたせいで、キャリブレーションがゆがんでいると感じていた。それが、タクがそばにいる今では、回転数が落ちてなめらかな均一の音になっている。友人たちはそれに気づいた。つまるところ、彼らはそれまでの長い年月、私を支え続けてくれた人たちなのだ。私はその間、大いなる野望と最高の学歴と名誉ある仕事をもちながらもシンプルな親密さを苦手とする男たちとの恋愛を繰り返していた。いや、むしろ彼らが苦手だったのは、私のシンプルとはいえない神経症だったのかもしれない。

私の仲間たちとタクとの距離に、私は違った意味で少し淋しくなった。まるで私の人生が、くっつけることのできない二つの部分に分かれてしまっているかのようだった。けれども自分への慰めとして、恋人と友人をまぜこぜにしない日本の伝統には、おそらく叡智があるのだろうと考えた。結局、一人の人間が常にあらゆるものになるのは不可能なのだから。私はしばらくその考えを心の中で吟味した。たぶん、基本的な友人関係という維持装置を恋愛の外に置くことは健康的なのだ。私は自分のホームグラウンドで、慣れ親しんだ場所と私のことをよく知っている人たちに囲まれているかぎり、地にしっかり足がついていると感じ、満たされていた。特にタクがそばにいれば、彼の愛が私の世界を支えている重力にさらに重みを加えていた。

人付き合いに関する態度が正反対の男性との相性はさておき、それよりもっと私を不安にさせていたのは、五月になればタクが帰国せざるをえなくなることだった。私はそのころ、私自身が大阪に移るというアイデアを密かに検討していた。すると、いつもこんな考えに突き当たった。

どうして、こんな人間になってしまったの？　自分の生き方から、国から、自分の世界まで、すべてを一人の男のために失ってもいいなんてことを考える女に？　しかも、女性の力があんなにも弱い日本のような国に行こうなんて！

私はアメリカを離れることに対する根強い抵抗を、自分自身の政治的なスタンスから来ているものだとして正当化しようとしていた。ちょうど結婚のことを、はるか昔に女性の隷属を成文化するために作られた制度だとして——この解釈は歴史的に正しくもあり、恋に破れるたびに自分を慰めるのにも便利だった——疑問視していたように、自分の生活を男のために変えることに対する拒絶は、独立した現代女性としての私のアイデンティティの要《かなめ》であると感じていた。しかし、実際には、私の抵抗は政治的なスタンスや知的な理由付けよりはるかに深い、単純明白な恐怖から発していた。

ボストンに私が自分のために築いた、完璧に計画され形作られた世界は、私がうんと若いときに自分自身と交わした「誰のためにも、何のためにも、けっして多くのものを犠牲にしない」という約束を礎《いしずえ》としていた。依存の先に何が待っているかを過去にいやというほど見てきたので、自分でコントロールや舵取りができない状況にふたたび身を任せるのは絶対にいやだった。でも、タクとの生活を大阪で築けば、それこそ一度はけっして手放さないと誓った自分自身や自分の居場所を失うことになるのではないか？

PART 2

ハネムーン期

第Ⅰ段階

THE HONEYMOON STAGE

（カルチャーショックの）典型的なパターンは……魅了、冒険、楽観、もしくは興奮の、ハネムーン期と呼ばれる高めの段階からスタートする。（しかし）次に来るのは、能力不足、失望、幻滅、疎外感、自己批判といった感情だ。

——ポール・ピーダーセン著『カルチャーショックの５段階』より

どうぞ都会のミニ公園でご自分の時間をお楽しみください。

——大阪で私が通ったカフェの広告

（4）

ローガン空港の高い窓を通して夜明けがまぶしい。時は二〇〇五年の初夏、タクが日本に帰ってすでに約一カ月がたっていた。シカゴ経由で大阪の関西空港に向かう早朝便にチェックインするため、空港には午前五時一五分に到着した。バッグにはぱんぱんに物が詰め込まれ、ゆるくポニーテールにした髪は早朝に浴びたシャワーのせいでまだ湿っている。非人間的な時間にもかかわらず、すでに行列ができていて、そこには私と同じ目的地に向かう、日本のパスポートを手にした女性も何人かいた。彼女たちのほとんどが髪を完璧に整え、メークは薄化粧ながらばっちり、背筋をしゃんと伸ばして立ち、コンパクトにきちんとまとめられた荷物は小さなキャスターにより滑るように前進していた。

列が少しずつ進んでいく間、彼女たちは辛抱強く待っていた。一方で私は短調の不協和音を立てながら床をこするスーツケースをぶざまに引きずり、まとまってくれないポニーテールを直そうと悪戦苦闘し、イライラしながら足踏みしていた。並んでいる間にタクに電話して、ローガン空港に時間どおり着いたことを告げた。日本時間では午後六時ちょっと過ぎ。彼のような従来型サラリーマンが職場を離れるまでにはまだ数時間早いので長くは話せないが、彼はシカゴでの乗り継ぎ時間にまた電話するよう促し、愛していると言い、関西空港の税関を出たところで待っていると念を押した。「ありがとう」と彼は言った。

タクがボストンを去る前の数週間のあいだに、六月半ばから七月半ばにかけて私が日本の彼のもとを訪問することを決めていた。それなら彼が五月にアメリカを去ることのショックは多少とも和らぐし、私の秋の授業のスケジュールにも影響なく、しかも九月の講義要綱を準備する時間もたっぷり取れる。タクは、たとえ私がボストンからそんなにも離れた土地に住むことなど想像すらできなくても、不可能だと言い張る前に、一度大阪を探検してみても損はないのではないかと提案した。「ただちょっと来て、どんな感じか見てみたら?」と。

「まあ、それくらいなら」私はとりあえず同意した。そして液体がゆっくり凝固していくように、頭の中でそのアイデアが形を成していくに任せた。日本の会社生活の苛烈さを考えると、おそらくタクは一日か二日しか休みを取れないだろう。だが七月半ばには「海の日」と呼ばれる国民祝祭日（タクによると「海に敬意を表する」日だとか）があり、その週末は連休になる。加えて、その時期は梅雨なので、たぶん飛行機代も安い。

ローガン空港のチェックイン・カウンターが迫ってくると、突然、目と喉の奥にぐっとこみ上げてくるものを感じた。この先はこれが私たちの生活になるのね。一年に数回、この早朝の列に並んで、一三のタイムゾーンを越えて地球の裏側の彼に電話し、この惑星を半周する二四時間の空の旅を始める……そんな生活。私が日本に移り住むことに同意するか、または私たちが別れないかぎり。

タクが五月に帰国するなり、彼は大阪を離れられないかもしれないという私の恐れは的中した。彼の父親は日がな一日テレビの前で過ごし、妻を失った悲しみゆえか、または単に無気力なのか、昼間は何も食べようとせず、そのため体重が落ちていた。手の震えも始まっていた。

ボストンの部屋で電話を握り、日本に帰ったあとの報告を聞く私は、アメリカに転勤になる可能性があるのかとはとても訊けなかった。代わりに宙をにらみ、電話をぎゅっと握りしめて、タクは日本にいる必要がある――少なくとも当分の間は――という点に無言のうちに同意していた。

今、ローガン空港に立って私は涙をこらえている。するとカウンターの後ろから制服姿の女性職員が「次!」と呼んだので、足を引きずって前に進み出た。次々とやるべきことがあるおかげで、目と喉の奥の熱いものは引っ込んだ。手荷物検査場でパスポートを手渡し、靴を脱ぎ、ラップトップを取り出す。ゲート近くで水と新聞を買い、搭乗してエコノミークラスの窮屈な席に向かった。

一回の乗り継ぎと二〇時間のあとに目覚めると、機体は高度を下げつつあった。翼を大きく傾けて雲間を抜けていくと、やがて眼下に日本が現れた。暗いブルーの海とパンケーキのように平べったい地面。遠くのグレーの山脈を背に、街が無秩序に広がっている。点在する湾や沿岸流域では、ブルーと白の細い金属片のような貨物船が流れに乗っている。もちろん私はこの景色を前にも見たことがある。ほんの一年ちょっと前に、仕事で日本に着いたときだ。だが今回は違って感じられた。今回の私は、もしかすると、まったく新しい生活に着陸しようとしている。私はその考えを心から追い出した。今、大事なのは、もうすぐ入国審査と税関を通り抜けて、タクとふたたびいっしょになれることだけ。

着陸すると、滑走路の上に紺のジャンプスーツに薄いグレーのヘルメットを被り、赤と白のバトンを手にした誘導員たちの姿が見えた。機体が速度を落としながら進んでいく間、彼らは腕を腿《もも》の前で交差させた直立不動の姿勢を保っていた。次に彼ら全員が同時におじぎをし、バトンを振って、私たちをゲートのほうに誘導した。彼らを見ていると少しウキウキした。彼らの任務がおもしろみのないものだけに、余計にそのしゃちほこばった振り付けが愉快だった。

三〇分後、税関のドアが勢いよく開くと、海原のように大勢の日本人がいた。斜めの字体の英語が書かれたボードをもっている人もいれば、遅い午後の光の中にただ突っ立っている人もいる。そして、彼がいた。

ためらいがちな笑みを浮かべて、こちらに向かってきた。黒い髪と黒い瞳は他の人たちに溶け込んでいるが、その懐かしい顔と足取りは、私の目にはくっきりと際立って見えた。一瞬ののち、私は彼の胸に押し付けられていた。

大阪での第一日目、朝早く目覚めると、カーテンの隙間から見える空はブルーがかったダークグレーで、太陽のない一日になりそうだった。小さなベッドで私のそばに眠るタクをちらっと見て、前夜には疲れのあまり目に入らなかった部屋の中をじっくり眺めた。タクは日本で「ウィークリーマンション」と呼ばれるものを、私たちのために借りてくれていた。短期の賃貸契約ができる小さな箱のようなアパートメントだ。〝マンション〟の部分はジョークね、と思った。のちに、こういったナンセンスなフレーズ使いは日本のいたるところにあり、もとの語のスペルや文法どころか意味さえも無視して外国語と共存する、ある種の文化なのだと知るに至った。

テツノブという名のタクのお父さんは、タクと二人で暮らしている〝マンション〟に泊まってはどうかと誘ってくれた。彼には、前年のクリスマスにタクの妹のケイといっしょにボストンにやってきたときに、すでに会っていた。やさしくて、気取らない、身長一五八センチの小柄ながらキビキビした人物で、そのときは私の手をしっかり取って親しみをこめた握手をしてくれた。にこやかに「Nice to "meeting" you!」〔正しくは "meet"〕と英語で挨拶した彼に、私はぎこちなくおじぎを返した。すると彼は首をかしげ、相手の習慣をまねようとする互いの試みに二人して笑った。

大阪の自宅に滞在するようにというテツノブさん（と私は呼んだ。〝さん〟の部分は敬意を示す）の誘いは、日本ではけっして普通ではない。タクによると、日本では正式に婚約するまではめったに恋人を家族に引き合わせたりしないそうだ。タクもケイも過去に付き合った人を両親に紹介したことはなく、それどころか、私の前には付き合っている人がいることすら打ち明けたことはなかったとか。だがタクは父親が私を招待したことに驚きも、さして感心もしなかった。「うちの家族はあまり保守的じゃないから」とか。

これが真実であるとわかる程度には、すでに彼の先祖や親族について知っていた。タクは連綿と続いた進歩的な学者の家系の出だ。女性の大半が中学で教育を終えていた戦前に、彼の祖母は大学まで行って教師になった。おばの一人は科学者で、別のおばは大学で教鞭を執った。私たちが「共産主義者の教授」というニックネームで呼んでいるおじは、マルクス経済学を学び、一九七〇年代の東大紛争では学生たちのリーダーだった。彼の母親のカトリック信仰さえもが、世俗的な日本においては、静かな独立精神の証しだった。

私が大阪にかなり長期間滞在すると知ったテツノブさんは、タクと暮らす自宅に泊まるよう招待しただけでなく、毎朝、私のためにトーストの朝食を用意したいとまで言ってくれたそうだ。彼は私がレストランでオーダーできないのではないかとか、一人でスーパーに行けないのではないかと心配した。でもアメリカのスタンダードから言うと、彼らのマンションは狭すぎる。かつては四人家族が暮らし、タクもそこで成長したとはいえ、バスルームは小さいのが一つしかないし、客用には細長い部屋が一室あるだけだ。テツノブさんのやさしさには心を打たれたが、その誘いはタクに断ってもらった。タクはといえば、父親の思いやりに感動するよりむしろその非現実性に苛つき、即座に私たちにはプライバシーが必要であるという点に同意した。

タクが借りてくれたウィークリーマンションの部屋はせいぜい二〇平米ほどで、ダブルベッドすら入らない。私たちは仕方なくシングルベッドにいっしょに寝て、その下にタクが私のスーツケースを押し込んだ。部屋にはホットプレート、ミニサイズの冷蔵庫、炊飯器、トイレ／シャワー／浴槽のあるコンパクトなバスルーム、小さなクローゼットに収納された洗濯乾燥機が備わっている。それとは別に衣類のための小さなクローゼット、リリパット人〔『ガリバー旅行記』に登場〕サイズのたんす、ローカル局のチャンネルが三つ〔原文のママ〕映るテレビがある。幸い、タクの自宅マンションからはほんの数ブロックしか離れていないので、少なくとも二人分の衣類をしまうスペースを作る必要はなかった。

さて今、夜明けのせいかカーテンがほんのり赤い。タクは私の横で静かにまっすぐ仰向けに横たわっている。寝息は規則正しくおだやかで、表情は安らかだ。私はキスして彼を起こしたいという衝動に耐えた。彼のこんなところが一番好き、私は横たわったまま考えた。人生のどんな山や谷にも、変わらぬこの静穏さ。まもなく彼の黒い目がパチッと開き、しばらくはぼんやりしたまま私のほうを見つめていたが、そのうち瞳の焦点が合った。

「ハーイ、ぼくの恋人。オハヨウゴザイマス。きみは日本にいるんだよ！」

そんなふうに、彼は目覚めるなりハッピーだ。

彼の快活な自信が、大阪での滞在についてうっすら感じていたどんな不安も吹き飛ばしてくれた。そして二人で起きて着替えをすると、この新しい地で彼の生活を発見する準備が整った。

日本は欧米と大きく異なり、人と違うことが驚くほどのひずみとなって漣《さざなみ》を立てる、きわめて体制順応的な国であるとステレオタイプ化されている。私はこのステレオタイプが完全に真実であることを、数日もしないうちに発見した。前年の夏にほぼ一日二四時間毎日、研修センターに隔離されていたときには、日本という国をほんの上っ面しか経験するチャンスがなかった。この一カ月は違った。

関西は日本で二番目に人口の多い大都市圏であり、その中心の大阪には一千万人近い人が住んでいる。通りはモダンな高層ビルと七〇年代の中層ビルが歯並びの悪い歯のように隣り合わせに差し込まれた迷路だ。だからこそ、そこの徹底した清潔さはなおさら驚異だった。道にはゴミ一つ落ちていない。建物への入り口では徹底した秩序が保たれている。時折、ビルとビルの谷間に昔風の日本家屋が残っていて（第二次世界大戦中に市はほぼ壊滅したが、少数は焼け残った）、ホタテ貝の縁のような波形のグレーの瓦屋根が少し膨らんでうねっている。

けれども、東京など他の多くの都市と違い、大阪の住民は驚くほど国際化していない。単一民族の国として知られる日本の中でも、大阪にはひときわ外国人が少ない。名古屋、京都、神戸といった、大阪より小さな都市と比べても、「ガイジン」――文字どおりの意味は「外の人」――の比率ははるかに低い。

タクは私が到着後の最初の月曜に休暇を取り、その滑らかな手で私の白い手を握って、まず市の中心にある地下鉄梅田駅を抜け、そこから広大な地下街に入って、暗い色のスーツのサラリーマンとブルー系のキルトスカートをはいた女子学生の滝のような人波の間を進んでいった。こんなに多くの人が同時に動いているのを見たのは初めて！　数百の黒い頭がプカプカ上下しながら地下ホールの水の中を渡っていっているかのようだ。すし詰めの群衆ながら、全員が前に向かってなめらかに脈動している。

ガイドブックで、日本の「出る釘は打たれる」という諺《ことわざ》について読んでいた。案の定、大阪では人々のマナーがあまりに画一的で、その分だけ私はやたら人目を引き、ぶざまな女として浮きまくっていた。私たちのマンションの近くの道でも、大阪の広大な地下を整然と切り裂いている地下鉄の中でも、私のような（染めた）ブロンドにはまずお目にかからない。私たちのマンションから地下鉄で三駅の、ヒルトンやリッツカールトンやアメリカ領事館のある大阪の商業中心地以外では、丸一日、欧米人を見かけないこともある。ほとんどの通行人が私を素早く見つめるか、または私が存在していないふりをする。その視線は彼らの前方の何もないところか私の近くに釘付けになるが、けっしてもろに私の上に漂ってくることはない。私のことをまじまじ見つめる人さえ、私と目が合うとさっと視線をそらせる。タクによると、これは親切心から出た反応なのだそうだ。日本のような人口の多い国では、目が合うことがプライバシーの侵害になりうるからだとか。

ところが、「ママチャリ」と呼ばれる、あちらこちらで目にする一速の自転車に乗った若い母親たちと行き違うときには、正反対の現象に出会う。車体の前の小さなバスケットに押し込まれた幼児たちは、しばしば首を伸ばして私を見つめる。私のそばをシュッとすれ違うときに、ちっちゃな頭と丸い目が私を追いかける。そんなにも見つめられながら、それでいて存在を消されることは、奇妙に感じこそすれ、さほど不愉快ではない。知らないうちに私は不思議なパワーを――輝かしい神秘的存在と何もない空間の両方に同時になれるパワーを――両親から受け継いでいたようだ。

地下鉄の車内ではビジネススーツを着た男たちがポルノ雑誌を広げ、倦怠感を漂わせながらも気楽にページを繰っている。彼らの横ではハイソックスにキルトスカートの女子高生たちがラインストーンで覆われた〈ハローキティ〉の携帯電話で狂ったようにメールを打っている。彼女たちは、まわりの人たちが広げた新聞に大きく載っているＳＭの緊縛写真にも平然としている。通りにはユカタと呼ばれる夏用の着物を着た女性も、地味な服装の主婦も、ミニスカートに網タイツにピンヒールの思春期の少女たちも歩いている。ときにはゴスロリ系のティーンエイジャーの一団ともすれ違う。滑稽《こっけい》なほど高いゴム底ヒールの白黒の靴に足をはめこみ、裾から大量の白いレースが外側に向かって飛び出した短いドレスに身を包み、膝上丈のストライプのハイソックスで棒のように細い膝を覆っている。彼女たちもまたクスクス笑うときにはしっかり手で口を覆って、反抗心と自意識の両方を発散させている。目立ちたい、周りにショックを与えたい、という願望はあるものの、あくまで画一化したグループの一員という状況でのみなのだろう。

こういった情景に私の目は見開き、胃は縮み上がる。一方で、すべてがあまりに退行的に感じられ、こういった風潮を受け入れることがどんなに少女や女性たちからパワーを奪うかについて、頭の中には大量の学術的議論が形を成し始める。

ポルノを読む男たちの隣に、漫画のキャラクターで飾った携帯を打つ女子高生？　ショートパンツとピンヒールの少女に、存在感ゼロの地味な中年女性たち？

その一方で、正直、私の目は彼らに釘付けになっていた。

タクが仕事でいない平日は、ほとんどの時間を読書か、小雨降る蒸し暑い空気の中、大阪の通りを歩き回って過ごした。街中の思いがけない場所に、ひっそりと隠れるように神道の小さな祠《ほこら》があった。たいていはせいぜい大きめのダンボール箱程度の木造りか石造りの骨組みで、着色した紐やぶら下げられた鎖で飾られ、その連結部分には鈴が付いていることもあった。

ガイドブックによると、神道は日本土着の民間信仰なのだそうだ。六世紀に仏教が中国経由で伝わったが、神道の座を奪うことはなく、等しい影響力を獲得するに留まった。欧米と違い、大半の日本人が同時に二つの信仰体系の中で神を崇拝することに矛盾を感じなかった。一種のアニミズムである神道では、地球は一つの広大な神殿で、そこでは岩や樹木や草叢《くさむら》や、明らかにコンクリートの屋根材にさえカミが姿を変えて存していると信じられている。私の小さなウィークリーマンションの窓からも、隣のビルの屋上に設けられたミニサイズの神社が見える。屋上での参拝を目撃しようと見張っているにもかかわらず、誰一人やってこない。

市の中心近くの、交通量の多い二本の道路が交わる場所に、私の大好きな神道の名残がある。道は巨大な樹木の根元をわざわざよけるように回り込んでいる。その幹はおなかが一杯のときの腹のようにせり出し、一メートルほどの高さのオレンジ色の祠を抱いている。タクによると、その木はカミだと考えられているので、公共事業部は葉の茂るそのカミに便宜を図り、うやうやしく道路のルートを変えたのだそうだ。神社はアドヴェント・カレンダーの世界の小さな宝物よろしく、大阪の街の隅々で小さな不思議となって顔を出す［アドヴェント・カレンダーは、一二月一日から一つずつ扉を開けていって、二四個すべて開け終るとクリスマスになるカレンダー。一つひとつに小さなお菓子や宝物が入っている］。

私は街の子どもたちと、彼らに対する自分自身の反応に、同じくらい驚いていた。過去には一度も子どもに魅了されたことなどなかったのに、今では、黄色い帽子をかぶり、ダークカラーの制服を着て、まったく同じ箱型の赤い革のバックパックを背負った小学生を見るのが大好きになっていた。ある日の午後、二人の先生がせいぜい六歳くらいの子どもたちの長い列を引率している場面に出くわした。彼らは地下鉄のホームにやってきた。男の子は半ズボン、女の子はプリーツスカートをはいて、帽子のゴムを顎《あご》の下にかけている。電車が入ってくると、彼らの中のひとかたまりが列を離れて乗り込んだ。その子どもたちがくるりと振り返り、次の電車を待つ先生と生徒の列におじぎする。すると今度はホームの子どもたちが鏡のような正確さでおじぎを返した。黄色い帽子の作る二列の平行線が同時にひょいと下がって上がり、ジャパニーズ・アクセントの「バイバイ！」という声に向かって、小さな手が勢いよく上がって振られた。

ほんの一瞬、懐かしさで胸がいっぱいになった。あの小さな子どもたちの一人を抱っこしたら、どんな感じだろうと想像した。もしタクとの間に子どもができたら、その子もいつか、あの派手な色の小さな帽子を被り、アイロンのかかった制服を着て、やっぱりここに立って、ぷっくりした手をぎゅっと握って、丁寧におじぎをするのかしら？　でも、もっとはっきり想像しようとすると、イメージはぼやけてしまった。子どもをもったりしたら、結局、永遠に日本に縛り付けられる羽目にならない？　反対側の線路に入ってきた電車を見るため、子どもたちに背を向けた。

歩いたり地下鉄に乗ったりして、大阪の街のほとんどを一人で動き回ることができたが、そうするにつれ、相反するものがごちゃまぜになった独特の光景にますます魅了されていった。ほぼすべての主要な駅に英語の音訳表示があるので、探索の中心となる三つの駅――梅田、心斎橋、ウィークリーマンションの最寄り駅である谷町六丁目――の音訳のリストをもっていれば、迷子にならずにすんだ。タクが安いプリペイドの携帯電話を買ってくれていたので、もし迷子になっても彼に電話することができる。さらに彼は地図を印刷して、白黒のマス目の一つに大きく×印を付けていた。その迷路のような通りの中に私たちのウィークリーマンションがある。さらにそこの住所を日本語で書いてくれていた。もしタクに連絡がつかなければ、その紙をタクシーの運転手に見せればいい。なぜなら、日本語で道を指示するどころか、住所を正しく発音することすら私には不可能だからだ。

日本ではほとんどの人が英語を読めるそうだが、驚いたことに大阪には実際に英語を話す人は非常に少ないし、まして外国人と進んで話そうとする人はほとんどいない。たまに地下鉄の中で私が座ると隣の人が別の場所に移動することがあり、しばしば私の横の席がその車両で最後の空いた席になる。すると私は混んだ車両の大勢の人の中で唯一白い顔をした人として取り残され、そのぽっかり空いたオレンジ色のシートが、私が他の人とは違うというニュースをチカチカとまわりに知らせるネオンサインになる。

どうして人々は私のそばにいるのがそんなにいやなのかと、タクに訊いたことがあった。タクの説明では、おそらく彼らは私に英語で話しかけられたり、道を訊かれたりするのを恐れているのだそうだ。そんなことになったら、英語がすらすらと出てこないことで恥ずかしい思いをする羽目になる。

「この国では面目を保つことはとても大事なんだ。恥をかくようなことはしたくないんだよ」完璧に会話ができなければ、会話すること自体を避けるのだそうだ。

ある日、タクは英語の本のコーナーがある書店に連れていってくれた。その表示すら日本語だったので、私にはそこを見つけることはできなかっただろう。日本在住の外国人向けの雑誌を買って、英語を母国語とする人たちのコミュニティについての情報を得たかった。ほとんどが東京で発行されているものの、関西から出ているものも二種類あり、大阪、京都、神戸がカバーされていた。それらは艶のない紙に印刷され、ホッチキスで留められた印刷物で、アメリカでいつも私が読んでいたような光沢のある雑誌ではなかった。その薄っぺらな折り畳まれた綴目《とじめ》が、日本では外国人がどんなに薄っぺらな存在であるかを物語っていた。

毎朝、タクが仕事に出ると、私は近所に数多くあるカフェの一つに行った。客が入ってくるたびに、制服を着た店員がいっせいに「イラッシャイマセ」と声をかける。私のお気に入りの二店はどちらもメニューに写真を載せていたので、ただコーヒーなりバタートーストなりの写真を指さしさえすればいい。すると店員はお礼のしるしに頭を少し下げ、微笑み、私の渡したお金を数え、オーダーをカウンターに伝える。

店が混んでくるにつれ、空気が煙で重くなってくる。禁煙席とは名ばかりで、喫煙席と背中合わせになっている。それどころか、禁煙席が喫煙席に取り囲まれているところさえある。ある朝、手でたばこの煙を目から追い払いながら窓の外をぼんやりと眺めていた。すると、三速のバイクや車で走っていたスーツ姿のビジネスマンたちが、車の流れの中で静かにアイドリングしている光景が目に入った。突然、そんな都会のシーンの静寂さの何かが奇妙だと感じられたが、それが何であるかが正確にわかるのにはしばらくかかった。そして私は気づいたのだ。クラクションを鳴らすといった迷惑な行為を誰もしていないことに。

交差点で信号待ちする人たちを観察した。歩行者用信号は赤だ。赤く輝く四角い枠の中に、スーツを着た男のシルエットがある。近づいてくる車はないのに、渡ってはいけないという機械の命令に従って人々はひたすら待っている。身動き一つせず待ち続ける。すると信号が変わった。緑をバックに白抜きされたヒト型が今では前傾し、腕を振って、自分に続いて歩いてこいと人間たちを促す。

完璧に洗浄された小さな紫色のゴミ収集車がゆっくりと通りすぎていった。その側面にはピンクの花が描かれている。屋根のスピーカーから流されている甲高い声の童謡のようなメロディとは対照的に、運転席に座っているユニフォーム姿の作業員二人の表情は真剣そのものだ。車体の上のほうに白い文字で大きく書かれた英語の「Clean Osaka!」という言葉は彼らのスローガンなのだろう。

正午が近づいてくると、カフェはオフィスワーカーでいっぱいになる。無地のダークカラーのスーツを着た男たちが何人かいっしょに座って、タバコをふかしながらコーヒーを飲んでいる。その近くでは揃いのスカートと白いブラウス姿の女たちが、一つのテーブルを囲んでおしゃべりしている。こういった女性たちは「ＯＬ」と呼ばれていると、タクから聞いた。英語の Office Lady のなんとも妙な短縮語だ。しかも、日本語の発音には強い音のＬがないため、Ｌの音がＲに近くなり、「ＯＬ」の音はさらに異様な「オーエゥウ」になる。タクの会社のようなきわめて伝統的な職場では、男性社員は工場で働く人たちをのぞき私服だが、女性社員には制服がある。ただし女性社員も管理職レベルに到達すれば、ＯＬの制服を捨ててビジネス用の私服を着ることになる。だがタクの職場ではそんな例はまだないという。彼が知るかぎり、そんなことが起きた会社はごく少数だとか。

カフェでは、ＯＬたちは小声で話し、しきりにうなずき合っている。膝にのせたヒラヒラしたハンカチをつかみ、膝を固く合わせて、実用的な黒い靴を履いた足はきちんと椅子の下に収められている。笑うとき、前年の夏にちょうどジーナがしていたように、口元をしとやかに覆っている人もいる。やはりテーブルを囲んでいる男性の会社員たちは、枝のように手足を広げ、もっと自由に冗談を飛ばし合っている。

またもや私はまわりのこういった男女の差に驚いたが、もっと驚いたのは、私がそれに対して怒っていないことだった。それって、私が人種差別主義者だからだろうか？　肌の色が私より浅黒くて、音節をスタッカートのように切って発音する、自分とは違って見える女たちの地位のことなど、どうでもいいのだろうか？

だが日本では、私自身がまわりの世界からあまりに除外されていた。あたかも巨大なシャボン玉の中に入って歩き回り、非常に魅力的でありながら触れることのできない景色の中を進んでいっているような気分だった。「ここはあなたの国ではありません」という言葉が、礼儀正しくはあっても排他的な顔また顔や、読めない道路標識にはっきりと書かれていた。さらにレストランで私が箸を手に取ったときや、私が醤油をいやがらないことをタクから聞いたときに人々が見せる親切ながらも家父長主義的な驚きにさえ、それは書かれていた。人々が通りで私のことを見ているのに見ないふりをしたり、私が前を通ると物売りが広告のビラを引っ込めたりするとき、私は自身のアウトサイダーとしての地位をやんわりと、だが、しっかり気づかされる。

ときにはそのせいで疎外されていると感じ、淋しくなり、もし実際に日本に移り住んだら、はたしてやっていけるだろうかと思う。でも、この幾重にも折り重なった不安の奥の奥に、想像もしなかった自由と解放感があった。ここは私の国ではない。これは私が解決すべき問題じゃない。

ある日、金色の舎利殿《しゃりでん》で有名な金閣寺に行こうと、電車で約四〇分の京都に向かった。金箔に包まれて池からそびえ立つこの寺は、一度は公家の山荘だったが、のちに禅寺になったという。一度も行ったことはなかったが、その寺について読んではいた。

「すごく有名。ものすごくきれいだよ。大きな金色のお寺っていうか」とタクが言ったとき、一瞬、ブルックリンにある〈ゴールデン・テンプル〉という、母と継父が気に入っている中華料理店のイメージがフラッシュバックした。ふっくらしたフライドチキン・フィンガーや、艶のあるルビー色のスペアリブなど。でも、それはタクには言わないでいた。

ホームで京都行の電車を待つ私たちの片側には、ホームの端に近寄りすぎる人がいないことを確かめるために配置された白手袋の駅員が立っていた。もう片側には、カーキ色のズボンに無地の白いボタンダウンシャツの若者がいた。まくり上げた袖口から細い腕がのぞいている。そのうち、若者が片腕を上げてぐいと伸ばし、何か器具のようなものを頭上に高く掲げてトンネルの口のほうに向けた。

「あの人、何やってるの?」

「あれはデンシャオタクだよ」タクの声には関心のなさがありありだ。「電車マニア。電車にとりつかれてるんだ」

タクによると、日本はあらゆる種類の「オタク」を生み出したそうだ。漫画、アニメ、コスプレ（大人がゲームや映画や漫画本の登場人物のコスチュームを着て、それらになりきって歩き回る）など、何かの狂信的ファンのことだ。

電車オタクは時刻表を綿密に調べて電車に乗ったり撮影したりするといったことを、ときには丸一日するとか。そして家に帰り、電車が滑るように到着するときや発車するときの音を再生する。私は傍らの若者が家の中で一人、録音した音を聴きながら、動力の生み出す歓喜が戦慄となって身体を貫通していくのに任せている姿を想像した。

「ばかばかしい」タクの笑いは軽蔑的だ。でも私は魅了されていた。この国が絶え間なく与えてくれる奇異さと驚きに対する小さなスリルで、私自身、身震いしていた。

「タク、アメリカもある意味、クレージーで変な国よ。でも、この国はただもう完全におかしい」

タクは「ふん」という小さな声を出した。密かにおもしろがっているようでもあり、まったく関心がなさそうでもある。それから私たちは向きを変え、接近してくる電車を見守った。電車オタクは撮影用の器具をよりいっそう高く掲げ、制服の駅員は電車が駅に入ってくるまで直立不動の姿勢を保っていた。

駅員が同じように白手袋をした運転手に一礼した。すると、運転手は一礼を返し、窓から身を乗り出して、車両の最前部が停止場所を示すホームの細い白線に到達するまで、電車の速度をじわじわ落としていった。運転手は二本の指を立て、華麗な動きでさっとその白線を指さし、頭を縦に振って「ハイ！」と声高に言った。壁にかかっている時計の針が、掲示板の時刻表と寸分たがわぬ時刻に到着したことを証明していた。私たちの乗る電車だった。

京都では、金色の仏舎利塔《ぶっしゃりとう》の敷地を歩き、その金箔を張った壁を見上げた。それは青白い午後の空気の中でうっすらと薄暮のような光を放っていた。日本の他の多くのものと同様に、その寺もまた、来る途中に見た電車オタクの奇妙な超現代性とは対照的に、静かに、かつ威厳をもって建っていた。

滞在も終わりに近づいたある週末、今度は日本の茶道を見に、タクがまた京都に連れていってくれた。関西地方の平地を突っ切って進んでいくと、黒い板葺き屋根の白やベージュやグレーの家々が車窓をびゅんびゅん過ぎていった。山々が遠くをくすんだブルーで縁取っている。京都では〈哲学の道〉を歩いた。小さな川沿いの、草に縁取られた散歩道だ。地面は湿っていて、両脇の有名な桜はとっくに花の時期を過ぎ、雨空の下、グリーンの天蓋となっていた。道をはさんで小さな店やレストランがある。グレーとオレンジの太った鯉が川の水面から顔を出しては、ぽっかり口を開けてぶざまなあくびをし、ふたたびするりと水中に戻っていった。

茶の湯の短縮版を提供しているという小さな家で、私たちは靴を脱いで畳敷きの部屋に上がった。伝統的な茶会などでは一つの茶碗から皆が抹茶をすすって回していく場合もあるそうだが、その店では日本庭園を見渡す縁側で一人ずつ別の茶碗で供された。白人のカップルの先客があり、玄関にあった茶色いサンダルと脛《すね》まで引き上げられたソックスから、彼らはヨーロッパ人、それもおそらくドイツ人だろうと推測された。お茶を待つ間、これといった理由もなく全員が静寂をこころがけ、カップルの女性は男性に喉奥から出る感じのアクセントで何かをささやき、私もタクに、彼の祖母が教師をしていたという茶道について小声で質問をしていた。

　突然、うぬぼれが波のように押し寄せてきた。タクの指を握っていると、「私はこの手を握ってくれている日本人男性といっしょにいるの」「隣に座っている見た目にも明らかな観光客とは違うのよ」「このミステリアスな世界にほんとうの意味でのアクセスをもたない可哀そうな人たち」という自負が膨れ上がった。彼らに惜しみない同情を送り、彼らのチューブソックス〔つま先とかかとのない筒状のダサいソックス〕やウェストポーチを哀れむようにチラチラ見ていた。すると正座をしていたせいで膝が痛くなった。タクの手を放し、つらそうにもぞもぞと動いた。明らかに、私の短いスカートは畳の上につつしみ深く脚をたたんで座る姿勢には不向きだったのだ。

　着物姿の女性が通路の向こうからやってきた。四つの小さい茶碗と半球形の極小サイズの菓子の載った盆を手にしている。鼻緒付きのスリッパ〔草履〕を脱ぎ、親指だけ分かれるようにデザインされた白いタビソックス〔足袋〕を履いた足で、畳の上をしずしずと音一つ立てずに歩いてきた。盆は完全に静止した状態に保たれている。完璧にバランスされているせいで、動いていることさえわからない。私たちのもとに到着すると、なおも盆をもったまま流れるような動作でしゃがみ、一言も発さずに茶碗と皿を下ろした。

「イラッシャイマセ」彼女は小声で言った。一人ひとりの前に茶碗を置き、茶道で決められた正しい向きになるよう四五度回し、その脇に菓子の載った小さな皿を添える。その動作にはゆったりしていながら少しの無駄もない。さながらどんな余分な動きも伝統に対する侮辱であり、言い訳できない自堕落でもあるかのようだ。着物のひらひらした袖が給仕するたびにひらりと上下するので、お茶の近くで波打ったときには思わず息を止めた。だがそれらは完璧に舞い、空気以外の何ものにもけっして触れることはなかった。

私たちがその泡立つ液体をすすると、濃厚な暗緑色の沈殿物が茶碗の底を洗っていった。タクは私の皿の縁に載せられていた小さな木製のナイフを巧みに使って、餡でできた菓子をカットしてくれた。それを舌の上で転がすと、粒があり甘すぎると感じたが、抹茶の苦さとは絶妙のバランスだった。

「トフ、私、この国に魅了されちゃったみたい」私は素直に認めた。開け放たれた壁一面の窓から、二人でしんと静かな緑濃い庭を眺めた。「ここにもっと長くいられるんじゃないかって思えるくらいに」

自分の中に新鮮さや謎のすべてが押し寄せてきて、まったく新しい私になりつつあると感じていた。私のまわりの奇妙ではあるが魅惑的な世界が毛穴から沁み込んで身体の分子を再構成し、それまで想像することすらできなかった場所や経験に自分自身を開放しつつあった。

「ハッピーだよ」タクが庭を見つめたまま言った。そしてそのとき、私と違い、幸せを感じたときにそれのもつあらゆる可能性を分析する必要も、将来それが終わる兆しはないかと精査する必要も感じないタクは、ただ満ち足りた笑みを浮かべて私のほうを見、私の手を握り、じっとしていた。

空港にタクを残して発つ日まで一〇日を残したある夜、私たちはイタリアン・レストランに行った。店内はキャンドルライトでほんのりと赤く輝き、ジャケット姿のウェイターたちは声の届く範囲の少し外を動き回っていた。タクはイタリア語の添えられた日本語メニューを読み、私は英語に似た言葉を探してぼんやりページを繰っていた。そうしながらも、薄物のタンクトップとストラップサンダルでヨーロッパ風のシックな雰囲気を醸し出している私を、ウェイターたちはヨーロッパ人だと思っているかもしれないなどとおもしろ半分に考えていた。タクがクッキングシートのような薄紙のページを英語に訳し始める前に、私は自分のメニューを脇に置き、テーブルの縁で両手を組み合わせ、身を乗り出した。そして「ねぇ、トフ」と切り出した。

それから私たちは、二大陸にまたがる遠距離恋愛を続けるためにどんなオプションがあるかを具体的に話し合った。

タクは一〇月に一週間の休みが取れるので、ボストンに飛んで四日間——二日半も移動に取られたあとでは、滞在日数はそれだけしか残らない——を過ごすという提案をした。まずそれは決定。私は一息ついた。

「じゃあ、私が一二月にここに戻ってきて一カ月くらい過ごして、翌春にもまた来て、もう少し長く過ごすっていうのはどう？　たとえば三、四カ月くらい？」私は春には授業を休めるし、前期の終わりごろに日本にやってきて、夏を通して滞在し続けることも可能だ。当面は海外でできるフリーランスの執筆仕事を探すこともできる。

タクは満面の笑みを浮かべて、何度もうなずいた。「もちろん、そうしてくれたらぼくはハッピーだよ」

コース料理を食べながら、私たちはその計画について話し合った。もしそのパターンがうまくいけば、その後も二国間を行ったり来たりし続けて、一年のある期間をボストンで、残りを日本で過ごすという生活もありえる。

「大阪に完全に移ってくるのが無理だと感じるなら、たぶん、そんなふうにぼくたちの人生を築くことも可能だよ。それだと、きみはボストンに帰りたくなったときに、いつでも帰れる。そして、結婚したくなったら、結婚だってできる」彼はふたたび首を縦に振ったが、今回は前より厳粛な動作だった。

「結婚したいの？」私は訊き返した。指先が神経質そうにワイングラスの底の部分に沿って弧を描いていた。

「ずっといっしょにいたいんだよ。結婚するかどうかは、ぼくにはそれほど大問題じゃない。でも、いっしょにいたいかどうかなら、うん、いたい」彼はまっすぐに私を見つめた。それから、うつむいて付け加えた。「できればだけど」

私はほっとして小さく息を漏らした。でも口はまだカラカラに渇いていた。ワインを取り上げ、少し飲んだ。タクを見つめた。

結婚や誰かに依存することに対する恐怖心があるにもかかわらず、私はタクとの間に揺るぎない、永遠に続く絆を切望するようになっていた。だが必ずしも紙切れが必要だったわけではなく、彼が私と別れることなくずっといっしょに老いていきたいと考えていることが重要だった。そして今、彼がほんとうにそう考えていたと知って、私の心は喜びでいっぱいになった。でも、どうやってこの方程式に大阪とボストンの両方を長期間組み込めるの？　その質問は私を震え上がらせた。

「それで、もし結婚したら、私たちがボストンに……いえ、少なくともアメリカに、二、三年以内に住めるようになる可能性はあると思う？　会社はあなたを転勤させてくれると思う？」

「たぶん数年後にならね。たぶんアメリカに。カリフォルニアのサンディエゴとか。カンザスシティの可能性もある」彼は私の瞳をしっかりととらえた。「でもボストンは、いや、東海岸のどこかってことすらありえない」なおも私の眼差しをとらえたまま、彼は首を振った。「ボストンへは、ない」

「カンザスシティですって？」あえぐように言った。それからもう一度、今度はもっと小さな声で、その言葉自体に慣れる必要でもあるかのように繰り返した。「カンザスシティ」

一度も行ったことがない。けれども私なりに抱いているイメージはある。北東部からは遠い。シカゴやサンフランシスコではないし、シアトルでさえない。地名に「カンザス」という語が含まれている〔カンザスの語源は北米インディアンの部族名〕。

「事務所があるんだよ。あそことサンディエゴに」

日本では、それも特にタクが属しているような伝統的な会社では、社員の大半が一生を同じ会社で過ごす。転職することは、日本文化の根幹をなす価値の一つである忠誠心がないと見なされる。したがって、ニューヨークかボストンに支社のある他の日本企業に移ることは、タクのキャリアにとっては傷になりかねない。だからといって、アメリカの会社で母国語が英語ではないタクがマネージャーとして成功する可能性の低さにも私は気づいていた。さらには、私がボストンで二人の生活を支えられるだけ稼げる可能性の低さも認めていた。たとえ刑務所での仕事をやめて、フルタイムでビジネス・ライティングを教えたとしても。

すでにそういった計算を私は行っていた。もし私が日本に住んでフリーランスのライターとして働けば、飛行機代が払えるかぎり、それからたぶん子どもを作らないでいるかぎりは、好きなときにボストンに帰れる。反対に、もしタクがアメリカで会社勤めをしたなら、彼は最大でも一年に数週間しか日本に帰れない。

そして、無論、タクは長男だ。母親が亡くなった今、タク——と最終的にはその妻——は大阪に住んで父親の面倒を見る立場にある。彼のお父さんが私たちとともにアメリカに移住することに同意しないかぎり。

私の故郷で私たちが人生を築ける見通しの暗さについてのタクの真正直さを、私は愛すると同時に憎んだ。けっして空約束をしない人間だと知って、彼への信頼は深まった。だが同時に私の中には、彼にほんのかすかでいいから希望を与え続けてほしい、いえ、少なくともショックをやわらげてほしいと願う部分があった。私たちがアメリカで暮らせるとしても、ボストンに一番近い場所はミズーリ州（カンザスシティ）になるという話も、三〇年後にタクがリタイヤするまでは、あんなに率直に言ってほしくはなかった。

けれども、最後にティーカップをボーンチャイナのソーサーに置くとき、私の中に不安の強烈さに釣り合うだけの〝安堵〟を与えてくれる考えが一つはあった――空港でまたタクと別れなきゃならないけど、少なくともそれは永遠の別れではない。

数日後、電話で私の計画を察した母の反応は〝安堵〟とは程遠かった。母は大胆にも私が「維持不可能な取り決め」に深入りしつつあると断言した。私たちが結婚について話し合ったことは伏せていたが、一二月にもまた大阪に行く予定であること、さらに春には日本での生活がどんなものかを真剣に試す計画にあることは打ち明けていた。

「もう、いい加減にして」母はそんなふうにたしなめた。遠距離電話の声はキンキン響く。「ほんとうにそんな状態を今後もずるずる続けるつもりなの？　あの国に移り住むことをあなたが本気で考えているなら話は別だけど」そこで一呼吸おく。「あそこではこの先一生、あなたは外国人なのよ」と、ご丁寧に説明してくれた。

だが自分でも驚いたことに、外国人であることとは、少なくともパートタイムなら、もはやそんなにいやではなかった。ともかく日本にいたこの一カ月間、タクのおかげで私はとても守られていると感じた。大人になって以来、こんなに自分で何もできない状況に陥ったことはなかった。ところが、裏を返してみれば、そこには誰かに自分に関するすべての面倒を見てもらうことの純粋な心地よさがあった。無力だと感じる代わりに、むしろ常に安全だと感じた。恥ずかしい話、私は日本で完全に誰かに依存することの甘美さを発見し、思いがけず自分を解き放ってしまったのだ。

ボストンという土地柄に縛られた、社会的挑戦に対する渇望についても考えた。バイオレンスとジェンダーのテーマで博士論文を書き、刑務所で囚人たちを教え、私の授業が彼らに男らしさとパワーについて以前とは異なる見方をさせ、またそこで得た学位が出所時に仕事を得る一助となり、それにより彼らが子どものもとに帰ることができ、常習的犯行の悪循環を断ち切れることを期待していた。だが今、私の原動力となっていたものは、はたして情熱だったのだろうか、いや、むしろ罪悪感と自負心がこんがらがったものではなかったのかと自問し始めている。もし、そういった挑戦に対峙できない世界に住んだなら、どうなるだろう？　確かに活躍の場を制限され、私の有用性は低くなる。さらに、私の頭にある一種のステレオタイプ――面倒を見てくれる男性に依存する女性――に、自身がはまってしまうことになる。でも、それにより、私のアメリカ生活の特権と将来性の両方に付きものの責任から解放されるのではないか？　その赦免、その自由は、とてつもなく魅惑的だった。

（5）

シカゴでの乗継ぎ時間の真ん中あたりまでは、自分のまわりの変化に、つまりアメリカの特殊性に、私は気づいていなかった。最初のうち、目に映るすべてがぼんやりと溶け合っていた。大阪からの一四時間のフライトのあとに、ボストンまではまだ二時間半のフライトを残していて、極度の疲労のあまりパスポート・コントロールと税関を通り抜けたことすらうっすらとしか覚えていなかった。靄《もや》のかかった頭で金属コンベアからスーツケースを引きずり出し、幅広い通路とゆったりしたウィングを抜けて国内線出発ロビーに向かい、そこでまた足を引きずりながらセキュリティを通り抜けた。

最終的に私を疲労の靄から引きずり出し、はっきりと注意を向けさせたのは、携帯電話で話している女性だった。その声。そのボリューム。そして何よりも、彼女が明らかに、そしてまったく、まわりにいる誰にも衝撃を与えていないことだった。

ボストンへの搭乗ゲートで彼女は私の前にいた。詰め込みすぎた薄汚いバックパックを片方の肩にだらしなく掛け、ダークブラウンのロングヘアはくしゃくしゃで、ブルージーンズからはお尻が見えそうだった。

「飛行機、遅れてんの！」電話に向かってわめいている。「クソ飛行機、あと一時間は飛ばないって！」しばらく黙ったあとに「わかってるって！　このエアライン、サイテー！」と叫んで、携帯電話をバシッと閉じた。

それでわかった。私はアメリカにいる。

最初の数秒間、私の身体はあたかもまだ自己表現を称賛するよりむしろ礼儀正しさと冷静さを重要視する世界にいるかのように、この変化に物理的な衝撃を受けた。この人、電話に向かってあんなに大声で叫んで、まわりの人たちを苛つかせていることに気づいてないの？　彼女の自制心のなさに、私は恥ずかしくなった。

ところが、見たところ、誰も彼女が叫んでいることを苦にしていない。私の後ろの男性はあきれて目をぐりんと回したが、それ以外には気づいている人さえいない。くだんの女性のまわりの空間が、彼女の荒々しい態度をほとんど無関心のまま吸収していくにつれ、私のイライラも解消されていった。私が吸っていたアメリカの空気には、礼儀正しさに対する期待度はごく低いレベル――日本にとってはまったく異質な気圧――でしか存在していなかったのだ。そんな発見に後押しされて、私自身も断固とした否認からしぶしぶの容認へと、するすると気持ちが変わっていくのを感じた。

とはいえ、疲れで目もかすんでいた私には、再洗礼の第一段階についてそれ以上考えるのは不可能だった。カウンターに到達し、席が通路側であることと、事実、フライトが遅れていることを確認すると、待合室のブルーのビニールの薄いクッションの椅子に倒れ込んだ。目を閉じているとと脳がざらざらとかすんだ感じがして、ボストンに、そしてサウスエンドの自宅の柔らかいベッドに到達するまでに、まだ何時間もあることさえほとんど把握できないでいた。

オハイオ上空あたりで客室乗務員からオヘア空港（シカゴ）に引き返さなくてはならないとのアナウンスがあったときにも、私は眠っていた。後部トイレの一つが詰まってあふれそうなので、まだ飛行時間の大半を残した状態でリスクは冒したくないというのが機長の考えだった。

「到着後はいったん降りていただき、できるだけ早く他機に乗り換えていただきます」どんな抵抗にもビクともしない、単調で毅然とした、有無を言わさぬ命令だ。

運が悪い。機内の方々で抗議のうめき声が上がった。

「引き返すのはいやだ！」男が叫んだ。「トイレを使わないで、ただ飛び続ければいいじゃないか！」

決定権のある制服を着た人たちが、そんな簡単な解決法に到達していないことが信じられないといった口ぶりだ。他の数人は行動を決起した。トレイを正位置に戻し、ナッツの入ったバッグを背もたれのポケットに突っ込み、勢いよく立ち上がった。機内調理室に押しかけようとする唐突な決断は、膝にしわのよった威厳のない姿とは好対照だ。

すると機長の声がした。

「ご乗客のみなさま」厳格な叔父のような声。「どうか席にお戻りください」やさしく一呼吸おき、そして続ける。「私は当機の機長として、彼女を引き返させるのが最も安全な選択であると決断しました」

なぜ飛行機を〝彼女〟と呼ぶのだろうと不思議がっていると、機長がまた話し始めたので私の思考はストップし、缶詰め状態の機内に彼の声がふたたび響きわたった。背筋をまっすぐ伸ばして座り、マイクをしっかり握り、制服のラペルにはシルバーの翼のバッジが光っている――そんな姿が目に浮かんだ。

「これは私の使命です」機長は宣言した。やや低くなった声の調子は、いかなる異議も許さないリーダーのそれだ。「そして私はそれを実行します」

短い静寂があった。すると、一応は抗議したことに満足し、航空会社に対する極度に低い期待を再確認した怒れる乗客たちは腰を下ろした。彼らのまわりの席には共通の不機嫌さが充満していた。自分たちが文句を言うのは当然至極で、他の被害者たちもみな同じ気持ちでいることに安心して放つ小声での不平やつぶやきを聞きながら、私はふたたび眠りに落ちていった。

＊＊＊

「Hello, this is speaking Taku!」〔正しくは Hello, this is Taku speaking!〕
二日遅れで留守電のメッセージを聞いた。
それまで互いにメッセージを残しても連絡が取れず、通じたときも「ええ、無事着いたわ、やっと！　会いたいわ」とか「愛してる」といった言葉を素早く交わすのがやっとだった。私たちが離れ離れになり、彼が日本語しか話していなかったわずか七二時間の間に、タクの話す英語の構文が早くもまた魔法がかかったように捻れてしまったことに驚いたが、同時にうれしくもなった。

その夜、数人の友達との早めの夕食の間に、タクのなんともおかしい留守電メッセージを再生し、端末を彼らの耳に押し当てた。そして集中するあまり目を細めていた彼らの表情が、おもしろがっている無邪気なそれにモーフィングしていくのを楽しく見守った。今のところ、二つの世界の間でこの恋愛のバランスをうまく取っているようだわ、と悦に入ると、しだいにワクワクしてきた。

帰国して以来ずっと、まわりのすべてのものが見慣れていると同時に新鮮に映るという、不可思議な感覚があった。以前に何度となく目にした場所のいつもの輪郭に異質なエッジが加わって、まったく新しい側面があらわになる。ボストンもケンブリッジも大阪の風景とはあまりに違っていた。日本の不規則に広がる密度の濃い都市と比べると、両方とも都市としては小さいのに広々としていた。道を歩き、毎朝なじみのカフェで並ぶという日常的な場面では、自分がまわりから浮いたシルエットではなく、ごく普通の、単なる群れの中の一人なのだという、かつては当たり前だったのに今では驚きの自意識があった。気づかれるか、無視されるか、またはその両方のアウトサイダーではなく、突然、ふたたび背景の一部になっていた。

時差ボケでぐったりしていた私は、友達との夕食の帰りに古いフォルクスワーゲンをのろのろと運転していた。サウスエンド地区に入るとその細い通りを這《は》うように進みながら、常に見つけるのが一苦労のパーキング・スペースを探して、フロントガラスの向こうの闇に目を凝らしていた。コロンブス・アヴェニューをそれると、一台の車が二重駐車していた。ヘッドライトを点けたまま道をふさいでいる。なおも日本式の公序良俗モードにあった私は、小さくクラクションを鳴らした。だが車はピタとも動かない。もう一度鳴らした。反応なし。

アパートの中にでも入ったのかしら？　暗すぎてドライバーの姿は見えない。イライラしたが、それでも丁寧にお願いする心づもりで車を降りた。だが問題の車まで到達する前に、突然、その車のエンジンがスタートした。と同時に、私の背後で怒りに満ちたクラクションが鳴り響いた。オンボロのダークブルーのセダンが、私のすぐ後ろまで来て停まった。へこんだバンパー、バックミラーからぶら下がるエアーフレッシュナー。今のクラクションは二重駐車している車に対して鳴らしたのよね、と思った。私の辛抱強い抗議を応援してくれたんだわ。

ところがそのとき、後ろの車のドライバーが窓から身体を乗り出し、怒りに燃えた顔を私に向かってぐいと突き出した。

「いい加減にしろ！」男が怒鳴った。「さっさとクソ車に戻れ、バカ！　何してんだよ？　お前のせいで道路は大渋滞だ！」

道を空けてもらおうとしていただけだと弱々しく抗議を始めた。それに対する返事代わりに、男は手のひらをまたクラクションに叩きつけ、怒りまかせに何度も長く鳴らした。恥ずかしくなるほど大音響での叱責だった。

あっという間に抗しがたい疲労に襲われた。ボストン・ドライバーの最大出力の攻撃性を受け止めるエネルギーも、怒りをそらせる図太さも持ち合わせていなかった――特に、日本で一カ月間、極度なまでの集団的自制の泡の中にふんわかと浮かんでいたあとでは。夜気の中で頬がカッと熱くなったと思ったら、なすすべもなく、わっと泣き出していた。

突然、タクの生まれ育った国の、礼儀正しい洗練されたマナーが恋しくなった。この国の人たち、いったいどうなってるの？　急いで車に戻り、ドアをバンと閉め、超特急でイグニッションを回しながら考えた。あんなに無礼になることに、いったいどんな得があるっていうの？　ここの人たち、どうしてあんなに……あんなに横暴なの？

でも、走り去るうちに涙は引っ込んだ。街灯の下で華々しく罵倒された自分の姿が目に浮かんだ。と同時に笑いがこみ上げ、次に解放感が波となって押し寄せてきた。これが私のクレージーなご近所よ。ついに私は、誰もが心の奥に潜んでいるものを、それが何であれ、解き放つことが許される場所に戻ってきた。一抹の恥ずかしさも感じることなく心の内をさらけ出せ、自分自身や分刻みで変化する自身の反応を、世界に向かって華々しく表現できる場所に戻ってきたのだ。

確かに日本の強制された調和は、ときには心地よかった。が、今になってわかる。それは同時に息苦しくもあった。礼儀正しさの壁をぴたりと張りめぐらされ、いかなる不協和音のきざしも強硬に抑え込まれていた。古びた車の運転席に座り、近所の穴ボコだらけの道をガタガタと音を立てて走りながら、私はほんの少し前に激怒して私を口汚くののしったドライバーに奇妙な感謝の念さえ抱いて、ほっと肺をゆるめていた。

私はアメリカにいる、喜びのあまりクラクラしながら、心の中で言った。

きっと私たちはときに無礼で、自己中心的で、思いやりに欠けるかもしれない。でも私は突然、アメリカ人の屈託のない表現力は、私たちなりの一風変わった、互いを尊重する方法なのではないかと思った。恒久的な礼儀正しさというわべを捨て去り、互いに本心をさらけ出していいという協定なのだと。それは湾曲した相互尊重ではある。でも怪我や暴力に発展することなく機能すれば、おおらかな公共の信頼を築けるだろう。あなたはあなたのまま、私は私のままでいい。そしてイライラと騒音とがさつさにもかかわらず、私たちの誰もがありのままで、なんとかうまくやっていけると信じることができるだろう。

＊＊＊

私のアメリカに対する新たな熱愛は、ボストン生活にすんなり戻っていく過程でもずっと続いた。それは、以前にはいつも少々悪趣味で、非理性的もしくは安易すぎるにおいを醸し出しているとさえ感じていた愛国心の発露でもあった。でも私の場合は、隔たりや違いについての知識により、いっそう甘美になった熱愛だった。目に映るすべてのものが、引き続き、異国の色合いを帯びていた。

道路がこんなに広い！　車が巨大！　スーパーマーケットの通路のこの広さったら！　すべてのものが突然、三次元ではなく四次元になっていた。SUV車さえもが、以前は常にその図体のでかさゆえに、ただただ腹立たしい物体だったのに、興味深いシロモノになっていた。つまり、郊外居住者の好む不格好な高燃費車が、アメリカの広大な土地や楽天主義や大消費を反映する、一種の文化的工芸品に変容したのだ。さながら醜い継姉《ままあね》のロングスカートから、突然、金のスリッパがのぞいたかのように。

海外旅行から帰ったあとに、自分の世界を新たな目で見るようになったのは、これが初めてではなかった。前年の夏の東アジアの他にも、ヨーロッパ、中東、メキシコに行った経験があり、フランスでは大学の前期を丸々過ごしさえした。だが、いずれの場合も明らかに〝ホームではない〟地で、ツーリストとして振る舞ったあとの帰国だった。今となっては、それらの土地が私にとって常にどんなに現実味のないものだったかがわかる。一つには、多くの場合、それらの国をリゾート地から垣間見ていただけだったからなのだが、それよりももっと大きな理由は、そこに実際に住むということを、私がけっして想像しなかったからだ。確かに一度たりとも、それらの地を新しい日常と見なして、そこに順応することを考えてみることはなかった。その代わりに、それらの国もけっして私自身の世界を異質なものに見せるパワーを振るうことはなかった。

はっきりと説明はできないまでも、さらにもっと驚いたのは、漠然とはしているが紛れもない〝ホームにいる〟という新しい感覚だった。ボストンやケンブリッジの通りをただ歩くだけで、大阪にいたときとは違う感じがすることにすぐに気づいた。私の動作はまったく同じだ。足取り、呼吸、心臓の鼓動も。けれども違って感じられた。

なじみあるニューイングランドの空気に、その気圧や湿度の特定の目盛に身体が無意識に合わせているのだろうか？　アメリカ英語の平坦な音や、アメリカ北東部の交通パターンが生み出す単調な騒音が耳に入ると、「私は今、私の属する場所にいる」「最も慣れた場所にいる」という微小シグナルが鼓膜から脳に送られるのだろうか？　ここでは重力がかすかに違っていて、私の足はそれに合わせながら地元産コンクリートの上に立っているのだろうか？　そして、私の心臓はそれを感知できるのだろうか？　たとえ脳は解明することができなくても？

　具体的な理由が何であれ、今回のホーム感覚は、慣れ親しんでいるがゆえの安心感に根ざしたボストンで人生を築きたいという長年の確信とははっきり違う、より力強いものだった。ボストンという土地への愛着とその脈動ははるかに深いものになった。以前とは完全に異なる感覚で、ボストンというホームグラウンドは私の一部になった。単なる私が住みたい街ではなく、私が帰属する街になった。なぜなら、あまりに明らかに、私は日本に属していなかったからだ。

　私は白人の中産階級の教養のあるアメリカ人としては稀有な経験をした。それはマイノリティになるという経験であり、また、自分のアイデンティティから逃れることがどんなに不思議な感覚であるかを知る経験でもあった。不平等、権力、所属についての学術的考察に何年も費やし、自身の特権的境遇に対し適切な罪悪感を覚えた年月のあとに、私は新しい形でアウトサイダーの立場を体験したのだ。でも同時に、私はほんとうの意味でのアウトサイダーの立場からは、本質的には遠いところに留まったままであることにも気づいていた。なぜなら、私の場合のそれは、飛行機のチケットと空港のスナックで過ごす二四時間で簡単に抜け出せるものだったからだ。

　ともかく、たとえそれが大阪に永住する可能性により焚きつけられたものであっても、私はこの説明しがたいホーム感覚に目覚めたことに心から感謝していた。結局、ホームというものを新しい、より魅惑的なエネルギーと結びつけたのは日本だった。

　私の中に大陸またぎの生活への意欲が芽生えていることを、当然ながら私の家族、それも特に母は喜ばなかった。私が新しく発見した、「大阪の異国ぶりがいかに私のボストンへの愛着を甘美にしたか。でも、その深まった愛が、いかに今では日本との二重生活に依存しているか」というポストモダン的ホーム論をいくら説明しても、母は、おそらくはただ現実的であるがゆえに、感心するほどまったく動じなかった。母は一万三〇〇〇キロも離れた場所でアジア人の会員と幸せを見つけられるという、私の抱いている幻想がどんなものであれ、アメリカに帰ってきさえすれば目が醒めるという希望をもっていた。なんといっても、私は母にとってはまだ赤ん坊だったのだ。だから母は近い将来に訪れる不幸から私を守ろうとしていた。母にとっては、それは、イスラエルとパレスチナの国境を第三次中東戦争前の一九六七年ラインに戻そうとする解決策〔オバマ大統領の中東政策演説〕と同じくらい、はっきり予測できる大惨事だった。

私が少なくともパートタイムでの大阪暮らしをトライするために、その冬とさらに翌春にも日本に行くという計画をまだ捨てていないと告げると、母の目が不安に大きく見開いた。

「トライするって？　その歳で？」怒ったふうに質問した。そして付け加えた。「もしタコとのそんな取り決めをぐずぐずやってたら、たった一年実験しただけで、あなたは四〇近くになるのよ」

母はまなざしを私のそれと水平に合わせて冷静に見つめていたが、それでもやはり、ありがたくもない分別という高みから睨《にら》みつけられている気がした。

「わかってる、ママ。それに、彼の名前はタクよ。タコじゃなくて」

母の顔は不動だ。燃えるような目と、固く結ばれピンクに彩られた唇の完璧なマスクだ。

「言っておくけど、タコは日本語ではオクトパスっていう意味なの。ほら、スペイン料理に出てくる……」

「それに、たとえ最高にうまくいって――」母は私の発音レッスンを無視して続けた。「もしも、その、そんな暮らし方が成り立って実際に結婚したとしても、一年の半分をボストンで一人暮らししながら、どうやって子どもを育てられるの？　一年の半分はシングルマザーに、残りの半分はアウトサイダーになるのよ」

　この場合も、そして恋愛の従来的な定義からいっても〝成功〟であるはずの結婚が、確かに私にそんな運命をもたらすことに納得し、私はただうなずいた。

「反対にもしうまくいかなかったら」母は続けた。声が高ぶり、生え際のところが紅潮してきた。「もし完全に失敗したら、……言っておくけど、私の世界では、夫婦は一生の半分を離ればなれに暮らそうなんて計画はしないわ……破綻するのは目に見えてるもの。それでそのとき、あなたに何が残るの？」

　その答えは「何も」だ。黙って母を見返すと、昆虫学者が標本をピンで台紙に留めつけるように、母の瞳はまだ私のそれにしっかと据えられていた。

　けれども、ボストンに帰ってからの数日がやがて数週間になり、タクの短いボストン訪問が興奮と時差ボケと手足の固い絡ませ合いで夢うつつのうちに過ぎ去り、私が大阪に戻る日が迫ってくると、その「何も」のために、私はますます進んでリスクを冒したくなった。

この恋愛について、迷いに直面したもう一つの場面はセラピーだった。私の精神分析医はけっしてこういった懸念を口に出しては言わなかった。事実、彼女自身がいくつ懸念を抱いていたか、またそれがどのくらい深いものだったのかはわからない。でも私がそれらについて質問すると、予測どおり、もしくはただ適切に、その疑問をおだやかながら断固とした口調で私に突き返してきた。おそらく私が自分自身の懸念を、彼女のそれに対する関心に投影していたからだろう。

実際に彼女が言ったのは、こんな感じのことだ。

「この恋愛に対するあなたの不安は一貫して（住む場所や移動といった）ロジスティックスの問題から来ているようですね。あなたとタクがどこに住むことになるか。大阪出身の男性とはたして人生を築けるのか。独立した女性という自分自身のイメージと、一人の男性のために自分のそんな生き方を捨てる可能性をどうバランスするか。けれども、いえ、そういったことが重要でないと言っているわけではありませんが、それらはすべて、まだちょっと……机上論的だという気がするのです」

彼女の言葉の合間合間に、下を走る車の音が聞こえていた。クラクション、ケンブリッジのセントラル・スクエアを通り抜ける一台のサイレン。

それから彼女はもう少し深く突っ込んだ。タクと私の内面的な適合については、私がほとんど不安を口にしないことに彼女は気づいていた。いったい喧嘩をすることはあるのかと質問した。ただロジスティックスの問題において厳しい条件のもとにある男性ではなく、一人の人間として、また将来のパートナーとしての彼についての気持ちや不安はどうなのか？

私は肩をすくめた。

「どう説明していいか、わかりません」と私は認めた。「べつに私たちがパーフェクトな関係にあるとか、そんなんじゃないんです。ただ二人とも、必ずしも喧嘩が好きではないので」誤解が生じたり、相手に苛立ったりしたとき、私たちは激しい口論に突入するよりむしろ一日か二日、口をきかなくなる。北京でそうだったように。

「でも、私たちの内面の相性についてはただ不安を感じない、というか、少なくとも恐れは感じません……地理的なことやロジスティックスに比べると、まったくといえるほど。思うに、これまで一度も恋愛で幸せになれるとは思ったことがなかったのに、今は大方、幸せなんです。いえ、少なくとも、こんなに幸せになれるとは思いもしなかったわ」

その点については、なんとか彼女だけでなく私自身に対しても明確にしようともがいていた。これが答えかどうか、まして十分な答えかどうか、確信がなかった。でもどんなに不完全であっても、それが私の思いつくかぎり最良の、最も正直ですらある答えだった。

無論、タクはこっちに友達はあっちにと、大事な人たちとの絆がどんなに区分化されているかを考えると時には淋しくなる。また、どんなに互いを愛していても、言葉の障壁のせいで、当然パートナーとの間にあるものと思い込んでいた一種知的な相互理解は、タクとの間にはない。でもどういうわけか、タクといるときに感じる温かさと安らぎは何にも勝っていた。日本に対する不安以外。

正直言って、国というものが——この「二大陸問題」が——、単なる場所や文化の問題ではなく、生命のある何かのように感じられることがあった。たとえば、私のまわりをうろつく元カレのような何か。私とタクとの間に存在するどんなパワーよりも私の関心を引きつける実体ある脅威のようなもの。でもそんな感覚をどう判断すべきかはわからなかった。それは精神分析医にもわからなかった。

「それでは」彼女は最後にはため息をついた。「その点は注意深く見守りましょう。これからも引き続き、話し合っていきましょう」

私自身の家族が崩壊したために、人生に対する私の期待度が低いのではないかと彼女は疑っていた。彼女はそれを「トラウマ」と呼んだが、私の恵まれた生い立ちを考えると、その言葉にはどうしてもなじめなかった。おそらく心の重心が「調和」に傾く恋愛はすべて、私には天の恵みのように感じられるのだろうと彼女は言った。私は思った。なるほど、だったら子ども時代の苦悩というメリットを過小評価してたのかもしれないわ。

そんなふうに、リスク回避型だった心を予想外の生活へとどんどん開いていきながらも、一方で新しく夢中になるものもあった。それはケンブリッジで朗読クラブを立ち上げるという計画だった。文学界で目覚ましい成功を収めたローレンは、全国各地で作家を呼び物とするイベントに参加していたが、そのほとんどが退屈だと嘆いていた。そこでローレンは私の会の朗読者第一号になると約束するだけでなく、同地域の他の作家たちへの接触にも手を貸すと言ってくれた。

私はその会を無料のイブニング・サロンのような形で催し、毎回テーマを設定して、著書のある四人の作家に朗読してもらうことにした。友達のルイーズが「フォー・ストーリーズ（Four Stories）」という名を思いついた。加えてローレンが、知的かどうかよりおもしろいかどうかに重きをおく、愉快なQ＆Aタイムを設けてはどうかと提案した。私はボストンにいるときはこのイベントを運営し、日本にいる間は休会にするか、代わりを務めてくれるライターを探せばいい。最も重要なのは、文学関係の集まりに欠かせない二つのもの、つまり、酒とつまみを用意することだ。

二〇代の大学時代を通してずっとウェイトレスをしていたマサチューセッツ工科大学エリアの〈ミラクル・オブ・サイエンス〉というバーでいっしょだったゲイリーという名の友達が、セントラル・スクエアに〈エノーマス・ルーム〉というラウンジを開いていた。そこは照明がソフトで、ゆったりくつろげる長いソファがある。さらに低いモロッコ調テーブルとクッション、高級サウンドシステムを備えた小さなステージまである。メニューにはあらゆる種類のタパスと、〈こま切れの神〉なんていう名のついたエキゾチックなフルーツ系のカクテルもある。完璧。

また別の友人で、地元で独立型の人気書店を経営しているティムも宣伝を手伝ってくれた。その書店の近くにあるバーで、ある夜、彼と会うことになった。

するとローレンが言った。「いつもあなたとティムはいいカップルになれるって思ってたわ」ティムは南部出身だ。「すごく頭が良くて、アクセントがセクシー、それに――」と、さらにけしかける。「根っからの女好き」彼女のその言葉は、警告よりむしろ説得に聞こえた。

ティムはストレートの〈ワイルド・ターキー〉を注文した。私は車で来ていたのでワインを一杯飲んだところでアルコールはやめ、レモンを一絞りしたソーダウォーターを注文した。文学について語り合った。彼が書店を開く前に取得した非営利経営に関するMBAについても話した。そしてローレンのことを話題にし、「なんともエキセントリックな人物！　なのに成功している！」と笑い合った。ボストンの文学シーンについても語り合った。

彼は〈フォー・ストーリーズ〉を成功させるためのアイデアや、報道関係のコンタクト先も教えてくれた。私が話しているときは身を乗り出し、つやつやしたブラウンの目でじっと見つめ続ける。ぼんやりと顎ひげをなで、かすかな南部アクセントで空気をやわらかくする。ローレンは正しい。確かに彼はセクシーだ。

でも、私のハートはタクに魅かれるようには彼に魅かれない。それには心底ほっとすると同時に、頭が混乱した。タクよりはるかに多くの共通点があり、こんなにもスムースな知的交流ができる相手でさえ、私を本心からタクと別れたいという気にさせないとは。ティムに魅かれても不思議はない、ちっとも。でも、どういうわけか、タクは私の胸の内側にその彫りや傾きや隙間がぴったりフィットする鍵のような存在なのだ。

ティムとのミーティングを終え、車を運転して帰宅すると、タクから電話があったので、ティムから多くの重要なコンタクト先を教えてもらったことや、秋のすべてのイベントのテーマを決定し、作家の候補もほぼ決定したことを話した。

「きっとうまくいくと思うわ、トフ！　このぶんだとしばらくはボストンにいつづけなくても、ここの文学コミュニティとつながっていられそう」

「おめでとう！」タクの声が電話線を通して明るいベルのように響いた。「あのね」彼は言った。「きみのこと、誇りに思うよ」

そしてまさにそんなふうに、たとえ地球の半周も離れていようとも、私は彼の存在を、彼の身体の熱を感じることができた。彼の感情の直接さが、彼の言葉と口調を通してはっきりと届いた。あたかも洗練された語彙や複雑な解説などないほうが、彼の飾り気のない、まっすぐで純粋な誇らしい気持ちや応援をじかに感じることができるかのように。私にはそれ以上に温かく感じられるものなどなかった。なぜかは知らないけれども、それが真実であることはわかっていた。

ティムの助力と、〈エノーマス・ルーム〉の魅力と、姉と私自身の学者社会での知り合いと、スムースな計画に対する私の執念が功を奏し、〈フォー・ストーリーズ〉は立見席しか残っていないほど大盛況の幕開けとなった。イベント開始前、身体にぴったりフィットするトップスを着て、キラキラするアイシャドウをさっと一塗りし、〈こま切れの神〉を流し込んだ。そしてステージに上がり、マイクをつかんで文学界の大物の名前をいくつか間違って発音し、続いてその夜の朗読者たちを紹介した。すると人々は笑った！　私はもう一杯〈こま切れの神〉をあおり、その夜に朗読する作家の一人は、ハンサムなので選んだことを白状した。人々はさらに笑った！

次に〈フォー・ストーリーズ〉のロゴ入り質問カードを聴衆に配り、各朗読者に最高におもしろくて創造的な質問か、もしくはこの上なく下品な質問をするようけしかけ、私が選んだ質問を書いた人には無料ドリンクを約束した。三杯目のカクテルに進んだころに、私は結局、最も下品な質問のほうを選んだ。まもなく文芸組織「ペン・ニューイングランド」のディレクターが〈フォー・ストーリーズ〉のことを「急速に、行くべき場所になっている」と語ったという記事が「ボストン・グローブ」紙に載った。

朗読クラブの突然の成功に気を良くした私は、その冬、日本に発つ前にさらに二つの仕事を確保しておいた。まず大学に依頼されたウェブサイトのための執筆だが、これだと遠くからでも仕事ができ、教えていないときも引き続き収入を得ることができる。さらに、ボストン有数の新聞のフード担当編集者に、大阪についての記事に興味をもたせることにも成功した。あくまで京都や東京の極度なまでの洗練ぶりと比較してだが、大阪はユニークかつ気取らない食べ物と八方破れの人柄で有名だ。タクの故郷は「クイダオレ」というモットーで知られている。その訳としては「破産するまで食べなさい」というのと「食べすぎて死んだら極楽」というのを交互に聞いた。

ある秋の日、大学の私の部屋で、私の日本との関係や、すぐにまた大阪に行く計画があること、そして過去の出版物として少し前に文芸誌に掲載された記事（学術論文以外では初めて）などを盛り込んで、編集者宛てに売り込みの手紙を書いた。文芸誌に載った記事は男性刑務所で教える一女性として書いたものだったが、「他の世界――刑務所であれ、日本であれ――と女性」についての執筆実績としては十分だったようだ。

女性編集者はさっそく翌日、メールで、私の書いたフード記事をぜひ読みたいと言ってきた。食事代の予算や、契約、締め切りなどには触れられていないことは無視して、ワクワクした。新しい自分の始まりのように感じられた。二大陸を股にかけた現代女性、国籍も人種も違うカップルの一員、それに加えて今では国際的なフードライター！　ほんとうにこんなに簡単でいいの？　エキゾチックな食べ物、世界中の話題のレストランのオープニングでのファッショナブルな装い。接客主任からチラチラと送られる用心深げな視線。最初の何度かくらい、新しいキャリアへの投資として喜んで自腹を切ろうじゃないの。今までとはがらりと違う、はるかに刺激的な私になるためなら。

そんなアイデアを、私の現実的な心は愚かでミーハーな勘違いだとしてはねつけようとしていたが、頭の中には残り火の火花が散り続けた。宙を見つめたり、目の前のコンピューターの縞模様になった画面にうつろに視線を合わせたりしながら、そんな考えや気持ちをなんとか認めないでいようとした。新しい土地が魔法のように人を違う人間に変えてくれる——私はそんなバカバカしい罠にはまるような人間ではない、と信じたくて。

とはいえ、大阪への旅を手配するにしたがい、私の中で興奮の炎が静かに燃え始めた。日本での最初の数週間にどのレストランに行き、どんな料理を批評するかをプランした。朝にはラップトップをお気に入りのカフェにもち込んで——と、空想した——行くべきレストランのリストやメモを作成し、夜にはタクとそこに行く。ともに味わい、ちびちび飲み、話し合い、そして批評しながら、私の新しい国際的なアイデンティティへの道を切り開いていく……。

(6)

関西空港でタクと再会すると、ふたたびタクの傍らのスペースに溶け込んでいると感じられるまでには、ものの数秒とかからなかった。それまでの数カ月間、私の意識の中で彼の存在があまりに大きかったせいか、彼が混雑したターミナルを私のほうに向かってきたとき、彼の背が私より高いわけではなく、ほぼ同じであることを思い出して一瞬驚いた。でもハグして彼を私のほうに引き寄せ、頭を少し倒して彼の首と肩の間にうずめると、彼の温かさは広大だった。

「また来てくれて、ありがとう」彼は言った。

市内行きのバスの時刻表を眺めると、白いボードがちんぷんかんぷんの黒いくねくねした線でぎっしり埋められていたので、私はあっさりお手上げした。午後の日差しは薄れつつあり、空気は冷たく湿っていた。塵《ちり》一つない通路でバスへの乗車を待つ私のまわりには、意味不明の言語による会話の断片が飛び交っていた。その音は流れの速い川の音を思い出させた。時折、その奔流の音がかすかに大きくなり、その反響の中に意味のようなものが聞き取れた。白手袋の係員が近づいてきて私の荷物を積み込み、下車したい停留所を尋ねたとき、彼はタクのほうしか見なかった。その瞬間に、手腕の問われる仕事を二つこなし、ハイレベルの文化的思考に長《た》けた高学歴の独立した有能な女性という、アメリカでの私のアイデンティティは、屈辱と安堵のないまぜになった奇妙な感情を残しながら、小さな片隅に後退していった。私はふたたび日本の外国人になっていた。

私は留守中にボストンのアパートメントの家賃をカバーしてくれる又貸しの相手を見つけ、タクは前回と同じウィークリーマンションの別の部屋を予約していた。今回は一カ月以上借りるので、なんとかダブルベッドの部屋を押さえてくれていた。とはいっても、そのベッドもシングルベッドよりわずかに広いだけだ。こういったアパートメントはたまに泊まり客がやってくる程度の、基本的にはシングル使いの出張者用に設計されている。夏に来たときの部屋と同じく、今回の部屋も細長く狭い。味気ない白っぽいグレーの壁、窓は一つ、そして前回と同じく、二人の人間がいっしょに立っているのが苦しいほど狭いバスルーム。加えてホットプレート、クローゼット、ミニサイズの冷蔵庫、車輪付きの小型の引き出しセット。

今回もまたタクは衣類を同じ通りにある自宅に置いたままにし、毎朝、会社に行く前にそこに寄って朝食をとり、シャワーを浴びて着替えをした。私は服の半分はクローゼットと引き出しに入れたが、残り半分はベッドの下のスーツケースに入れっぱなしにした。分厚いセーター類をそこに突っ込みながら、どのくらいショッピングをしたら、私の服もタクの実家マンションに預かってもらう羽目になるだろうと計算していた。

思い描いていたとおり、朝には前回見つけていた近所のカフェの一つに行った。店員たちに私を覚えている様子はなかった。もっとも、それが見も知らぬ人との会話を避ける日本人のマナーに則ったものなのか、単に私の印象が薄くて記憶に残らなかったからなのかはわからなかった。

フードライターという新しいキャリアの準備に、まず『ロンリー・プラネット』や『フロマーズ』『フォダーズ』といったガイドブックにぱらぱらと目を通し、日本在住の外国人のための雑誌に推薦されている店や広告を調べることに午前中を費やした。当時はまだ関西地区を対象とした『ミシュランガイド』は日本語版、英語版ともに出版されていなかった。大阪の『ザガットサーベイ』も日本語版しか出ていなかったので、タクの大まかな英訳を頼りに小さな情報を蓄積していった。ある夜、彼はヤキトリを説明した。

「串に刺したチキンだよ。きみはあまり好きじゃないかもしれない。少なくとも、いくつかはダメだろうな」

親切にも、タクは国際的な料理批評家を演じようとする私の計画の大きな穴に気づかないふりをしてくれていた。それは、すぐに吐き気を催す胃だ。彼は今、遠回しにそのことを言っている。「なかには鶏の、……鶏のケツの肉もある」鶏の尾部を描写しようとして、しかめ面をした。次に彼が紹介したのは「オクトパスボール」だった。

「うそ」私は恐怖で目を見開いたまま、かぶりを振った。

「要するに、タコヤキっていうんだ。タコの入った小さな団子だよ。タコのかけらが入ってるダンプリングみたいなもので、すごく大阪的な食べ物だ」

夜には私の選んだ店に出かけた。タクは私の手を握り、道路が空っぽのときでさえ、車から私を守ろうと場所を代わる。いつものように、彼はそれを静かに、呼吸のように自然に行う。私をそんなふうに守ることを、タクはたとえ何かに遅れて急いでいようが、会話に夢中になっていようが、ただの一度も忘れたり怠ったりしたことがない。さながら身体の中に一種の自動誘導装置でも備わっていて、私が遮蔽物を必要としたときに作動するよう設定されているかのようだ。タクにふたたびしっかりつかまれている安心感や、彼のそばにいるときのぴったりくる皮膚感覚にも増して、タクのその落ち着いた保護本能は、彼の傍らのスペースに根を下ろしているという感覚を与えてくれた。たとえボストンではなく、大阪の街の稜線に囲まれていようとも。

まず近所の市場にある屋台に行き、油で焼いたタコヤキとかいうものを食べた。外側はカリッとしているが、中はドロッとしていて、歯ごたえのあるタコの足とぬるぬるした半煮えのタネが、気味の悪いなめらかさで私の喉を滑り落ちていった。

次に近くの店でオコノミヤキという名の塩味の日本風パンケーキを試した。店の壁には大阪の有名なコメディアンやミュージシャンのサインした色紙がびっしり貼られている。隣のテーブルでは、ローフィット・ジーンズやグランジシックのスカートをはいたティーンエイジャーのグループがクオーターズ〔酒のドリンキング・ゲーム〕をし、タバコを吸い、大声で笑っている。

このパンケーキは山芋と小麦粉とキャベツと玉子でできていて、それに豚肉の薄切りを重ねて焼き、ウスターソースを塗り、マヨネーズを線のようにかけ、乾燥した塩味の海苔を振る。うれしい驚きは、実際、この海苔のトッピングを美味しいと思ったことで、それは私の味覚芽が成熟して、新しいグローバルな洗練さに向かっているのではとの期待を抱かせた。

タクはエプロンをつけたウェイターに、私のことをボストンの新聞に記事を書くことになっているライターだと誇らしげに説明し、店主の話を聴かせてもらえるとありがたいと言った。しばらくすると、年配の男性がキッチンから飛び出してきた。ブルーのエプロンは汚れ、丸い頬は相好を崩してくしゃくしゃになっている。タクの丁寧かつ遠慮がちな口調と身振り手振りから想像するに、ふたたび私を紹介しているらしい。すると、そのオーナーシェフは弾丸のように日本語を発射し、タクはその間、頭をのけぞらして笑った。それがときに心から出たものというよりは、相手への気遣いであることが察せられた。

シェフがさらに熱い解説を続ける間、タクは私のために通訳を試みた。私はシェフの話についてはいけなかったけれども、彼の大袈裟な話しぶりと派手なジェスチャーに魅了され、彼らとともに笑った。のちにタクは彼のことを典型的な大阪人だと言っていた。人見知りをせず、にぎやかで、他の地域の日本人よりずっと遠慮がないのだとか。

「お好み焼きっていう名前は〝お好きなように〟っていう意味だそうだよ」タクがこちらを向いて説明を始めたので私は鉛筆を握った。要するに、この「お好きなように」というポリシーは、どんな材料で試してもいいという意味だそうで、続いてシェフは世界中のさまざまな材料を使った「国際的な料理としてのヴィジョン」をまくしたてた。「だから」とタクは伝えた。「世界中の人たちが彼のお好み焼きを楽しんで、しかも……懐かしくなるんだそうだ」

ふたたびシェフによるちょっとした独演があり、タクがうなずいた。

「彼には多くの夢があるそうだよ」訳すのに苦心して、いったん間をおく。「こんな感じのことを言ってる。『でも、おれの究極の夢はブラックホールに旅して新しい宇宙に飛び込み、まったく別の世界でお好み焼きを焼くことだ』とか」

私はテーブルを見下ろすように立っているシェフの顔を見上げた。彼はまた笑った。口を大きく横に引き、目は深い皺の中に埋まっている。すると挨拶代わりに一度頭を下げて、唐突にキッチンに戻っていった。料理の意図を説明し、存在論的ヴィジョンを明かし終えたからだろう。

また別の夜には、大阪の中心地、梅田の阪急百貨店に食事に行った。お揃いの筒型帽子の女性がずらりと並んだインフォメーション・デスクを通りすぎ、エスカレーターに乗り、ブティックで占められた階を次々と上っていく。各ブティックにはビシッとプレスしたスカートの制服を身に着けた店員が配置されている。最上階の Dining Stage に到達すると、タクがそれは英語をそのまま日本語に直して「ダイニングゥ・ステイジ」と発音するんだと説明した。

そこには大阪で最も名の知れたレストランの小さな出店が並んでいた。客たちはめいめい好きなカウンターでオーダーし、テーブルでエプロン姿のウェイトレスが料理を運んでくるのを待つ。私たちはまずカラッと揚がった天ぷらを注文した。カラフルな野菜の薄切りや、丸々一尾の大きな海老の天ぷらを、ウェイターのもってきた小さなブルーの皿の荒塩を付けて食した。次に注文したのは寿司だ。前年の夏に初めていっしょに寿司を食べたときの経験から、それはタクにとっては恐るおそるの試みだったに違いない。そのとき私は、アボカドとスパイシーソースが入ったカリフォルニアロールやスパイシー・サーモン巻はどこかと訊くと、タクはひそかに眉を寄せた。私がカリ寿司や小さな天ぷらを巻いた寿司は欧米にしかないと知って、ひどく落胆したものだ。

「そんなの本物じゃない」かぶりを力強く振って言った。「寿司とすら呼べないよ。ただのフェイクフードだ」

だが、ここ、阪急ダイニング・ステージでは、ソフィスティケートされた国際的料理評論家としての新しい仮人格《ペルソナ》を育もうとしていたので、私はタクに注文を任せた。楕円形の御飯の上に裸で載っている魚のつやつやした切り身にかぶりついた。それが何かなんてわざわざ尋ねもしなかった。私の作戦は何も考えずにとにかく食べ終え、皿が空という安全領域に入ってからメモを取ること。

ヌルヌルした感触しかなかった。勇気を奮い起こして顎を動かそうとする前に、飲み込め、舌の上からそのツルツルした身を取り除け、と本能が命じた。ごくりと飲み下した。小さな痙攣《けいれん》が起き、みっともないあえぎ声が小さく喉から漏れた。目の前のビールをひったくった。

寿司の残りをタクのほうに押しやると、彼は首を振った。私が日本の食べ物について記事を書くというバカバカしさについては、私たちのどちらもあえて口にしなかった。

幾晩か、私たちはタクの自宅マンションで夕食をとった。私たちが初めて出会った夏に、私はタクに料理をするつもりはないときっぱり断言した。それは結婚したあとも同じ。ボストンでも一度も、大袈裟でなくただの一度も、料理をしたことはない。「家にいたければ、テイクアウトすればいいだけでしょ？　違う？」

これに対するタクの反対はちょっと心配になるほど強硬だった。

「家で食べるのが一番くつろぐよ」彼は私の誤りを正した。「毎晩、出かけるなんていやだ。あまりにしんどい」子どもがいる家族が一度も家で食事しないのは現実的でないし、たとえ子どもを作らなくても、家で食べることは家庭をもつことの欠かせない一部ではないかと主張する。料理しないこと、それもけっしてしないことは、「女性の独立」の実行可能な政治的主張だという私の議論にも納得しない。「ただもうノーマルじゃないよ。絶対に家で食べないなんて、一度もなんて」彼はぶつぶつ言い続けた。

家事については、タクが私のことを少しわがままか、よくて、ただ面倒くさがっていると考えているのはわかった。さて今、私は彼が正しいという可能性について考えてみる。おそらく私の政治的な主張——または、その下に密かに埋もれているもの——は、私が育った郊外の大邸宅で受け継いだ階級意識に基づく無責任さなのかもしれない。子どものころ、私たちはテーブルの皿を下げ、おもちゃを片付けるよう言われたが、家事のほとんどはハウスキーパーがいたのでしなくてすんでいた。その後は寄宿学校や大学の寮で生活し、一人暮らしを始めてからは、散らかった部屋への耐性とレストランへの愛を育んだ。

夕食の支度について話し合うと、タクの断固とした姿勢に少しイライラさせられ、私のあやしい家事能力をかわいいと思ってくれないことに少々がっかりもしたが、私たちのウィークリーマンションをこざっぱり保とうとする彼のたゆまぬ努力には、しぶしぶ敬服してもいた。彼がかつては四人家族で暮らし、今は父親と住んでいるマンションは、彼と私のバックグラウンドの違いと、平凡でつつましい家庭生活に対する彼の家族の明らかな満足の両方をさらに浮き彫りにした。

彼の自宅マンション、その広さはおよそ六五平米。リビングルーム、四人が腰かけるとほとんど膝がぶつかるくらい小さなテーブルのあるダイニングキッチン、ダブルベッドの入る広めの寝室、シングルベッドしか入らない小さな寝室が二つという間取り。リビングには二人掛けのソファと古いマッサージチェア、タクの母親が世界中のカトリック教会を訪問して集めた飾り、洗濯物を干す大きなラック、テレビの載った古い木製棚がある。タクの母親の写真が入った二つの額の間には、飾り気のない十字架が掛けられている。さらにこのマンションにはトイレが一つしかなく、それも冷水しか出ない小さなシンクと便器とがやっと入る広さだ。浴室には側面が黄色の小さくて深いバスタブと、大きめの洗面台と、洗濯機がある。洗濯機の近くの壁には湯沸かし器が設置されている。普段はオフになっていて、食器を洗ったりシャワーを浴びたりするたびにタクのお父さんがスイッチを入れ、加熱装置が動き出すまで待つ。

キッチンには七〇年代スタイルのコンロがあり、ほんの数品しか入らない小さな流しの横のカウンターには電子レンジと炊飯器とミニサイズの食器洗い機が置かれている。身長が一五〇センチほどだったタクのお母さんに合わせて作られた流し台はあまりに低く、そこで何かを洗おうとすれば、私は覆いかぶさるように前かがみにならなくてはならない。幸いにも、私が料理をした晩には、タクの身長一五八センチのお父さんが皿洗いをすると言ってくれた。

初めてそのマンションを見たとき、私の育ったボストン郊外の家が目の前によみがえった。大理石の床の温室には窓がずらりと並び、サラサラと音を立てる噴水まであった。日時計のあるパティオからはテニスコートが見渡せた。玄関ホールの正面にある階段には輸入品の高級カーペットが敷かれていたので、私たち子どもはその上を歩くことを許されていなかった。そして、父と母が離婚のニュースを告げた、黒っぽい羽目板張りの書庫。

特に結婚生活が崩壊し始めた時期には、両親は大きなパーティを開くことで知られていた。制服を着たボーイが暗がりの中をきびきびと動き回り、タキシード姿のバーテンが書庫の控えめな明かりの中でドリンクを供すころ、礼儀正しい会話がほろ酔い加減の笑いに変わる、それは実に印象的な催しだった。

私たちはたとえ家族が内破していても、いえ、だからこそ余計に、深いところで自分たちの価値の証拠となるあの豪壮な館に、あの高価な装飾や、羨望の的となる庭園にしがみついていたのではないかと思う。子どものときには、繊細な磁器やクリスタルのカットグラスの並んだ棚やヨーロッパ製の布を張ったソファや肘掛け椅子に安らぎを覚えていた。それは、そういったものたちが中にいる人間たちを衰退から守ってくれるような気がしたからだ。

いったいタクは心の苦痛を紛らせてくれる物質的な魔法もなしに、こんな質素な家に暮らして、落ち込んだり、つまらなくなったりはしなかったのだろうか。けれども、タクもタクの父親も、完全にそこで快適そうに見える。彼らは自分たちの家を塵一つなくきれいで安全で暖かくて適切に機能するよう保つことだけに関心があり、それを超えた、自分たちの家の物質的な価値といった面にはまったく無頓着だ。あたかも、所詮、物にすぎない家自体は無意味だとでも言っているかのようだ。その態度には、思いも寄らない、私にとってまったく異質だが非常に賢明な一種の高潔さがあった。

とはいえ、もしタクと人生を築いたなら、しょっちゅう料理をする羽目になるというアイデアには完全にはなじめなかった。だが著名な国際的レストラン批評家になるという夢がしぼむと、週に何度か料理をすることに不本意ながら同意した。

「ということは、もし結婚したら、少なくとも外食することには同意してくれるのね？ どこかカジュアルなところで、たとえば週に三、四回くらい」私は交渉に入った。

「うん、週に三回くらいなら。ときどきなら四回でも。言っておくけど高い店はだめだよ。そんなにひんぱんなら」彼は言い張った。

「高くない店ってどういう意味？」質素な屋台でのタコヤキが週に三度の外食になるのではという考えにゾッとして、思わず訊き返した。

「つまり、ゴージャスな店ではないってこと」

タクの「ゴージャス」はfancy（豪華、高級）という意味だ。

「つまり、リッツはダメ！」そこで彼は私が喜ぶことを知っている人参を鼻先に突き出した。「たとえば、あの新しいインドカレーの店、あんな感じのところ」それはすぐ近所に見つけたばかりながら、すでに二人とも大のお気に入りになっている店のことだ。

交渉成立、私は心の中で言った。

そんなわけで、私はタクがお義父《とう》さんと暮らすマンションで料理を試み始めた。週に数回、タクが仕事で遅くなる日の午後にマンションに行ってインターネットからレシピをダウンロードし、テツノブさんと座って、小さな白いメモ用紙に材料のリストを作った。私が一つずつ英語で言い、テツノブさんがそれをきちっとした英語の文字か日本語で書き留めていく。何度か繰り返した末にようやくテツノブさんに通じたこともあれば、訳語を探さなくてはならないこともあった。

「ペコリーノチーズ」ある午後、私は説明を試みていた。「えーと、だったらパルメザンチーズが何かはわかりますか？」私は手で三角形を作った。「こんな感じの形」

「パアメシャンチーズゥ」彼は頭をひねりながら繰り返した。「パソコンで意味を調べたほうがよさそうだ」そして、かつてはタクの母親が使っていた小さな部屋で、私たちはいっしょにコンピューターの上に身を乗り出した。だが、たいていスーパーにはどちらのチーズもなくて、小さな四角いチェダーチーズで間に合わせることになった。

スーパーの棚にある多くの食品が日本語だらけのパッケージに包まれているので、テツノブさんに何なのかを教わらなくてはならなかった。ヨーグルト（飲用の）と牛乳が同じような形のカートンに入っていることは、ある朝、ウィークリーマンションのホットプレートでオートミールを作ろうとするまでわからなかった。おかげで私は発酵した熱いドロドロの液体まみれになった。醤油さえもが、ダシ（カツオのスープ）、メンツユ（ヌードルをつけるソース）、ギョショウ（東南アジアの調味料）、濃い色のビネガーなど、他のおびただしい数の茶色い液体の瓶といっしょに並んでいるので見つけるのは難しい。

初めてタクの家で料理をしたときには、チキン・パルミジアーナをチェダーチーズで代用して作ることにした。あっという間にできて、簡単で失敗がない……はずだからだ。テツノブさんが案内してくれたスーパーで、パンコと呼ばれる日本式のブレッドクラムはイタリアのそれと基本的な材料こそ同じだが、調味料は入っていないことを発見した。だが、それ以外は注意深くレシピに従った。テツノブさんがリビングでテレビを観ている間に小さなキッチンに立ち、戸棚に見つけたオレガノを少し振って、大皿に各材料を順番に重ねていった。

「オッケー、テツノブさん！」皿ごとオーヴンに入れるばかりになったので、大声で呼んだ。

「オーヴンはどこですか？」それまでオーヴンを見かけなかったことを不思議に思いながら訊いた。

「オーブン……」テツノブさんは日本語にはないVの音をBに置き換えてつぶやきながら、ソファから立ち上がり、キッチンに入ってきた。「えーと」チーズでメッキされたチキンの載った皿と私を見ながら言った。

「あのー」ドアを開けて天板を引き出すジェスチャーをする。「オーヴンですよ。これを焼くための。グリルみたいなのが下に付いてる」

「オーブンなら、ほら、ここ」テツノブさんはコンロの下の隙間から小さな魚を焼くグリルを引き出した。縦横が一五センチ×二三センチもなく、底から上端までは一〇センチにも満たない。

「ノー、もっと大きいの。黒くて大きいオーヴン。そんな感じだけど」と言って、魚焼きグリルのほうに向き直る。「でも、もっと大きい。料理のための」無駄とは知りつつ付け加えた。

「日本の家にはオーブンはないよ」テツノブさんは認め、それから、頭を後ろにのけぞらせて笑った。そして電子レンジを指差した。

「チキン・パルミジアーナはどのくらい電子レンジにかけたらいいんでしょう？」

テツノブさんは電子レンジのところに行き、しばらく漢字が横にずらりと並んだダイヤルをチェックしたりしていた。「わからない！」ついにそう言って、また笑った。彼は一度もチキン・パルミジアーナを食べたことがなかった。

その夜、タクが仕事から帰ってきたあとに、ただ電子レンジを対流式オーヴンにセッティングすればいいだけだったと知ったが、時すでに遅し。チキンを薄くスライスして、グリルに入るようチーズのトッピングをばらしてかけて、魚焼き用グリルで焼いたあとだった。トマトソースがグリル内のあらゆるところに飛び散っていた。妙にぺたんこになった鶏料理にも、男たちはまったく動じなかった——少なくとも、いっしょに出てくるはずの御飯がないとわかるまでは。なぜなら、それこそ彼らにとっては唖然とする展開だったからだ。

ある晩、滞在期間の半分を過ぎたころ、タクのおば夫婦が私のために食事の会を催してくれた。私を彼らの街に、彼らの家庭に歓迎してくれるのは非常に光栄なことだ。これがめったにない特別扱いであることを私は知っていた。家がとても狭く、プライバシーの境界がとりわけ大事にされる日本では、通常、身内しか家の中には入れてもらえない。このおばはタクの母親のたった一人の姉妹で、私はすでにテツノブさんの気安い温かさを楽しみ始めていたが、タクの母方の親戚はもう少し堅苦しいのではないかという気がしていた。

タクはおばのことをミチコサン、おじのことをハマタニサンと呼んでいると言った。彼らは大阪郊外の一軒家に住んでいた。タクの家族のマンションよりは広いが、造りは同じように質素だ。ミチコさんはほとんど英語が話せない。近くの私立高校で英語科主任をしているハマタニさんは形式ばった英語を明瞭に話す。私は二夏前の惨憺たる経験から、日本の学校では英語は会話ではなく文法と読解のみを教えるので、ネイティブ・スピーカーから学ぶ機会はほとんどないことを知っていた。だからハマタニさんの堅苦しい話し方にも驚きはしなかった。でも彼もミチコさんも親切で気前がよく、心遣いが細やかで、私が学校時代に勉強した文学や、ボストンの家族のこと、日本食に対する目下の感想など、いろいろと知りたがった。

ハマタニさんはテーブルに身を乗り出して手のひらを合わせ、哲学の議論でも始めるかのように質問をする。ミチコさんは小さな声でおだやかに話し、タクが通訳を試みたり、私が日本語でぎこちなく「オイシイ！」と口走ったりすると笑った。彼女は次から次へと小皿の料理――小さなフライドチキン、野菜の煮物、四角いパンとチーズの小さな海苔巻、きのこ御飯など――を運んできてテーブルに並べ、飛び上がるように立ち上がってはビールや私たちのもってきたワインやお茶を注ぐ。給仕に忙しくて、彼女自身はほとんど何も食べていない。

食事が終わると、ミチコさんは私たちを玄関まで見送りに出た。一列にきれいに並べられた靴に足を入れようとすると、突然、彼女がひざまずいた。そして額が床をこするくらい低く頭を下げた。てっきりコンタクトレンズを落としたか、爪先でもぶつけたに違いないと思ったので、私もしゃがんだ。

「立って！」タクが唇の端からかすれ声を絞り出した。私は頭が混乱し、その場に凍りついた。彼女が何か落としたものを探しているわけでも、ぶつけたところを押さえようとしているわけでもなく、ただおじぎをしているのだと気づくまでに一瞬の間があった。彼女が体を起こすのを居心地の悪い思いで待った。起き上がったときには、彼女の顔にはきっと屈辱の表情が刻み込まれているだろうと確信していた。女性であるがゆえに、たとえ自分の家にあっても、老いた身体を塵一つない床しか見えなくなるまで慎ましく折り曲げて深々とおじぎをしなくてはならないことを恥じて。

ところが、ミチコさんは流れるような身のこなしですっくと身を起こした。手足の動きは驚くほど敏捷で、動作には静けさがあり、そして、その顔にはおだやかながらも強烈なプライドが浮かんでいた。彼女は私を自宅に招き入れた。亡くなった姉妹の一人息子である甥と私に十分なもてなしをした。これが彼女の文化、そして彼女の家庭。その両方に彼女は見事に私を迎え入れたのだった。

私は一瞬戸惑ったのちに、突然、解放感を覚えた。またしても私の判断がこの奇妙な世界から、いつかは親戚になるかもしれない人たちからさえも、どんなに間違った意味を引き出してしまうかを思い知った。つまり私の確信や直感のほとんどがここではまったく的外れなのだ。だから私はこの場所を（そして今ではこの家族を）真の鋭敏さで舵取りする仕事も、また、軽視されたり傷つけられたりする前に予測し対処して自分を守る仕事も、すべて手放すしかない。


日本の家庭生活を営むにはあまりにも能力不足であることはわかっていたが、私はそのことに意外にも安らぎを見出していた。とはいえ、いくら期間限定ではあっても、ここで普通の人間であろうとすれば友達が必要だ。言語や文化との絶え間ない格闘はそれだけで重労働だ。やはり、英語しか話せない在住者と交流したい。できれば欧米からの……。このチョイスに表れた自身の偏狭ぶりに気づいたとき、私は学問の世界で過ごした年月を振り返った。顎ひげの教授たちがかぶりを振りながら私の文化的差別主義ぶりを嘆く言葉をつぶやく場面が目に浮かんだ。でも私はタクの世界を十分すぎるほど受け入れたわ、と心の中で反論する。それに、この国の人たちの中に友達を見つけようとするのはもうやめていた。数人の大阪人がいろいろなカフェで恥ずかしそうに話しかけてきたが、決まって顔を真っ赤にしながら、英語の練習相手になってほしいとブロークン・イングリッシュで申し出るのだった。友達との付き合いに、私はそこまで頑張りたくない。

関西地方の二つの英語版コミュニティ雑誌の後ろのほうに、個人広告の欄が見つかった。冬の淡い日差しがポリエステルのカーテン越しに差し込むウィークリーマンションにゆったりと座り、「友達求む」のコーナーの投稿に一つずつ目を通していった。極小フォントに目を細め、省略形の解読に頭をひねる。

「20YO WSM FROM ENGLAND, LOOKING FOR JW FOR FRIENDSHIP,DRINKS,SIGTESEEING,FUN」

（二〇歳。当方イングランド出身、白人のスリムな男性。日本人女性の友達求む。お酒、観光など、楽しいことなら何でも）

そんな投稿がある。また、別の投稿には「二一〜五歳の子連れ日本人女性求む」のタイトルの下に「当方三八歳のオーストラリア人男性。子どもが私を父親のように慕い、女性が幸せに感じてくれることを願って、子連れ女性との交際を求めています。eメールください」とあった。

気色わるっ。文法のひどさは言うに及ばず。

日本には欧米人女性に比べ、はるかに多くの欧米人男性がいる。その事実はタクと私が引きつける視線の中に読み取れた。私たちがただ日本人と外国人のカップルというだけでなく、ほぼすべてのその手のカップルが白人男性とアジア人女性の組み合わせの中で、私たちが正反対なので驚きを提供しているというわけだ。人々はまずタクを見て、次に私を見る。それから、たぶん自分の見間違えだった、自分が見たと思ったものは実際には逆だったのだとでもいわんばかりに頭をぐるっと回して、もう一度タクを見る。たいていの場合、タクも私もこれをおもしろがる。私のお気に入りは老齢の男たちだ。背が低くて、か細く、少し腰が曲がって杖をついたりしているが、にもかかわらずしゃんとしていて、アメリカの老人にはめったにお目にかかれない敏捷さで地下鉄の車両や街路を猛スピードで通り抜けていく。彼らはタクをチラッと見たあと、私の手を握っているタクの手に視線を落とす。それから私の顔へ、そしてまた素早くタクへと視線を戻す。最後に念のため、私を二度見することさえある。たまにだが、小声でブツブツ言ったり、わざとらしい小さな咳払いをしたりすることもある。私は魅了されつつも、彼らが第二次世界大戦のことを考えているのではないかと思い、一瞬立ち止まる。あの人、アメリカ人を憎んでいるのかしら？　戦争に行ったのかしら？　愛する人を亡くしたのかしら？　それとも広島や長崎にいたとか？　または、南京《ナンキン》の大虐殺に加わった？　知りたくなかった。

　話を戻すと、私は意を決し、コミュニティ誌に掲載された個人広告のすべてに目を通していった。するとついに「カンサイ・シーン」誌の細い欄の一つに期待のもてる投稿を発見した。二〇代後半のイギリス人女性が男女を問わず、ただ仲間を求めていた。彼女にメールを送った。身の毛もよだたず、デート目的でもない広告を見つけて、どんなにほっとしたかを書いた。そして、そのうちお茶でもしませんかと誘った。

翌週、大阪有数のショッピング街の一つである心斎橋に近いカフェでリーと待ち合わせた。同地区では数々の高いビルをネオンサインが走り回り、ロイ・リキテンシュタインのポップアートのとてつもなく大きなポスターが壁面全体にプリントされたビルもある。心斎橋の片側には御《み》堂筋《どうすじ》という並木道があり、高級デパートやブランドショップが並んでいる。巨大な輝くウインドウの数々が、そこが〈グッチ〉〈ドルチェ&ガッバーナ〉〈大丸〉（アメリカの〈サックス〉のようなデパート）であると主張している。もう片側には通りが迷路のように縦横に走り、小さなブティックやカフェ、レストラン、カラオケボックス、パチンコ店（日本のゲームセンター）などが軒を連ねている。

ピンクのハイライトが筋状に入ったブロンドを一風変わったヘアカットにしたリーは、イギリス人特有の控えめさのある、温かくて素朴な女性だった。私より若く、うれしいことに、日本人男性と結婚していた。日本にいる英語のネイティブ・スピーカーの例に漏れず、彼女もここでは英語を教えていた。

紅茶を飲みながら、歯切れのいいアクセントで、彼女はどんなに日本を愛しているかを語った。イングランドではけっしてくつろぎを感じなかったこと、そして、できれば一生ここにいたいとも。「たとえシンと離婚しても、私はここに住み続けるわ」

私はショックを受けた。外国人が実際に、なんの迷いもなく、日本に長年住むことを選ぶとは——しぶしぶ住みながら、目に当てた手の指の隙間から恐るおそる外を覗くのとは正反対に。

彼女はまた、お勧めの美容師の名前も教えてくれた。英語が話せて、私の髪にマッチするハイライトとレイヤーカットをしてくれるそうだ。正直、もし私たちの恋人や夫の国籍が同じでなかったら、リーとの間に親しい友達になれるほど共通点があるかどうかは疑問だった。でも、彼女の率直さや、自分の人生の選択に対する迷いのなさには感服し、ぜひ連絡を取り合いたいと思った。

大阪を去る日も近づいたある夜、リーが新しい友達に会うと電話してきた。私と同じくアメリカ人。しかもユダヤ人。ジョディという名のその女性は、ニューヨーク北部出身で、その後フロリダに移ったそうだ。アメリカの法律事務所と連携し、東アジアで事業を展開しているとか。日本語は話せないので、実務では通訳を雇っている。何よりうれしいことに、彼女は一年の半分を日本で、残り半分をアメリカで過ごしている。アメリカにはひんぱんに帰って、彼女の会社の国内業務をこなしているそうだ。その夜、彼女たちは夕食を共にすることになっていて、私もいっしょにどうかと誘われた。

数日後にはボストンに帰ることになっていたのでタクとデートの予定があり、キャンセルしたくはなかったので、早めに彼女たちと会い、彼女たちが食事をする間、私は飲み物だけにすることにした。ふたたび心斎橋で会うことになったが、通りの名前がすべて日本語で表示されているため、私がレストランを見つけることはできそうになかったので、そのすぐそばの新しい〈スターバックス〉の外で待ち合わせることになった。その日は寒く、私はボストンからもってきた、ウェストがシェイプされ、袖が少しフレアーになった黒とグレーのニットのロングコートを羽織って、カフェにつながる地下鉄の出口を出た。リーが私とほぼ同じ背丈の、茶色い髪の痩せた女性の隣に立っているのが見えた。大きな黒っぽい目の縁をかすかなカラスの足跡がなぞり、髪のハイライトは私のより少し明るいブロンドで、わずかにより大きな束で入っている。

「オー・マイ・ガー。あなたのコート、すてき！」初対面に欠かせない握手も終わらないうちに、ジョディがまくし立てた。そのニューヨーク・アクセントで、子ども時代を北部で過ごしたことがわかる。

私はそのとき、日本での親友第一号を得たことを知った。

(7)

数日後には大阪を発ったが、タクと私はその前にいくつかの取り決めをした。私は四月にまた、マイレージを使って大阪に戻ってくる。そのときは九〇日の観光ビザの延長を申し込んで、四カ月ほど滞在する。そして一二月初めにもまた戻ってくる。そのスケジュールだと、まだボストンで前期と後期の両方を教えることが可能だ。なぜなら、私が受け持っているMBA課程のライティング・ゼミは、たった六週間のコースだからだ。刑務所の授業に関しては、学生たちはどこにも行かないので、学期の前半に授業の長さを倍にすればいい。

タクとのもう一つの取り決めは、結婚することだった。

具体的な日取りを決めたわけでもないし、二人ともウェディングをしたいとも思っていなかった。タクはそもそもウェディングを無意味な大騒ぎだと考えていた。私はといえば、これもまた私の政治的主張の一つとして、〝ウェディング産業〟全体に断固反対だった。そもそも人々を誘惑して悪趣味なドレスや、倫理的に問題のある場所から出た石や、パーフェクトな一日という錯覚に何年もこつこつためた蓄えを吐き出させるのだから。さらに、そんなお金があったら、私は将来かかる飛行機代のために貯めておきたかった。

ボストンでは、私の家族もまた、私の政治的主張を支持していたわけではないが、結婚については同じくらい懐疑的な見方をしていた。母は親権に関する日本の法律を精力的に調べ上げ、日本が「国際的な子の奪取の民事上の側面に関するハーグ条約」に署名していないという事実に、必死で私の目を向けさせようとした〔その後、日本は二〇一四年に署名した〕。つまり、海外で国際結婚が破綻した場合、日本人の親は無条件で子どもを自国に連れ帰れるのだ。私はもし妊娠したら弁護士を雇うと、母に約束した。

「あそこで、いったい何をするっていうの?」ローレンが言った。母とローレンの意見が一致するのは実に稀だ。「まさか本気で博士号を使って日本人に英語を教えるつもりじゃないよね?」

そのとき、サマーヴィルのシャビー・シックなリビングルームで丸まって横になっているローレンの姿が頭に浮かんだ。むさ苦しい顎ひげの専業主夫の夫が、彼らの二人の子どものためにオーガニック全粒小麦版の〈スパゲッティO《オー》〉〔キャンベル社の缶詰めで輪形パスタのトマトソース煮〕を温めている。ローレンの後ろの棚は、彼女の受賞作の著書やエッセイでたわみ、その上には彼女の学位や博士号の証書が飾られている。それらは、あんなにも仄暗い過去から見事に抜け出した才能ある女性の、素晴らしいキャリアを静かに語るトロフィーだ。二階では彼女の年老いた犬がのんびり歩き回り、床板にコツコツという音を立てている。

「どうして自分の人生のそんなにも大きな部分を手放せるの? 自分の世界のすべてを捨てられるの? それも一人の男のために? よりによって、いつもあんなに進歩的だったあなたが!」

「すべてを捨てようとなんてしてない」私は反論した。「日本には一年の一時期、住むだけよ、今やってるみたいに」私は言い張った。「日本はすごくおもしろいの。それに私が手放そうとしているのは私の人生の半分だけよ、私の……」そう言ってしまっていた。不適切な表現を撤回して、真実に恐ろしく近いと感じられる言い分を否定するには手遅れだった。

一番上の姉とその夫はもっと現実的な不安を口にした。彼らは私という人間を知っている。私の物質主義的なところを知っていて、その線上に将来起きそうな問題を予測した。義兄はニューヨーク・クイーンズ区の、労働者階級の貧しいユダヤ人一族の出身だ。父親は常に借金に追われ、母親は彼を私立学校に送るため小売店で長時間働かなければならなかった。そのおかげで彼はハーバードで二つの学位を取得し、ウォートン〔ペンシルバニア大学の有名なビジネススクール〕に行き、大手資産運用会社の共同経営者になった。その後、ボストンに自ら未公開株式投資会社を設立し、民間航空を使わなくていい身分になった。それは、私の両親が熱烈に支持する種類の上昇志向だった。

彼と姉は所属するカントリークラブでのランチに私を連れ出した。母と継父もまた、そこのメンバーだ。姉はプリーツのあるショーツをはき、義兄はゴルフシャツとセーターを着て、袖をショパールの腕時計の上までまくり上げている。私たちがテーブルの間を縫うようにして進んでいくと、でっぷり太ったポロシャツ姿の男たちが椅子から勢いよく立ち上がり、義兄に握手を求めて、手を大きく差し出した。何人かは義兄の肩を抱き、金融市場の変動や取引や、はたまた自分たちのゴルフのスイングについてジョークを飛ばし、姉には挨拶代わりに軽くうなずいた。

「実際のところ、タクはどのくらい稼いでるの？」席に着くと、義兄は焼き立てのパンにかぶりつきながら、早くも本題に入った。姉はサラダ――ベーコン抜き、ドレッシングは少なめ――を皿の中でいじくり回し始めた。

私はタクがいくら稼いでいるかを正確には知らなかったが大体の額を言い、大急ぎで彼が出世コースに乗っていることを付け加えた。日本企業の正社員はアメリカの同じ立場の人々と比べると給料はかなり安いし、労働時間は大幅に長いが、終身雇用の理念がある国なので雇用ははるかに安定していると説明した。

「彼の会社、学費を出してタクをアメリカに送ってまで幹部用のMBAを取得させたのよ。だから会社はきっと彼の将来性を、リーダーとしての彼の素質を、確信してるのよ」私は体が熱くなり、善意から出たものだとわかってはいたが、尋問者と自分自身の両方にむかついていた。義兄のブルーの瞳がしばらく私を平らかに見つめていた。その顔はおだやかな湖のようだった。彼は今、心の中で、タクのたった一つの学位を自身のいずれもアイビーリーグの複数のそれと比べているのではないだろうか。

「言わせてもらえば」と彼は言った。なおもまっすぐ私に向けられているそのまなざしは、静けさを湛《たた》えている。「それは私の秘書の給料より安い」

私は深く座り直した。ほんの一瞬、どうして一度も未公開株式投資会社の事務系スタッフになることを考えなかったのかと後悔し、青ざめた。次には、わっ、ここのウェイターたち、まさか聞いてないでしょうね、という考えが浮かび、恥ずかしくなって、さっとあたりを見回した。

姉が突然、話に割り込んできた。

「タクのことを愛してるのはわかるわ。それに彼がいい人だってこともね。すごくいい人。それは私たちみんな、わかってる……彼があまりしゃべらなくても」

でも、行ったり来たりする飛行機代はすぐに負担になると姉は指摘した。それに日本のそんなに小さなアパートで、私がほんとうにずっと幸せでいられるのかとも。加えて、どうやってボストンの家賃を払い続けるつもりか？　手助けが必要になったときや、赤ん坊ができたときでさえ使用人を雇う余裕のない生活に、ほんとうに私が耐えられるのか？　そして、「ときにはね、幸せになるのに相手を愛しているだけじゃ足りないこともあるのよ」と言った。

私は何百万いえ何千万もの人々が、タクと私の収入よりはるかに少ない額で問題なく暮らしていることを指摘しようとした。「普通の人たちに比べたら――」姉夫婦の富に対するかすかな批判をこめて不機嫌な声で言った。「タクと私は信じられないくらいラッキーだし、十分満足してるわ。平均的な人たちよりはるかにお金もあるわ」

「まあ、それはそうだ」義兄はランチ代を彼の勘定書きに付けるよう、ウェイターに身振りで指図しながら言った。じきに始まるゴルフの時間を気にして腕時計を見ている。「でも、平均的であることで幸せになれるのかどうかを、じっくり考えなくては」

＊＊＊

カントリークラブでのランチのあと、私は怒っていたが、具体的に何に対してかはわからなかった。姉夫婦が金持ちで、高価なものが好きで、私もきっと同じだろうと考えているからという理由だけで彼らを否定することが、私自身の生来のスノッブさから発していることはわかっていた。義兄は自ら今の財を成したのであって、誰かから相続したわけではない。彼と姉はおそらく私が受刑者やホームレス相手にジェンダー・スタディーズやライティングを教えることでは一生かかっても不可能なくらいの大金をチャリティに寄付し、したがって、私よりはるかに多くの善行を積んでいる。だから、私には彼らを批判する資格はないのではないか？　経済状態と満足感の関係についての義兄の洞察をそんなに疑ってかかるべきではないのではないか？　それに、私の中には姉の考えに同意する部分もあった。確かに、幸せになるのに相手を愛しているだけじゃ足りないこともある。タクと私の収入は、はたして幸せになるのに十分だろうか？　そのとき、さらに深い、また別の疑問に心がちくりとした。私の中には、〝平均的〟にはなりたくないという、どうしても消えない思いがあった。そんなことを認める思い上がりを、どんなに軽蔑していようとも。

そして、私はもう一度、自分自身に腹を立てた。もし私が裕福な生活を必要とするなり、重視するなりしていたら、自分でもっと稼ごうとすることもできたはずだ。英語学の博士課程などやめて、ロースクールに行けばよかったのだ。いや、少なくとも、受刑者を教える仕事なんか選ばなかったはずだ。経済的な展望については私自身が基本的にはすでに妥協しているのに、どうしてタクをそんなことで責められるだろう？

弟に電話した。弟は医者になり（母は有頂天）、ユダヤ教徒に改宗した女性と結婚し（母はそうなって初めて二人の結婚を認めた）、今は幼い二人の子どもとともにマサチューセッツ州ケープコッドに暮らしている。弟はイスラエルの医大に行ったので、家族や友達と遠く離れた海外生活の困難さを知っていた。

「地球の両側で生活や仕事や二つのアパートを維持できると本気で思ってるの？」

「わかってるのは、少なくともタクとのこの恋愛や生活を試してもみなかったら、永遠に後悔するだろうってこと」

「そんなことがどうしてやれるのかも、果たしてうまくいくのかも、ぼくにはわからない」弟はそう言った。それでいて彼には反対する真の理由はなかった。

家族の中でただ一人、私の計画にもろ手を挙げて賛成してくれたのは父だった。

「みんなからはるか遠く離れて、他の大陸に暮らすって？　そりゃ、天国じゃないか、トゥレブス！」私を呼ぶときのニックネームを使って、父は晴れやかに断言した。「なんという人生！なんてすごい冒険！」

経済的な問題はあまり詳しく話さなかった。一九八七年の相場の暴落［ブラック・マンデー］以降、父の一族が経営する不動産会社の規模はかなり縮小した。もともと父はその会社の運営に乗り気ではなく、利益が減少し続けた十数年ののちに、やっとそこから脱出していた。だから父には、私が父からお金を引き出そうとしているとは思われたくなかった。ともかく、もう何年も経済的には完全に自立していたし、それが私のプライドの源でもあった。そんなことよりも、一番心配していることを打ち明けた。もし私たちが大阪に暮らし、子どもができたら、長期間アメリカに帰ってくるなんてことは可能だろうか？

「子ども！」父は思わず叫んでいた。「そんなもの、いったい何のために？」

それから父はほんの少し声をひそめ、本心を打ち明けた。「子どもか。子どもは終身刑みたいなもんだよ」

冗談を言っているようでもあった。でも一方で、三つの目的により、それは真実を話すよう迫られた男の口から出た言葉にも聞こえた。一つは前線からの真剣なリポートとして、もう一つは子どもの間違った考えを正さなくてはならないという親としての責任感から、そして最後の一つは、私もとうとうそんなふうに父娘で本音の会話ができる歳になったという喜びから。

数日後の夜、大学の私の部屋で遅くまで過ごしたあとに、タクがボストンに住んでいたときに連れていったことのあるキャンパス近くのインディアン・レストランに立ち寄った。常連なのでスタッフとは顔見知りで、テイクアウトの準備ができるのを待ちながら雑談をすることもあった。その夜は、豊かな口髭をたくわえた、胴回りの丸い、ダークスーツ姿の中年の男性スタッフが店を仕切っていた。黒いジャケットの下の白いシャツが、ぽっこり出た腹の上ではち切れそうだ。インド系アクセント特有のキレキレの強いリズムがある英語で、彼はしばらく私を見かけなかったと言った。

タクのことも含めて、二大陸にまたがる私の新しいライフスタイルについて説明した。タクのことは、前年に私といっしょにいるところを彼も見たに違いない。今ではそのときの男性が私の「フィアンセ」だと言ったときには、そんな古くさい言葉を発しながら、ちょっぴりウキウキしている自分に驚いていた。

「でも、結婚したあとはどうするつもりですか?」男は尋ねた。

「あら」のんきでちょっぴり反抗的な性分をほのめかして、頭をぷいと振った。「ただ行ったり来たりするだけよ。同居したり、別居したり。子どもができたら、たぶん彼のお父さんが子育てを手伝ってくれるわ。または、子どもも私といっしょに行ったり来たりすればいい」あらゆる点をどんなに考え抜いているかを証明するために、そう付け加えた。

「それはだめ、だめ、だめ、だめ、だめ」男は小さく舌打ちした。それから彼は私たちの計画がどんなに間違っているかを、ずけずけと説明した。彼はレジが端にある小さなバー・カウンターの後ろに立ち、ステンドグラスのランプの下で手のひらを大きく開いた。

「結婚しておいて別居するなんてありえない!」彼は断言した。声のトーンがスタッカートで上昇していく。「あの国か、この国か、どちらかを選ばないと!」

彼はアメリカに移ってきたとき、強硬に妻を妻の両親ともどもインドから連れてきたそうだ。他の暮らし方は家族として意味をなさないから。いや、想像すらできないからと。

注文したサーグ・パニール〔ほうれん草とチーズの料理〕とナンを受け取ると、テイクアウト用バッグをつかんで私は夜の中に飛び出した。ボストンのケンモー・スクエアを抜けてシンフォニーホールを通りすぎ、やっと自宅のあるサウスエンド地区に入ってもまだ、彼の言葉に掻き立てられた不安を振り払うことができないでいた。それは針のようにチクチクと刺し続けた。今や家族だけでなくテイクアウトの店のインド人までが、私たちの半球にまたがる結婚の失敗を予言している、私はくよくよ考えた。しかも彼自身、他の国からやってきたのだから、いい加減な発言ではないはず。

大急ぎで夕食を済ませると、じりじりしながら一一時になるのを待った。大阪では正午、タクの昼休みが始まる。私たちは一日に三回電話で話していた。ボストンの朝――彼が眠りに就く前。こちらの夕方――日本で彼が目覚めるころ。そして私が寝る直前――地球の裏側で彼が昼食をとる時間。伝統的な日本の会社の慣習として、タクの昼休みの時間は決まっている。一二時から一二時四五分まで。一分も遅れたり早まったりすることはない。タクは社員食堂でランチをとる。ユニフォームを着た給仕人の並べた品々から、好みの肉や魚や野菜の料理に御飯と味噌汁を組み合わせて取る。

夜の一一時かっきりに電話した。「トフ」即座に本題に入った。「ちょっと怖くなって」

誰一人、私たちの結婚がうまくいくとは思っていない。家族も、テイクアウトの店のインド人までが。「あの男の人のこと、覚えてるでしょ？　ケンモー・スクエアの〈インディア・クオリティ〉。サーグが美味しい店」

経済状態に関する私の家族の不安についてもざっと説明した。

「私が行ったり来たりするような生活は、私たちにはまず経済的に維持できないって言うの。たぶん、そうかも。家やアパートを買ったり、子どもをもったりするのには、すごくお金がかかるんだって。ほら、学費とか、そういった感じのもの。父だけよ、いい考えだって言ってくれたのは」ここで一瞬、間をおいた。「でも、子どもをもつことは終身刑みたいなもんだとも言われたわ」

タクは子どもについての父のこの見解を無視し、代わりに、私たちは子どもを欲しいかどうかさえまだわかっていないし、これまでのところ行ったり来たりする生活を問題なくこなしているという事実で反論した。アメリカと違い、日本の一流校は公立なので学費は高くないとも言った。もっとも、入るのは難しいそうだが。私はめげずに、彼に向かって不安のロブ〔テニスで、相手コートの隅に落とすような山なりの緩球〕を打ち続け、彼は合理的かつ慎重なサーブで応じ続けた。ついにタクは混乱と強いられた忍耐の入り混じった小さなため息をついた。私はといえば、握りしめて押し付けていた電話の熱で、頬が汗ばみ始めていた。窓の外には、都会の車の音が絶え間なく流れていた。タイヤが滑らかなアスファルトを滑走し、シンコペーションのリズムを夜の中に刻んでいた。

　すると「ごめん」とタクが言った。謝罪の言葉とは裏腹に、彼の口調は突然陽気になった。

　ごめん？

「ごめん、でも、ぼくはどうしてもそんなに不安になれないんだ」彼は一種メロディックな声で続けた。「正直、きみの家族はたとえぼくが年に一〇〇万ドル稼いでたとしても、心配すると思うよ」

　ふむ、と心の中で言った。反論の言葉の用意がなかった。

「たぶん、たとえ（even）二〇〇万ドルでも」evenのvをbに置き換えて、イーブンと発音しているが、十分に通じた。

　私はほんの少し長めに沈黙した。頬が湿っているだけでなく、顔全体が火照って、体から汗が噴き出してくるのが感じられた。携帯電話と会話の両方が熱を帯びたせいだ。私たちの結婚がどんなに悲惨な定めにあるかを証明しようと躍起になったせいだ。

「だったら、〈インディア・クオリティ〉の人のことはどうなの？」差し迫った不幸について、最後にもう一押しした。「彼はよその国から奥さんとともにここに移ってきたのよ。だから、自分の体験から話しているはずでしょ！」

「ああ、あの男」ハエ叩きでハエを追い払うような口ぶりだ。「なら、やつはあの臭い口をさっさと閉じるべきだね！」

それまでの緊張が一気にほぐれ、思わず吹き出した。そんなに無礼な言葉は一度も――ましてタクの口からは――聞いたことがなかった。卑劣で辛辣で口汚い。でも最高におかしかった。それは私の新しいお気に入りの侮蔑語になった。


キャリアという点では、日本にいることは引き続き損にも得にもなった。例のボストンの新聞の編集者に①ヌルヌルしたもの②生もの③少しでも珍しいものをいっさい食べられないことは秘密にしてフード記事を送ったところ、拒絶された。というより、返事が来なかった。念のため再送したところ、彼女が仕事を移ったという自動応答が返ってきた。のちに聞いたところによれば、彼女は辞める前に、自分が扱う予定はないにもかかわらず、新しいライターに希望を与える傾向にあったそうだ。

でもフードライターとして成功する可能性は、すでに自分でも疑っていた。二つの教職に加え、他にもボストン生活はますます充実していたし、大学は引き続きフリーランスの執筆を依頼してくれそうだったので、フードライターのキャリアへのドアが閉ざされたことはそれほどショックではなかった。

主宰する朗読クラブもますます盛況だった。その冬と翌春にもう三回の開催を計画したところ、朗読を希望する作家が多くて順番待ちリストができるほどだった。「ボストン・グローブ」紙を始めとするローカル・メディアは、〈フォー・ストーリーズ〉はボストンで最もヒップな読書会で、あまりの人気に入りきれない人々が入り口で追い返されていると報じた。私のことを、その創立者で「二大陸を股にかけたライター」だと紹介する記事もあった（「キラキラするアイシャドウの」と書いた記者もいた！）。突如として私は、あくまで非常に限られた世界ではあるが、公的なアイデンティティを手に入れた。しかもそれは日本とボストンの両方を含んでいた。少なくとも紙面においては、私たちの両半球にまたがる関係は必ずしも不幸を招くものではなく、私の新しいイメージをむしろクールなものにしていた。そこで、私は自分にこう言い聞かせ始めた。「ボストニスト」の文化担当編集者がボストンと大阪に半分ずつ住むことをなんとも思わないなら、どうして私が動揺しなきゃならないの？

刑務所ではその学期、アメリカの現代小説がコースのテーマだった。それは獄中カレッジの課程をほぼ終えた者を対象とする、上級者向けのゼミだった。男たちは小学校からの寄付ででもあるかのような小さな椅子に体を押し込んで、私の前にでこぼこの半円状に座っていた。彼らの多くが色褪せたジーンズと古いトレーナーという格好だが、数人は晩秋の冷気にも震えることなく、刑務所が支給した半袖のトップスを着ていた。小さな椅子に深く体を沈め、脚を大きく広げて前に投げ出し、腕を胸の前で組んでいる者たちもいれば、前かがみになって机に肘をつき、足を身体の内側から来るビートに合わせてタップしている者たちもいた。

私は傷だらけの木の机の後ろに座り、冷たい風が教室のガタピシした窓枠から沁み込んでくると、指を固く組み合わせた。数分おきに矯正官──「CO」(corrections officer)と呼ぶよう指示されていた──が廊下を巡回し、ドアに付いている窓から中を覗き込んで秩序が保たれていることを確かめる。だが、たいていの場合、受講者たちは互いを監視し合っていた。重大な違反があれば、獄中カレッジの課程そのものが打ち切られかねないからだ。たった一人のトラブルメーカーのせいで、クラスの全員が無料の大卒資格を得るチャンスを奪われるのは御免なのだ。

授業ではヘミングウェイ、エリスン、フォークナー、フィッツジェラルドの作品の堕落した主人公に重点的に取り組んだ。私は引っ掻き傷だらけの机の上に手のひらを押し付けた。だらりとしたセーターの袖口が親指の先まで覆っている。古いリノリウムの床にすり減ったフラットシューズでしっかと立ち、皆のほうに身を乗り出した。

「主体性というテーマについてはどうですか？　一匹狼の主人公はまわりに対し鈍感だと思いますか？」私は半袖から二頭筋がむき出しになった囚人の一人をちらりと見た。胸の上で腕を組んでいるのは寒いからではなく、強さからくる無頓着さを表している。私はやさしい表情を保ったまま、ぐるりと男たちを見回した。

受講者たちが手を挙げ、自分の意見を述べ始めると、どの大学の教室でも行われるような討論が始まった。唯一の違いは窓の外の有刺鉄線だ。アメリカンドリームや個人というものについて、そして、取り上げている小説がこれらのコンセプトをいかに肯定すると同時に、間接的に批判もしているか。

私は刑務所の授業では、私が国のどの地方で育ち大学に行ったか、専攻科目は何か、普通の大学と刑務所内で何年教えているかといった大まかな経歴以外、個人的な情報はめったに明かさなかった。反対に受講者たちは刑務所特有の文化や、入所前の自分の人生や、文学の中にいかに自身の経験と似たものや、または無縁に思えるものを発見するかをしょっちゅう語っていた。彼らはまた、私がまもなく海外に行くことや、それが学期の前半の授業が倍になっている理由であること、さらに、だからこそ、最後の提出物をあとで仕上げて私の大学のオフィスに送ることはできないと知っていた。なぜなら、そのころにはすでに私はボストンを発っているからだ。そこでその日、私はまもなく私の親戚になる日本の人々や、集団への忠誠心が強さと成功への鍵となる東アジアでは、人々が主体性を悪に近いものと見なしている点について話した。

「ちょっと待って、日本の野郎と結婚するのかい?」男たちの一人が口走った。何人かが物知りげにうなずいた。ちょうど私が〝急進的左派〟という彼らの私に対する見解を裏付けるようなことを言ったときに、彼らがいつもするように――たとえば、男らしさの昔ながらの表し方に疑問を投げかけたときや、同性愛者の権利を主張したときなど。そして明らかに今回は、他の民族の男と結婚しようとしていることに対して。

その日の休憩時間にも男たちはただ歩き回ったり、自分の席のまわりをうろついたり、廊下に出てESLやGED(一般教育修了検定。高卒程度)のクラスの受講者たちと罵り合ったりしていた。コピーをするために事務室に向かっていると、かつての教え子がこちらに向かってくるのに気づいた。ほっそりした身体つきで、産毛のような口髭のあるベトナム人名の男で、前年に行ったジェンダー・スタディーズのゼミにいたことを思い出した。彼は一直線に私のほうに向かってきて、三〇センチほど前で突然立ち止まった。何か重要なことを言いたげだが、同時に何を言おうとしていたのかを忘れたか、言葉を失ったようにも見える。結局、ただ無言のまま笑みを投げかけて、彼の後ろに群がってきた男たちのほうを振り返った。「えい、くそっ」隣にいる男の腕を軽くパンチしながら言って、くるりと向きを変え、完全に私に背を向けた。それで満足したのかどうかはわからなかったが、彼はそのまま去っていった。

二〇〇六年の四月半ば、四カ月の滞在予定で大阪に戻った。タクと私はその年の終わりまでに日本で結婚するのに必要な法的文書を調べて用意しようと計画していた。たとえば英語で書かれた婚姻要件具備証明書は、日本で結婚しようとする外国人が、独身かつ自国の法により結婚する資格があることを証明する文書である。これには正式な日本語の訳文を添えなくてはならない。市区町村にある「コンイントドケ」(婚姻届)と呼ばれる文書には、証人二人の署名捺印がなくてはならない。加えて、タクの家族のメンバーが載った「コセキトーホン」(戸籍謄本)と呼ばれる文書の正式な写しも必要だ。

その春、タクと私はまた前回と同じウィークリーマンションの別の部屋を借りた。正式に結婚すれば、アパートを長期間借りるための不動産屋の手数料と権利金――最初に支払う三カ月分程度の家賃――をタクの会社が支払ってくれる。さらに引っ越し代と、電気製品の多くの購入代に加え、その後一〇年にわたり家賃の半分を補助してくれる。日本の会社なりの、家庭の価値を後押しする方法で、この特典は結婚前の同棲には適用されない。したがって、それまでは狭苦しいウィークリーマンションで我慢するしかない。

その春と夏には、新しい友人のジョディとより多くの時間を過ごすようになった。前の冬にリーの紹介で出会って以来、私たちは連絡を取り合って、同時に大阪に戻ってきたときのための計画を立てていた。そして、いざ二人が日本に戻ってくると、親しい友達になるのに時間はかからなかった。海外在住者同士の例に漏れず、私たちの絆もあっという間に結ばれ、堅固になった。共通のファッションセンス、孤立感、そして日本で時折感じる完全な当惑が友情を煽った。私たちの他には大阪とアメリカに半分ずつ暮らそうとしている人を知らなかったので、なおさらだった。

しばしば海外在住者は、互いを心から好きかどうか、他の状況下でも友達になったかどうかを発見する時間ももたないまま濃い関係を築いてしまう。調子のいい表面にまどわされて恋人になったカップルのように、外国人同士もまた親密さの蜃気楼にとらわれる。あなたも遠い国からやってきて、ここでは人々の中で浮いているのね！　地下鉄ではやっぱり誰も隣に座ってくれないのね！　といった具合に。

そのころ私が出会った数人の外国人の中でも、かなりまともな人物がどんなに安易に新しい友達に夢中になるかに気づいていた。同じ国のパスポートをもつ悪友を得たことに対する心地よい安堵の中に、かすかな食い違いが、続いて漠然とした不満が形を成してくる。ついには地理的な理由をのぞけば、新しい親友との間には本質的な調和が何もないことがわかり、愚かしく感じられる空虚が訪れる。

けれどもジョディとは真の友人になれると感じた。理由の一つとして、私はジョディの仕事に魅了されていた。彼女はコミュニティ・カレッジ〔公立の短大〕卒で、母親は安月給の公務員で生活苦にあえいでいた。だがジョディは並はずれて手先が器用だったので、法廷の速記者になった。才能豊かな彼女は証言が口から出ると同時にタイプすることができ、したがって裁判の実況リポートをすることができた。私はそれまでに一度も速記者というものにお目にかかったことがなかった。「LAW & ORDER：性犯罪特捜班」に登場する速記者は、法廷の隅に控えめに座り、奇妙な四角い機械の上にかがみ込んでいる。だがジョディはおもしろくて外向的でスタイリッシュだ。やがてフリーランスの裁判実況リポーターとしてアメリカの大手法律事務所から世界中に派遣され、国際的な裁判で法廷証言を記録することで、毎年ちょっとした大金を稼ぐようになった。誰がそんなことを予測したかしら？　と思った。

数年前、国際的な訴訟に巻き込まれた依頼人が、巨額のコストをかけて繰り返しジョディをアジアに送り始めた。なぜなら、同地域にはジョディのような仕事ができる人は一人もいなかったからだ。彼女はそこに好機を見出し、そしてつかんだ。ビジネスにも起業にもほとんど経験はなかったが、東アジア初となる、アメリカ裁判実況リポート・エージェンシーを興したのだ。

私はジョディの勇気に感服した。アメリカ北東部の裕福で異常なほど教育熱心な家庭の出身者のほとんどがそうだと思うが、私もコミュニティ・カレッジ卒で国際的な機関を作った人になど、それまで一度もお目にかかったことがなかった。また、個人的には、こんな時代に文字どおり自分の手で生計を立てている人も多くは知らなかった。

さらにジョディと私の間には、大阪のアウトサイダーであるという点以外にもいくつかの共通点があった。経済的な状況こそ違え、彼女の一族もまた、神経症的な二世のアメリカ人だった。私の母と同じくジョディの母親にとっても、イディッシュ語〔アメリカのユダヤ人移民の間で話されるヘブライ語／ドイツ語／スラブ語の混じった言語〕こそが、彼女のかわいいユダヤ人娘が日本にいるというトラウマを表現するのに最適な言語だった。ジョディの母親は、なぜ娘が数カ月おきにはるばる大阪まで行くという苦行をしなくてはならないのかが理解できない。「Oy, the kvetching!」(もう、愚痴ばっかり！) ジョディがイディッシュ語を混ぜて不満を漏らすと、長く離れていた故郷に帰ったような、妙な懐かしさを覚えた。

さらに私の家族と同じように、彼女の家族もまた、祖父が東ヨーロッパからアメリカに移住したときに姓を変えていた(私の家族はスルツキーから、彼女の家族はカイモウィッツから。私たちはその両方を笑ったが、ジョディは私の元の姓のほうが彼女のものよりさらにひどいと認めた)。ジョディは私のアパートからは地下鉄で数駅の梅田にあるアパートメントに滞在していた。私たちはその近くのバーによく座って、ジョディお抱えの通訳が紙に書いたものをバーテンに渡して注文し、ダーティ・マティーニ〔オリーブウォーター入りマティーニ〕をガブ飲みした。それから共同刊行物のアイデアについて、かしましく話し合った。日本での私たちの大失敗をつづった定期刊行物「スルツキー・カイモウィッツ・オーサカ・ポスト」の立ち上げを計画していて、ボーカラトーンの介護施設にいるジョディの祖母はすでに忠実な購読者になると約束していた。

その春の終わりごろに、ジョディが香港で三日間、証言録取の仕事をすることになったのでいっしょに行くことにした。ジョディが法律事務所で証人たちの話を聴いている間、私は彼女の依頼人が提供してくれた五つ星ホテルでくつろいだり、せっせとキーボードを叩いたりした。週末にはいっしょにナイトマーケットに行った。巨大な路地網に沿って露店がひしめいている。鮮やかな刺繍が施された布、銀糸の縫い取りがある小さな中国風ジャケット、かわいいステッチのある絹の財布、そして絶対に必要な――それも、すべての色で――一〇ドルのカシミヤのパシュミナ。広東《カントン》語の鼻にかかる呼び声が飛び交う中、私たちは偽物の宝石のイヤリングと翡翠《ひすい》のバングルを買い、手首をアクセサリーでじゃらじゃらにした。まるでトゥインキーズ〔アメリカのお菓子〕を食べすぎたあとのような、くらくらする薄っぺらな高揚感に焚きつけられた、安物ショッピング・ハイの状態に陥っていた。

ジョディは腿の上までスリットの入った、身体にぴったり沿う刺繍付きのチャイナ服を買った。「オー・マイ・ガー」間に合わせのメタルラックからぶら下がった、目が飛び出るほど派手なそのタイトドレスをつかんで彼女は言った。

「これを着たところを見たら、私のインターナショナル・ラヴァーは何て言うかしら？」

何度も別れてはヨリを戻している恋人のことだ。アメリカ人の会社役員で、彼が仕事でアジアに来たときしか会えない。ほぼ毎回、彼の滞在しているホテルで会うのは、自分のアパートメントに男を泊めるのがいやだからだそうだ。「いびきがうるさいんだもん」と振り払うように手を振る。しかも「ベッドが狭すぎて」転がり落ちそうになるとか。

その週末、私たちは湯気の立つ豆腐と野菜の料理を食べ、野外の果物市で新鮮なライチを買った。ごわごわした茶色い皮をむき、小さな白い球をポンと口に放り込んで種まで歯を立てると、引き締まった実が裂けて、ピリッと刺激のある甘みが口の中に広がった。ヴィクトリア・ピークを見渡すレストランでお茶とペストリーを食べていると、眼下のガーゼのような霧から香港の眺望が立ち昇ってきた。次に一時間半一五ドルのフットマッサージに行った。「天国だわ」ゆっくりと頭をジョディのほうに傾けて言った。彼女は私の隣で、人工皮革のリクライニングチェアの上に手足を伸ばして目を閉じている。

「天国」ジョディもつぶやいた。

ほんとうに天国のように感じられたのだ。私はまたもや初めて出会った土地と文化の新鮮さにワクワクしていた。ヴィクトリア・ピークを見渡すレストランでコーヒー味のゼリーにかぶりついたときの爆笑のせいで、頰がまだ熱かった。メニューの上ではチョコレート・ケーキのように見えたものが、実は〈サンカ〉〔デカフェインのコーヒー〕味の四角い生の〈ジェロ・オー〉(jello-O)〔インスタント・ゼリーの材料〕だったとわかったときのジョディの顔に広がった恐怖といったら！

私にはフィアンセがいる。たとえ私たちの地理的距離から生じる現実的な問題にはゾッとさせられても、彼の愛は以前にはとても可能だと思えなかったほど、ますます深く、ますますストレートに感じられていた。いっしょに旅をして笑い合える親友もいる。彼女の二大陸にまたがるクレージーな生き方は、そのまま私を映し出していた。

「私、……なんだか変だけど……すべてが満たされてるって感じるの」マッサージが終わったあとジョディに言った。「人生に私が必要とするものがあるなら、そのほとんどすべてを手に入れたっていうか。タクでしょ、それにあなた、ボストンの素晴らしい仲間たち、健康、定収入、旅をする機会、常に新しい何かを学び続けられるライフスタイル」

「ふーん、私は全然」その朝、電気ごてで延ばしたハイライトの部分を指で梳《す》きほぐしながら、ジョディは鼻を鳴らした。「日本のお役所仕事を相手にビジネスをするって、もう、まどろっこしくてうんざり。七月に十分な証言の仕事が入ってるかどうかもわからないし」その上、次回のアジアへの出張がいつかをはっきり決められない恋人にも、はらわたが煮えくり返っていた。「べつに、香港であなたと楽しくやってないってわけじゃないの。でも、最近、日本につくづく飽きちゃって」

その旅行が私ほど彼女に充足感を与えていないと知って、落胆に胸がうずいた。でも次には、そのことをそれほどは気にしていない自分に気づいた。私はジョディのあからさまな正直さを、イライラして不満をぶちまける性向を愛していた。私が彼女を大好きなのと同じくらい、彼女も私のことが大好きなのはわかっていた。確かにジョディのキャリアライフと違い、私のそれは楽だし、大阪で私が直面しそうな実際的な問題はすべてタクが引き受けてくれていた。それに私は恋をしていた。そんなに幸せだったことは過去になかった。たとえ新しい生活のために支払わなければならない代償が、それまで何年もかけて慎重に築き上げてきた充実したボストン生活だとしても。

PART 3

崩壊期

第Ⅱ段階

THE DISINTEGRATION STAGE

新鮮味が薄れると異文化が侵害しはじめる……予想外の、しばしばコントロールの及ばない方法で……まわりとは違った孤立した不十分な人間だというこの感覚は、当惑、疎外感、憂鬱、内向とともに永久に続くようだ。極端な場合、このステージでは人格の完全な崩壊さえ起きかねない。

——ポール・ピーダーセン著『カルチャーショックの５段階』より

「落ち込んでるかどうかなんて、問題じゃないよ。気分はただ上がったり下がったりするもんだから」

——タク

（8）

その夏、タクの妹のケイが、長年の恋人であるフナキさんと結婚することになった。二人は一〇年近く前に大学のスキー部で知り合った。部員たちは冬場には近くのスキーリゾートに、春や秋には東京近郊の屋内スキー場に行った。結婚式の数週間前の週末に、ケイの未来の夫に会うため、私たちは東京に行った。日本の首都は大阪より断然大きく、群衆の密度はさらに高く、郊外は果てしなく広がっている。しかも東京にははるかに多くの外国人がいるので、ブロンドのハイライトが入った私の髪も、まわりの注意を引くことはない。

私たち四人は夕食をともにするためレストランに集まり、金色に塗った木のテーブルを囲んでスタイリッシュな椅子に腰を下ろした。ケイは愛らしい丸顔で、頬骨が高く、爪をきれいに手入れしていた。そして私立の女子高時代にブリティッシュ・アクセントを習得したらしく、美しい英語を話す。ケイはフィアンセのことを初めて会って以来ずっと「フナキさん」と呼び続けている。フナキさんは年上なので、友達であっても日本の伝統に則り、丁寧な呼び方に値するというわけだ。フナキさんは彼女を「ケイ」と呼んでいた。

フナキさんは緊張ぎみに顔をほころばせ、タクに正式に挨拶するとき、眉のあたりに少し汗をかいていた。彼はタクのことを、姓に敬称をつけて「ホシノさん」と呼んだ。（ケイはタクのことを「オニイサン」と呼ぶ。すべての妹が兄に対し、「尊敬される兄」を意味するこの呼称を使う。フナキさんは結婚したあと、タクのことをホシノさんと呼んでもいいし、オニイサンと呼んでもいい）。私のことは全員が Tracy と呼んだ。ただし「トォレイシィー」と発音して。

タクはフナキさんにおじぎを返したが、年上にふさわしく、頭の下げ方はフナキさんほどではない。彼らは早口で話し、タクの口調は普段よりほんの少し固いが、それもまた年長にはふさわしい。だが彼らはよく笑い、タクはフナキさんのユーモアと緊張の両方をわかっていると言わんばかりに、顔を仰向けて微笑んだ。ケイは二人の会話を追いながら、立て続けにうなずいていた。ケイはフナキさんほどは緊張もしていなければ、タクの固さも気にしていない。タクが単に自分の役を演じているだけで、すべては台本どおりの少々面倒な日本式「兄とフィアンセの御対面」劇の一部だとわかっているのだ。

会話に口をはさんでフナキさんに英語は話せるかと訊くと、彼の林檎のように赤い頬と広い額がよりいっそう赤くなった。

「あぁぁ、少しなら、でも……下手です、下手！」

彼は歯を見せて笑いながら、英語でそう答えた。さらに赤くなり、手を顔の前で振って、まさしくこれこそがその夜の食事会で最も恐れていたことだと言わんばかりに目を大きくむいた。

「いいえ、話せるのよ」ケイがブリティッシュ・アクセントの混じった英語で訂正した。ただし恥ずかしがってあまり話したがらないのだとか。日本人の多くがそうだが、フナキさんも完璧でない英語を話すことで恥をかくのを恐れている。

「勉強します！」今や、顔は赤を通り越して深紅色になっている。「上手になりたいです！」彼はそう付け加えて一呼吸するなり、これ以上のプレッシャーには耐えられないとばかりに、タクは相手の身振り手振りを加えた早口の日本語に切り替えた。タクはふたたび笑い、同情を示して何度もうなずいていた。

そのあとはずっとフナキさんとの間で交わされる質問をタクかケイに通訳してもらうか、もしくはただ静かに座って、いずれ私の家族になる人たちの耳慣れない鋭い音節に耳を傾けた。ところどころ、「ハイ」「デモ」「ソウデスカ?」などキャッチできる語もあったものの、ほとんどが意味不明の言葉の絶え間ない流れだった。

そのレストランの料理は完璧に調理されて美しく盛りつけてあり、店内は整然としすぎたインテリアを心地よい明かりが和らげていた。接客はいかにも日本らしく、そつがなく、流れるようでよどみない。高級な椅子は座り心地よく、私はその四人の中にいて、心がのどかで落ち着いていた。テーブルの下で手を伸ばしてタクの手を握ると、タクは手首をなでてくれる。その重要な集まりに私も加わっていることが、タクの傍らに座り、義姉として挨拶されたことが幸せで、ありがたいとさえ思った。私はすでにタクの家族の欠かせない一部分としての役割に慣れつつあった。とはいえ、相変わらず会話の流れの外にいる人間だった。私が顔を押し付けているのはピカピカのガラスで、それが透明で薄いため、いかにも簡単に中に入れそうだった――「理解不能」という目に見えない力さえなければ。

二年前にタクと恋に落ちて以来、一貫して、私は彼の国の言葉を学ぶ気にはなれなかった。一年の少なくとも一部分をボストンから離れることに同意すると、私の生活のあまりに大きな部分が日本に乗っ取られてしまう気がして心配だった。そんな中、日本語に抵抗することは、一種の自己防衛として機能していた。それはボストン・ベースの学者になるという本来の計画を無視させようとする海外在住主義の侵入に対する、いわば自衛手段だった。日本に私を作り替えさせたくなかった。長年の懸命な努力によりやっとなった私という女性を、日本に変えさせたくなかったのだ。私は元来、学ぶことが好きなので、こんなスタンスを取ることは辻褄が合わない。でも私はタクと会う前には日本にも日本語にもまったく関心がなかったのだ。だから、日本語に対して無関心であり続けることが、なおも相反する感情で接している文化と世界にどっぷり浸かることから私を守ってくれるという、漠然とした信念があった。

　それ以上に、タクと私の会話を彼の言語でするというアイデアには頑固な抵抗があった。すでに私たちの関係のあまりに多くの部分が彼の世界により定められていた。彼が完全に日本にいる今、彼は私の世界に対し、あまりに少しの譲歩しかしなくてすむ。二人の間で英語――その成り立ちや表現力や音の勉強に何年も没頭してきた、私の愛する言語――を話すことは、私の世界とプライオリティを正面中央に留まらせる小さな方法に思えたのだ。

　しかし、このスタンスの限界はそれまで以上に明白になりつつあった。近い将来、家族になる人たちの話していることがほとんどわからないだけでなく、レストランではメニューに写真がないかぎりオーダーもできないし、道に迷ったときに誰かに訊くこともできない。したがって、その春も終わりに近づいたとき、警戒しながらも、初めて日本語教室への入会を申し込んだ。

　いくつか言葉を覚えよう、と思った。もうちょっと楽に買い物ができて、一人で外食できるよう、言い回しを少し学ぶだけでいいわ。

読み書きを学ぶ段階まで続ける気はいっさいなかった。

ある平日の朝、タクが仕事に出かけたあとに、テツノブさんがＹＷＣＡの日本語コースの入会手続きに連れていってくれた。数日前にタクが電話で申し込みの予約をした際に、私が全然日本語を話せないことを伝えてもらった。

「でも、ほんとうに、まーったく日本語がダメってこと、わからせることできる？」ダメの部分を強調するため、手を振る動作を付け加えた。タクが私の日本語力の限界をわかっていないとでもいうかのように。

結局、タクの努力は徒労に帰した。手続きが何より重要な国にあって、ＹＷＣＡは私に入会者のための通常のインタビューを受けるよう言い張ったのだ——日本語で。整理整頓の行き届いた事務室で低いテーブルの前に膝をぎゅっと寄せて座り、テツノブさんと待っていると、高いデスクの向こうから一人の女性がやってきた。黒髪をきちんと整え、淡いピンクの口紅をつけ、オリーブグリーンのバインダーを手にしている。デスクの後方の壁には、グレーのファイル用キャビネットが何列も並んでいる。書類の端が完璧に揃えて積み上げられた簡素な木製デスクの前には、黒い服を着た別の女性も見える。目を画面にしっかり据え、キーボードに対し前かがみになり、むらなく指を動かしている。

グリーンのバインダーの女性は笑みを浮かべて歩いてきて、おじぎをし、型通りの挨拶の言葉だと思われる何かを言った。テツノブさんもやはり型通りの挨拶の言葉らしきものを返した。女性は座って私のほうを見て、微笑んだまま「コンニチワ」と言った。その日本語は知っていたが、謝罪のために少し頭を下げたあとに「コンニチワ、but really, I speak no Japanese!（でも、ほんとうに日本語はまったくしゃべれないんです）」と思わず英語で口走っていた。

テツノブさんが笑い、その後、二人は長い間よどみなく話していた。そのうち女性が私のほうを向いて、さらに日本語の言葉を数語ゆっくりと発音したが、私には一言もわからなかった。私は頬を赤らめ、引きつった笑みを彼女に向けて眉を吊り上げ、頭を振って、できるかぎり最高の「冗談じゃなく、あなたが何を言ってるのか、さっぱりわかりません」という表情を作った。このゲームをいったいいつまで続ければいいの？　緊張しつつも少々閉口していた。なぜそんなに気後れしているのか、自分でもはっきり説明できなかった。だが私の中の実際的なアメリカ人の部分が、決まった手続きを踏むことへの固執ぶりにうろたえていた。あたかも、ルールは説明されたものの、それ自体に意味があるとはとうてい思えない一種のゲームから抜け出せないでいるかのように。

次にその女性は例のバインダーを開いて、何枚かの紙をテツノブさんに差し出した。テツノブさんは各ラインを指差して、何を書けばいいかを私に説明した。「Your proper name here」（正式な名前をここに）の proper と here を「プロパァァ」「ヒヤァァ」と発音して指示した。ニューイングランドの人たちのように彼の英語からは末尾の r の音が抜け落ちているのを聞いて、心が明るくなった。まるでネイティブのボストン人のようだわ、とうれしくなった。

次に「Your other name」（あなたの他の名前）と言ったテツノブさんの other は「アァザァァ」

と聞こえた。「姓はここ、ここにはパスポート番号。誕生日も」の birth date は「バアァスデイトォ」。彼は私が書き入れていくのを待ちながら、きちんとカットされた爪の先をゆっくり一つの空欄から別のそれへと動かしていった。宙に浮かせたまま動かす手がかすかに震えていた。

住所欄になると、テツノブさんは用紙を引き寄せて日本語で自分の住所を書き、「保証人」の欄にはタクの名を書いた。次にタクの「インカン」――署名の代わりに使用される正式なスタンプ――を取り出し、差し出された小さなインクパッドに押し付け、必要な個所に音も立てずに押し、新札で用意した前払い金を一枚また一枚と注意深く数えた。テーブルに金を置くときも手が震えていたので、地下鉄の駅から少し歩いたせいで疲れたのかなと思った。

数日後の午後、最初のレッスンが始まる前に残りの授業料を支払った。私たち生徒は半円形に並べられた一人用のデスクと一体となったコンパクトな椅子に腰かけた。右側の壁には端から端までの黒板がある。私の他にも欧米人がいるものと思い込んでいたが、教室に入ると全員がアジア人だった。若い女性二人に男性二人。女性はあとになってわかったのだが、韓国人とタイ人だった。男性の一人は黒い前髪を長く切りそろえた、四肢が異常に細く、唇の上が産毛でうっすら陰になっている一〇代とおぼしき少年。もう一人の男性はがっしりした体型でスーツを着ていた。

私たちの受け持ちはパートタイムの教師で、髪を頬のあたりで丁寧にカールした、やさしい目をした中年女性だった。彼女のことはフジタサンまたはフジタセンセイと呼ぶ。フジタサンはミセス・フジタに相当し、センセイは医師や教師に付けられる敬語なので、フジタセンセイは大まかに言って「尊敬されるフジタ先生」という意味になる。彼女は満面に笑みを浮かべ、自分のことを差すときには、西欧で私たちがするように指で胸をつつく代わりに、鼻先にタッチした。ポロシャツのボタンを一番上まですべて留め、開きの浅いVネックのセーターを着て、母なら「スラックス」と呼びそうな、無地の、きちんとプレスされたポリエステルのパンツをはいている。

私以外の全員が少なくとも少しは日本語が話せ、二人の女性はともに日本人と結婚し、家では夫と日本語で会話していると言った。教室では日本語以外の言葉を使ってはいけないことになっていた。一週目には日本語の三種類の表記法の一つから学び始めた。日本語の主な文字の「カンジ」は数千字もあり、中国を起源とし、一つひとつにまとまった意味がある。そのうち基本的な約二〇〇〇字を習得して初めて新聞が読め、日本社会でやっていける能力があると見なされる。六歳で就学する小学生は一二歳で卒業するまでに約一〇〇〇字を学ぶ。私たちのクラスでは漢字の学習にはいっさい手を付けない。なぜなら、私たちがあまりに初心者だからだ。

代わりに四八字の「ヒラガナ」と呼ばれる、英語のような表音文字を学ぶことからスタートした。その後は、外来語に使用される、やはり四八字から成る「カタカナ」という音節文字のグループに移る。日本の閉鎖性を表す最良の例だが、他国の文化に由来するどんなコンセプトも平仮名の純粋性を汚すことは許されない。Coffee（日本では「コーヒイ」と発音される）、wine（同じく「ワイィン」）、ＰＣ（「パサコン」personal computer の短縮版らしい）、sexual harassment（「セクハラ」）といった語はすべて、片仮名表記の中に安全に配置されている。

表記法の学習とともに、最初の週には自己紹介の練習もした。「ワタシ・ワ・トレイシー・デス」「アメリカ・カラ・キマシタ」などという言い方を習った。最初のうち、私は「アメリカ・

カラ」の部分に抗議した。私の国をただ「アメリカ」とくくってしまったら、アメリカ大陸の他の国の人々に対し失礼ではないか。そこで「ＵＳ・カラ・キマシタ」を提案したところ、教室の全員からポカンとした顔で見つめられた。

「アメリカ・デスネ？」先生が目に笑みを浮かべ、同意を求めてうなずいた。

日本語では私の政治的な正しさを説明することができないので、気づくと、そのクラスの全員がある程度理解できる唯一の言語である英語でまくし立てていた。

「でも、それって失礼じゃありませんか？　合衆国（ＵＳ）をただアメリカって呼ぶなんて」ジョージ・Ｗ・ブッシュ大統領の時代にあっても、より繊細な神経をもつ国民の一人であることを証明した自分に満足して、私は深く座り直した。ところが相変わらず全員がポカンとしている。

「だって、ほら」私は諦めなかった。「北米の他の国、たとえばカナダのような国は無論のこと、南米の国々に対してだって失礼でしょ？」

〝尊敬されるフジタ先生〟は私の言葉はすべて聞き取れているにもかかわらず、顔には「まったく理解できません」といった表情を浮かべ、私に向かって首をかしげた。韓国人女性は、不在のカナダ人の姿でも探すように教室内を見回した。

「ワタシ・ワ・フジタ。ワタシ・ワ・ニホン・カラ・キマシタ」意地悪ではなく、先生が鼻をトントンしながら言った。次に私のほうを身振りで示して「アナタ・ワ・トォレイシィイサン・デス」「You are トォレイシィイサン」「アメリカ・カラ・キマシタ」と言った。

そのときの彼女の微笑は「この生徒は明らかにこの授業についてきていないが、辛抱強く教えよう」という決意の表れだった。

うぇーん！　と私は心の中で言っていた。

彼女が今一度、私に身振りで指示したので、私は降参した。「ワタシ・ワ・アメリカ・カラ・キマシタ」

「ワタシ・ワ・トレィシー・デス」とオウム返しした。

フジタ先生は小さな祝福の拍手をし、あたかも小さな喜びを満喫するかのように両手を強くもみ合わせ、私の隣のティーンエイジャーの男の子に移った。

彼は名前をFengといい（彼はFung《ファン》と発音したが）、出身は「チュウゴク」だと紹介した。気づくと、私はまた英語で口を挟んでいた。「チュウゴク？　チュ・ゴ・クって何？」

尊敬されるフジタ先生が私のほうに視線を滑らせた。その永遠に親切な顔から、我慢強さがすり減っていっている気がした。「China」と彼女は自身の小さな降伏を示して素早くうなずき、英語でそっと言った。次にスーツの男性に移った。

「ワタシ・ワ・チェン」その男性が言った。「ワタシ・ワ・タイワン・カラ・キマシタ」

ファンさんが椅子の中でくるりと体を回転させて隣の男のほうを向き、「チュウゴク！」と訂正した。

「タイワン」チェンさんが応戦した。

「チュウゴク！」ティーンエイジャーのファンさんはもう一度訂正し、続いて北京語または広東語だと推測される言語でとうとうとまくしたてた。

私はフジタ先生が自身の教室で勃発したこの外交上の小競り合いをどう扱うか見ようと、頭をくるりと回した。彼女はしばらく目をしばたたいていたが、そんな会話があたかも礼儀正しい初対面の挨拶ででもあるかのように、にこやかに微笑んだ。私はもう一度、中国台湾紛争のほうに向き直った。

チェンさんは小声で何やらぶつぶつ言っていたが、そのうち笑い出した。そしてファンさんに何らかの言語でいさめる言葉を返した。推測するに、年上からのやわらかい叱責だったのだろう。するとファンさんも笑い出した。一〇代の若者らしく声高に笑ったかと思うと、目にかかった長い前髪をさっと払った。危機は去った。フジタ先生はふたたび満足げに両手の指をきつく組み合わせ、甘美な表情でタイ人女性のほうを向いた。

数週間後、授業のテーマは趣味と仕事に移った。ファンさんが日本にいるのは、彼の母親が日本人男性と結婚したからで（これを彼はブロークン・イングリッシュで説明してくれた。日本語での説明は、私にはさっぱりわからなかったので）、彼自身はラーメン屋で働いていた。チェンさんは台湾人のビジネスマンで、日本語を学ぶよう会社から日本に派遣されていた（この事実もまた、フジタ先生が黒板に何やら忙しく書いている間に、小声の英語で教えてもらった）。ブータさんというタイ人女性はティーンエイジャーのファンさんに絶え間ない笑いを提供していた。日本語でブタはpig を意味するからだ。

「ブータ・サン、シゴト・ワ・ナン・デスカ？」忍び笑いするファンさんを尻目に、先生が質問した。ブータさんはエクボのある頬を赤らめ、無力感漂う固い笑みを浮かべて、中国人の少年をチラ見した。それから先生のほうを向いて「ワタシ・ワ・シュフ・デス！」と答えた。

「シュフ？　シュフって何？」例のごとく英語が飛び出した。その語を耳にしたのは初めてだった。

「シュフ！」先生が私のほうを向いて言った。私が聞き落としたか、もしくは、その言葉を知らないなんてありえないとでも言わんばかりに、

「シュフ！」親切にもブータさんが私のために前より少し大きな声でもう一度言ってくれた。

「シュフ！」韓国人女性のアンさんが、あきれたように繰り返した。チェンさんとファンさんも物知り顔でうなずいた。

私は肩をすぼめた。

「シュフ！　Housewife!」先生が説明した。

「はあ、シュフ、Housewife」と私。

「アン・サン・ワ？」韓国人女性のほうを向いて先生が言った。

「ワタシ・モ・ワ・シュフ・デス！」

「ワタシ・モ、デスネ？」フジタ先生がにこやかに言った。そして、ふたたび自分の鼻を指差しながら「私もよ！」と英語で言った。YWCAのパートタイムの日本語教師ではあっても、明らかに彼女は自身の主たるアイデンティティを、結婚して家にいる身分だと定めているようだ。

「トォレイシィィサン・ワ？」次に彼女はうなずきながら私に尋ねた。「トォレイシィィサン・ノ・シゴト・ワ・ナン・デスカ？」「トォレイシィィサン・ワ・シュフ・デスカ？」

私は大学や刑務所で教えていたボストンでの年月に思いを馳せた。学部会議に出ていた私。学者たちの居並ぶテーブルにブレザースーツの腕で体重を支えて前のめりになり、論じ、意見を述べ、挑み、異議を唱えていた私。うなずく頭。飛び交う専門用語、学識に裏付けされた事柄を話しているという自覚の中で、太った鳥の羽毛のようにうぬぼれが膨れ上がっていた。

今の私はいくつかの簡単な言葉すら見つけられない。「オー、シュフ？ ノー」と言ったあとに、「イイエ、イイエ」と律儀に日本語を付け加えた。そして、謝っているようであり、同時に敬意を表しているようにも見えることを望みながらブータさんに微笑み、アンさんに向かってうなずいた。

「ワタシ・ワ……freelance writer」と言ってから、「How do you say 'freelance writer' in Japanese?」と付け加え、親指と人差し指ではさんだペンで紙の上に何かを書くジェスチャーをした。私が相変わらず英語を使っていることから、フジタ先生の注意がそれることを期待しながら。

「イイ・デスネ！ フリ・ノ・ライタ！」彼女は感嘆の声を上げた。「Isn't that great? A freelance writer!」（すごくない？ フリーランス・ライターだなんて！）

ブータさんは私に微笑みかけたが、そのやさしい表情にはほんの少し憐憫《れんびん》が含まれていた。一方、アンさんは、いったん正式に結婚してシュフの身分に格上げされたら、フリーランスの執筆業などというものは挫折するに決まっているといわんばかりの懐疑的な表情をしていた。チェンさんとファンさんは曖昧にうなずいた。

数日後、授業のテーマが「趣味」に移り、フジタ先生が自分の趣味は「家の掃除」だと言ったときに、日本語クラスでの私のカルチャーショックは頂点に達した。

　初めて授業で行った小テストを家にもち帰ったとき、タクはじっくり見ようと、手に取って掲げた。私の書いたふらふらした片仮名はほぼ正しく、ほんの数ヵ所、先生の赤鉛筆による訂正のラインが入っているだけだった。「わー、すごい！」タクは熱狂し、赤い訂正と隅の鮮やかなチェックマークの両方に無言の同意を表して首を縦に振った。「これ、すごいよ！」もう一度言ってテスト用紙を置き、私のほうを向いた。そして、めいっぱい微笑んだあとに、何か告げるべき重要な知らせでもあるかのようにシリアスな表情で口を固く結んだ。

「あのね」うなずきながら言った。「言いたいことがあるんだ。ぼく、きみを誇りに思うよ」それから彼はもう一度、前回よりしっかりうなずいた。私は彼の肩に顔をうずめた。


　八月のケイの結婚式を前にして、日本の結婚式には通常、親族の正式な紹介の儀式が含まれると聞いた。新婦側の親族が片側に、新郎側がもう片側に向かい合わせに座り、一人ずつ立ち上がって紹介される。これは式のあとに行われ、直接の親族以外は参加しない。「それで、ぼくのフィアンセってことで大丈夫？　そう公言されてもかまわない？」タクが言った。

　そのとき、私たちはタクの自宅マンションにタクの服を取りにいっていた。テツノブさんはリビングルームで「ナショナル・ジオグラフィック」誌系のテレビ番組を観ていた。画面では動物たちがエネルギッシュな速足で追いかけ合ったり、自分のねぐらに眠たげに横たわったりしている。アナウンサーのよどみない押し殺した声は、言語の違いにもかかわらず、アメリカの動物番組のナレーターのそれと妙にそっくりだ。ときどきテツノブさんは冷めた茶をすすっているが、その右手は小さなグリーンの陶器のカップを口元にもっていくとき、またもや震えている。

突然、私たちの婚約を公に発表することに対し、胸の奥で小さな不安がはためいた。でも、この世に撤回できないものなんてない、と自分に言い聞かせた。

「オッケー、いいわよ」と答えた。「私は何をすればいいの？　何か言わなくちゃならないの？　日本語で？」新種の緊張に胸がドキドキしてきた。

私は挨拶の言葉を一行言えばいいだけで、それも前もってリハーサルをしてあげるからと、タクは私を安心させた。本番でもタクが私の隣に座り、いつ立ち上がればいいかを教えてくれるそうだ。フナキさんの親族に対して小さくおじぎをして挨拶の言葉を述べ、そしてふたたび腰を下ろせばいいという。

「でも、指輪はどうする？　必要かな？　きみは指輪、欲しい？」

「指輪？」

「うん、指輪。婚約指輪。でも、いらないよね」

タクはすでにアクセサリーを着けるのはイヤだと言っていたし、私は私で、ダイヤモンドの指輪なんてお金の無駄遣いだし、欲しいとも思わないと言っていた。とはいえ、別の種類の指輪を買うべきか、もしくは婚約または結婚を表明する何かを身に着けるべきかを、はっきりと決めてはいなかった。

「わからないわ」私は答えた。「どんなのがあるかちょっと見てみない？　正直、指輪は必要ないけど、もし安くて気に入るのがあれば買ってもいいかも。まだ数週間あるし。どう？」

その週末、私たちは高級なショッピングモールや地下商店街がある梅田に行った。数週間前、そこの〈ビームス〉という店に、私は好きな指輪を見つけていた。アメリカでいえば〈メイドウェル〉と〈バーニーズ〉を足して二で割り、若い人向けの〈フォーエバー21〉で味付けをした感じの店だ。その指輪は結婚指輪とは似ても似つかぬシロモノだが、優美さと存在感を合わせもつシルバーのがっしりしたリングに、スイートハート・ダイヤモンド型にカットされたガラス玉がぶら下がっている。その玉は夜のように真っ黒なので、手を動かすと神秘的に輝き、かすかにチリンという音を立てた。

何より気に入ったのはその音だ。大阪のカオスの中で、その明るい音色が私の耳にはタクの愛のように響いた。小さな音の連鎖が、錨《いかり》さながら、混沌とした世界の中で私を在るべき場所につなぎ留めてくれる。

「ふむ」目当ての指輪を右手の指にはめてタクの前で振ると、彼は言った。私たちのどちらも縁起はかつがないし、その指輪も明らかに婚約指輪として作られたものではないが、私は店先に突っ立ってその指輪を左手の薬指にはめるのは気が進まなかった。痩せた可愛い女店員が、唇を固く結び、両手をきちんと体の前で組み合わせて私たちをじっと見ている。彼女のまなざしを受けて、私は頬が熱くなるのを感じた。

私たちがこれを婚約指輪の代わりにしようとしていることがわかったのかしら？　と、いぶかった。日本人男性がガイジンと婚約していることに驚いてるのかしら？　こんな指輪、変だと思ってるのかな？　次に思ったのは、日本人女性と比べて私のお尻が大きいなんて思ってないでしょうね？

私は内心、自意識過剰な自分に少々苛立っていた。だから頭の中のくだらないおしゃべりより、むしろタクの表情や言葉に気持ちを集中させることにした。私が手を前へ後ろへと振っていると、神経を集中していた表情が突然はじけ、笑みに変わった。

「よく見ると、それ、かっこいいよ」彼は言った。そして私の揺れる手を、もうしばらく見つめていた。「すごくいい」

「婚約指輪には全然見えないよね？　トフ」店員には私たちの早口の英語はわからないだろうと思うと、傲慢な無敵の感覚とともに、とてつもなく明るい大きな波が私の中に押し寄せてきた。

指輪を買ったあと、梅田の果てしなく広がる地下街にひっそりと隠れるようにある小さなベトナム料理の屋台でランチをとった。タクはテーブルの向かいに座り、包装された指輪の入った、つやつやしたダークブルーの袋をつかんでいた。パッタイとサテーとスープをオーダーすると、タクはテーブルの上の素朴な木製ボールに入ったピンクと白の小さな渦巻き模様のある揚げたライスクラッカーを脇に押しやり、指輪を箱から取り出した。

「まだ、きみは——」突然、静かで厳粛な雰囲気になった。声はやわらかいが、顔には暗い表情を張りつかせ、私の目の中を注意深く覗き込んでいる。「まだ、ぼくと結婚したいって思ってる？」彼が指輪を私に差し出すと、いつもあんなに伝統を無視しているくせに、彼が急に形式ばったことをしているのがおかしくて私はにっこりした。指輪を受け取り、輝くシルバーの輪に指を通した。そして、明るいチリンという音が私たちのまわりの空気に漂うのを二人で聴いた。

(9)

ケイの結婚式があった週末、東京はまるで竈《かまど》の中のように暑かった。空は暗いブルーグレー、太陽は万力のように人々を締めつけていた。外に出ると、一分もしない間に肌が汗でベトベトになった。それが日本の八月。数日前までいた大阪は、さらに暑かった。

私はノースリーブでVネックの薄地の黒い細身のワンピースと、深い胸のあきを少し隠すためのキャミソールを買っていた。けれども当日の朝、それに合うショーツを用意するのを忘れていたことに気づいた。私がもってきたのはドレスから透けて見え、しかもウエスト部分が少しきついので、ヒップまわりで肉が膨らんで見える。タクはそれをセクシーだと言ったが、私からすれば問題外だった。アメリカンサイズ6の私はアメリカでは小柄だが、日本のスタンダードではすでに大きいほうだ。体の線をそれ以上に強調する気はない。

さらに問題外なのはストッキングだ。普段でも絶対にはかないのだから、まして三七度の暑さではいてみようとは思わない。しかもそんな〝ランジェリーの危機〟が明らかになるころには、新しく下着やストッキングを買いにいく時間的余裕はすでになかった。

私たちの狭いホテルルームで、エアコンの暴風の中、私は言った。

「こうなったら下着は着けないでいるしかないわ、トフ」

「ああ、いいんじゃない……」式場付きレストランへの案内図に心を奪われたまま、彼は答えた。

がっしりした顎を片手でつかみ、目は手にもった図に釘付けになっている。

下着なしで着たワンピースがどんなふうに見えているかをチェックしようと、小さなコンパクトの鏡をかざした。泊まっているのはビジネスホテルで、余分なものはいっさいなく、部屋はせいぜい私たちのウィークリーマンション程度の広さだが、掃除は完璧で、料金は東京の普通のホテルの四分の一ほどだ。私は壁についている小さな鏡に向かって、コンパクトの鏡の角度を調整した。

コンパクトを右へ、左へ、また右へと動かす。部屋にはサイドテーブルの電気スタンドと天井の蛍光灯があるが、はたして結婚式場とパーティ会場でドレスが透けて見えるかどうかはわからない。ある角度からは大丈夫。でも他の角度からは？　後ろからはどんな具合？　立ち上がってタクのフィアンセとしてケイの新しい義理の親族に紹介されている間に、気まずい感じの日本語のささやき声が部屋の中に波紋のように広がっていく——と、そんなシーンが頭に浮かんだ。

「トフ！」数十センチしか離れてないにもかかわらず、私は叫んだ。「これ、透けて見えてない？」

「大丈夫だよ」依然、印刷された道案内から顔を上げない。

「冗談抜きに、トフ。知る必要があるの」

彼はチラッと視線を上げ、うなずき、また下を向いた。「問題なし！」

「だって、どんなに恥ずかしいかわかるでしょ？　もし私が下に何も着けてないことに、たとえばフナキさんのおばあさまが気づいたりしたら」

コンパクトの鏡をさらに高く、そして低く、もう少しずつ動かし、次に壁の鏡に向き直って正面からの映りをチェックした。

「おばあさんは来ないと思うよ」あたかもアトランティス大陸の地図でも目の前に広げられたかのように、例の案内図に無中になったまま、タクがつぶやいた。

「タク！　いい加減にして！　もし誰かに気づかれたら、あなただって恥ずかしいでしょ？」

彼はため息をつき、案内図を膝に置いた。「どっちにしろ、きみは十分にセクシーだよ」

「それ、どういう意味？」

「十分にセクシーだってば！」彼は繰り返した。

私は首をかしげ、目をかっと見開いて、少なくとも英語では、それはいろんな意味にとれるのよ、という目つきで彼をにらみつけた。

彼はふたたびため息をついた。

「どうやったって、きみはセクシーだよ」硬くてまっすぐな黒髪の下で、額にしわが寄っている。「下着をつけているかどうかなんて関係ない。どちらにしろセクシーだ」そして最後にもう一度後ろ姿をチェックするため、くるりと回るよう合図した。ついにタクも、フナキさんの祖母または母親または誰かが、私のドレスの下のあやしい膨らみや谷間に気づくかもしれないと不安になったのだろうか。

「大丈夫」一回転して正面を向くと彼はふたたび言った。「素敵だよ！　それにどうせ」目が愛する案内図のほうにさまよっていく。「誰もきみのお尻を見たりしないよ、ぼく以外！」

歩道に出てガーゼのような分厚い湿気にくるまれるやいなや、もはやショーツのラインは気にならなくなった。薄着であればあるほどいい。私たちは八～九ブロック先にある式場まで歩いた。銀座という高級な地区にあるレストランで、一部屋がチャペルに設えられている。湿度の高い酷暑の中、タクが道順をしっかり調べてくれていたことを感謝した。マスカラが溶けて流れないよう、目の下をひんぱんに拭かなければならなかった。

建物に入るやいなや、エアコンの冷たい風に腕や脚や顔をなめられた。ふう、天国。エレベーターでタクの従兄のジローさんと妻のサチさんの二人といっしょになった。初対面だったが、タクから彼らのことはおもしろくて、外向的で、「少し変わっている」と聞かされていた。タクから聞いた話だが、彼らの結婚式では友人の一人が酔っぱらってテーブルの上に横たわり――ズボンもしくはパンツを脱いで――、脚を天井に向けて広げたとか。

「ま、さ、か！　嘘でしょ」私は息が切れるほど笑った。私の中にある生真面目で行儀のいい日本人のイメージとは大違いだ。それにジローさんの両親はすこぶる礼儀正しい人たちだ。「それでジローさんの両親はなんて言ったの？」

「ハマタニさんはただ首を振って『やりすぎ、やりすぎ』って言い続けてた。でもミチコさんは少し笑ってたよ。たぶん、ちょっとおもしろがってたんじゃないかな」

「ほんと？　でも、それって、あまりに日本人らしくないじゃない？」

「うん、まあ、変わってはいるけど、そんなでもないよ。酔っぱらうとそんなことも起きかねない。クレージーだけど、パーティでなら驚かないね」

アメリカでならどんな場合でも言語道断だとされる行いが、ある状況下でなら驚くほど許されることに、大阪で私はすでに気づいていた。タクと私はときどき、しわくちゃになったスーツのサラリーマンが真っ昼間に歩道の上で酔いつぶれて寝転がっているのを見かける。人々は気にもかけずに通りすぎている。また、きちんとした身なりの人が夜遅く街をよろめきながら歩いては、一定の距離ごとに身体を折り曲げて吐いている。ビジネスマンが路上で自身の胃の内容物の横で眠っているのを初めて見たときには仰天した。だがタクは、それは実際「安全な社会のしるし」であると、私を納得させようとした。犯罪に巻き込まれたり怪我をしたりする心配なしに公衆の場で無防備になれるほど安全だと感じられるのだから、と。私は疑うと同時にあきれてもいた。

だが同時に、日本では自制するよう、管理されるよう、規則に従うようにとのプレッシャーがあまりに大きいので、人々が気を抜くときには思いきり気を抜くのも当然だと思った。一般的に日本社会では、酔った上でのことか、もしくはストレスを発散させるために設けられた行事や特定の場面でなら、あたかも羽目をはずすことがかくも厳しい自己規制とともに暮らしていることの必要不可欠な副産物であるかのように、進んで無視し、容認されている。これがまた、日本のポルノや犯罪フィクションが極度に暴力的で、日本の性風俗産業がひときわ倒錯している理由なのではないかと思った。何かで読んだのだが、その手の店では、呼び物の女性たちがキルトスカートの制服を着た女子高生になりきって模造電車の車内に立ち、客たちに痴漢のプレイをさせる。人々の行動が想像やフィクションの範囲内に収まっているか、アルコールに起因しているかぎり、ここでは概して問題にされない。

「でもね」従兄の披露宴での裸のダンサーについて話したとき、タクは付け加えた。「親たちの前でするのはよくないよ。友達だけの二次会まで待つべきだ」

なるほど、少なくともそれに比べると、下着を着けてないことのほうが断然ましだわ。

さて、式場のエレベーターにジローさんやサチさんとともに乗り込むと、私は彼らをアップでまじまじ見たいという衝動に駆られた。二人とも痩せていて、にこやかだ。ジローさんはショートヘアをやはりタクのように上向きにセットしているが、顔だちはタクよりソフトだ。サチさんは淡い色の無地の半袖ワンピースを着て、ストレートの黒髪は肩に届く長さ。私たちと会うと、彼女は視線を私の上で上下させた。そして、私のほうにジェスチャーしながら「カッコイイネ！」と言った。

私は微笑み、ささやいた。「どういう意味？　トフ」

「素敵、ファッショナブル、またはシックって感じかな」

それから彼らは日本語のおしゃべりに突入し、さかんに笑っていた。きっと近況を報告し合っているのだろう。

タクの母親が生前カトリック教徒で、ケイもまだ同教徒であると見なされたので、結婚式はカトリックの神父により執り行われた。日本では、結婚式に欧米の雰囲気を与えるために多くの白人男性が牧師として雇われると聞いた。それもまた英語教師と同じく、欧米人が日本で金を稼ぐ方法だが、時給はたいていこちらのほうがいい。ＢＢＣ配信の記事（BBC News Article「Faking it as a priest in Japan」http//news.bbc.co.uk/2/hi/middle-east/6067002.stm）に登場したにせものの牧師は「みんなウエディングドレスや誓いのキスといったイメージが好きなんだ。日本ではクリスチャンは人口のわずか一パーセントなのに、今ではウエディングの九〇パーセントがクリスチャン・スタイルで行われている」と語っている。

　蓋を開けてみれば、ケイの神父は日本人だったのでちょっとがっかりした。「あの人、ほんものの神父？」とタクにささやいた。

「うん、ほんもの」タクがささやき返した。「フェイクのホワイティなんかじゃないよ」彼は忍び笑いをした。大阪の地下街の一つが〈Whity うめだ〉と名付けられているのを発見して以来（ただし、eの入ったWhiteyのようにホワイティと発音されていた）、この言葉は私たちの笑いの種になっていた〔Whity は「白みがかった」という意味だが、Whitey だとスラングで「白人」という意味になる〕。私たちはすぐさまこの地下街の標識と、近くにあった同じくらい爆笑ものの〈Heneypot〉〔スラングで女性器の意〕という名のカフェの写真を何枚か撮った。看板の前に立って恐怖に顔をゆがめて文字を指差しているタクと、小学生の女の子よろしくキャッキャッ笑いながらカメラを向けている私を、通りがかった買い物客たちは不思議そうな顔で振り返って見つめていた。

　そのときのことを振り返ると、ケイが自分の結婚式にはほんものの神父を欲したのもうなずけた。彼女の信心もまた、ほんものだからだ。神父のほうを見て微笑むと、彼は祈りをこめて私にうなずいた。

　式は日本語で執り行われた。タクをはさんで向こう側に座っているテツノブさんが、ケイの母親の写真を掲げた。すると神父が彼女の「エイコさん」という名前を挙げ、一連の厳粛な言葉を続けたのが聞こえた。私はこうべを垂れ、私の中の浮かれたムードが何かもっとおだやかで静かなものに、それから悲しいものに凝縮していくのを感じた。祭壇の上には、ケイとフナキさんが無表情で微動だにせず立っている。新郎は燕尾服、新婦は真っ白なウエディングドレス。タクのほうをチラッと見ると、彼もまた無表情のまま、今では視線を下に落としている。テツノブさんは掲げている写真を見ている。額に収まったエイコさんは微笑んでいるが、テツノブさんは無表情だ。

私にはわかった。今、彼らは愛する妻を、母を、失った悲しみに打ちひしがれているのだと。つかの間、どんなにうまく彼らがそれを隠しているかに衝撃を受けた。ケイは特にこの瞬間、母親を痛切に恋しがっているに違いない。テツノブさんは妻が座っているべき隣の席が冷たく空っぽであることをひしひしと感じているに違いない。母親が事故に遭ったことを知った、あの午後のタクを思い出した。ソウルのタクシーの中で彼は震えていた。そして大阪の病院に母を見舞ったあと韓国に戻ってきたものの、彼の飛行機が離陸した直後に彼女が亡くなったと知らされたときもまた、彼は震えていた。亡くなる前の昏睡状態にある彼女を彼らが見舞っている場面が心に浮かんだ。薄暗がりの中、数々のチューブで機械につながれた彼女のベッドサイドに皆が集まっている。今、彼らの心にあるのはそのときの彼女の姿なのだろうか？　それとも別のシーンなのだろうか？　ひんやりした、やわらかいおやすみのキス。初めて学校に行く日に励ますように振ってくれた手。キッチンの流しに向かった背中と、野菜の皮をむいていた腕の動き。

突然、エイコさんには一度も会ったことがないにもかかわらず、彼女が恋しくてたまらなくなった。私の母と正反対のタイプの女性と身内になるのはどんな感じだっただろう。私もまた、彼女の死を悼んでいた。娘の結婚式が行われている祭壇に向かって夫や子どもたちとともにここにいるチャンスの喪失を、彼女のために嘆き悲しんでいた。ひそやかに無言で悲嘆にくれている家族に思いを馳せると、胸がいっぱいになった。ケイやタクやテツノブさんのストイックな性格を考えると、今ここで、おめでたいはずの結婚式で、人前で泣くなどといった開けっ広げな行為は、出席者や、自分たち自身や、日本の一般的なスタンダードからいっても感情に溺れすぎだと見なされるのだろう。なぜかそれゆえに、私はいっそう彼らのことが気の毒だった。

タクの手を握りたかったが我慢した。なぜって、タクがそれを差し出がましい行為だと思うかもしれないし、それにもし実際に彼が涙をこらえていたなら、その心の平衡を破りたくなかったからだ。私たちは最前列にいたので他の出席者たちの様子は見えなかったが、単調なイントネーションの神父の声が聞こえるだけで、部屋は静寂そのものだった。

嗚咽《おえつ》が喉から漏れそうになり、涙で目がむずがゆくなってきたが、必死で感情の高ぶりを抑え込んだ。脚をタクの膝に押し付け、その静かな圧迫を通して、彼に私がそばにいることを、そして彼とともにいることを気づかせ、思い出させようとした。睫毛《まつげ》の根元に漏れ出てきた小さな涙のしずくを大急ぎでぬぐった。しばらくしてテツノブさんが遺影を下ろすと、神父の説話は他のテーマに移った。

式のあと、他の出席者たちは一階上のパーティ会場に移り、新郎新婦の二家族は仮チャペルの隣の部屋に整列した。二脚の長いベンチに向き合って座り、ケイとフナキさんがその端に立った。テツノブさん、ミチコさん、ハマタニさん、タクと私がケイの親族を代表していた。

まずフナキさんが彼の親族の名を一人ずつ呼び、必要に応じて仕事または職業上の肩書を紹介していった。そのたびに紹介された人は立ち上がっておじぎをし、私たちの側の人たちは「ハジメマシテ、ドウゾヨロシクオネガイシマス」という言葉を返した。次にケイが自分の側の人たちについて同じ儀礼を繰り返した。

私の番になったので立ち上がり、ＹＷＣＡの尊敬されるフジタ先生が丁寧なおじぎの仕方として教えてくれたとおりに、両手を平らにして腿の上にのせ、ウエストから体を深く折った。壁を背にしていたので、ドレスが透けて見えることは気にしなくてすんだ。

「ハジメマシテ！」頭を下げながら言った。続いて体を起こしたとたんにドギマギして、残りの言葉を忘れてしまった。「ドーゾ……ゴーゾ……」赤くなった顔をタクに向けてつぶやいた。タクがフナキさん側の列に向かって何か言い、申し訳なさそうに座ったまま頭を下げると、その場の誰もが快く笑った。私はありがたく思いながらも、同時に子どものように感じて、唐突に腰を下ろした。

フナキさんの祖母の粉をはたいた顔がうなずき、口紅を塗った口もとがほころんだ。私の努力は認めるが、とうてい無理だろうと思っていたので驚いてはいない、と顔に書いてある。所詮、私は外国人で、ここは日本。言語も食べ物も習慣もアウトサイダーには永久に到達不可能で、それはたとえ結婚により生粋の日本人家族に入るというめずらしいケースにおいても変わらない。

私自身、その俗説を払拭するようなことはしていなかったし。

私はまた、日本には身内に外国人がいることを恥だと考える家族もいることを知っていた。特に二〇世紀の半ばまでは、スキャンダラスな結婚を避けるために、私立探偵を雇って将来の結婚相手の親族を調査するといったことが普通に行われていたと聞く。家族にガイジンがいることは、破談の決定的な理由になりえた。

フナキさんの両親は、私が法的に自分たちの親戚になることを警戒してはいないだろうかとタクに尋ねたことがあった。

「その可能性はある」と彼は言った。「でも、きっと違うよ。ぼくたち、そんなに上流じゃないから」

今日では、大金持ちか政治的に重要な人物くらいしか結婚相手を調べたりはしないそうだ。「ぼくのおばさんの一人はブータン人の医者と結婚してるし」とも言った。つまり、私は彼の親族の中で最初の外国人ではないのだ。非アジア人という意味では最初だが。

「それに、おじさんは一九七〇年代に東京大学で共産主義革命をめざす学生運動のリーダーだったんだよ」少なくとも、保守的な人々に言わせれば、それはガイジンであることよりさらに悪いらしい。

けれどもケイの結婚式を通してずっと、私はフナキさんの母親から来る妙なエネルギーを感じていた。彼女は非の打ちどころがないほど礼儀正しいのだが、度を越してよそよそしいので、彼女がただ完璧な自制心のもち主なのか、それとも冷たい態度を取りがちな人なのかが読めなかった。彼女は赤〔黒?〕と金色の着物を着て、初対面ではこわばった笑みを浮かべ、まるで木像がほんのわずか傾いたかのように、かすかに頭を下げただけだった。彼女は少し英語が話せたので、お祝いを言って着物の美しさを称えたところ、それでも彼女は微笑んで頭を少しかしげただけだった。

シャイなのかしら? 英語を話すのが恥ずかしいのかしら? それとも、これって単なる私の思い過ごし? 彼女のよそよそしさに何か意味があるのかさえわからなかった。これもまた、日本で私がどう読んでいいかわからないサインの一つなのだろうか? それとも、何のサインでもないのだろうか?

「フナキさんのお母さん、私のことが嫌いだと思う」パーティ会場に向かいながら、タクにささやいた。私たちは小さなテーブルにテツノブさんとともに座るよう案内された。エイコさんの写真が私たちのプレートの隣に置かれていた。部屋の反対側のテーブルにフナキさんの一族が座っている。日本の結婚式の慣習として、ケイとフナキさんの上司たちも呼ばれている。彼らは立ち上がって、最初のいくつかの乾杯の音頭を取った。

「たぶん、ただシャイなだけだよ」タクが言った。のちに家族写真を撮りにいったときには、私たち全員がケイとフナキさんを真ん中にして一列に並んだ。カメラマンは私とタクを片方の端に配置し、三脚のところに戻って全体をチェックした。彼の指示を受けた女性のアシスタントが私たちの列に戻ってきて、いくつかの調整を行った。体を少しターンさせたり、腕や足の位置を少し変えたり。次に彼女は私のもとにやってきた。私を少し左に動かして、タクたち家族との間に小さな隙間を作った。

「ほらね、あの人、やっぱり私のことが嫌いなのよ！」写真撮影のあと、タクに言った。「きっとカメラマンに私を端っこに寄せるよう頼んだに違いないわ。あとでガイジンを家族写真から切り離せるように！」

私は動揺するより、むしろおもしろがっていた。彼らは私の未来の親戚ではある。でも一方で、私が会話もできない人たちなのだ。私が外国人であることを彼らが気にしているかどうか、私には言葉の行間を読み取ってその答えを発見するのに必要な日本語力も文化的なスキルもない。アメリカでなら心を掻き乱されたであろう男女の典型的な役割が、日本では不思議と気にならなかったときのように、私はふたたび、こう思っていた。これは私の国じゃないし、私の文化でもない。この隔たりは私を孤独に感じさせたが、同時に、その場で起きたことから私を守ってくれた。なによりタクがまったく動揺していない様子だったので、それが一番いいしるしなのだろうと理解した。

さて今、タクは私の言いがかりを笑っている。「彼らはただ並びを整えてただけだよ。人と人との間隔を同じにしようとしてたんだ」私の手をつかんで言った。「でも、ひょっとしたら彼女、……やっぱり家族写真からガイジンを切り離すかも」と、からかう。

そのとき、急に別の考えに襲われた。

「わっ、どうしよう。もし私が下着を着けていないことにカメラマンが気づいていたのだとしたら！　ドレスが透けて見えてたのだとしたら。正面から！」タクの手首をつかんだ私の声は、悲鳴とささやきの中間だった。「きっとそれこそが、あのカメラマンがアシスタントに私を離させた理由だったのよ。あとで写真からトリミングできるように……私の股の部分を！」

その日は終わりまでずっと、まるでエデンの園のアダムとイブのように体の前で両手を交差させ、タクをできるかぎり私の前に立たせるようにして過ごした。


四カ月後、私たちは帽子に分厚いコートといった冬装束で大阪の舗道に立っていた。時は二〇〇六年一二月、アメリカ領事館のドアをじっと見つめる私たちの顔に冬の湿った風が突き刺さった。私たちはそこに、私が正常な精神の持ち主で自由意志のもとに行動していると申し立てる書類を受け取りにいっていた。数時間後に日本の婚姻届を提出するときに、その紙はたとえ私がそこに書かれていることが読めなくても、その内容を理解していることを保証する。

寒さの中で、タクと私はしばらく見つめ合った。しっかり手をつないでいたが、どちらも一言も発しなかった。

ケイの結婚式のあとに私が一時期ボストンに帰ったものの、私たちはこの日のために何カ月も準備をしてきた。ボストンにいる間に私のアパートメントを又貸しする相手が見つかりはしたものの、私は大阪に四カ月滞在する予定なのに、その男性は二カ月しか部屋を必要としなかった。ボストンのワンルームを維持していくことの経済的また実務的な重荷に、しだいに神経がすり減り始めていた。私自身の賃貸契約に又貸しが禁じられていることも理由の一つだった。

おそらく家主は又貸しされていることは知っているものの、毎月きちんと家賃が支払われ、壊れたものが修理されているかぎりは気にしないのだろうと想像したが、確信はもてなかった。「ぼくたち、あなたのことが大好きなの」と機会あるごとに彼らは言った。家主は二人の男性客室乗務員で、現在は西海岸をベースとしている。「ぼくたちを見捨てないで、お願い」私が日本人男性と結婚することを耳にするとしょげ返っていたが、一年の半分はボストンに住み続ける計画を話すと大喜びしていた。一度、部屋の内側の鍵が古いせいで閉じ込められてしまったとき、彼らはまるで大火災の通報でも受けたかのように迅速に対応した。

「四五分後にマニペディ［マニキュアとペディキュアを同時に行う］のアポがあるから、三〇分以内に錠前師を寄こしてくれれば助かるんですけど」と私は家主の一人スチュに言った。

「まあ、カノジョ、そんなのだめよ。あっ、マニペディのことじゃないわよ」声をひそめて、彼は言った。「すぐにそこから出してあげるわ」

一〇分後には錠前師がドアをはずしていた。

へえー、あの人たち、過去のテナントによほどひどい目に遭ったのね。ただ家賃を期日に支払うだけで、かくも魅力的な存在になれるとは知らなかった。それでもやはり、又貸しの件は内緒にしていた。ひょっとして家主がびっくりして「えーっ」という顔をしたり、もしくは、私を追い出したあとに最後の月の家賃と敷金を返してくれなかったりすると困るから。

結婚するために日本に戻る前の数週間、胸が締めつけられるような、皮膚が少しむずむずするような感覚があった。まるで切れ目などないはずの層が今にも裂けたり滑ったりしそうになっているかのようだった。その感覚が意味するところを私は考えまいとしていた。眠れぬまま横たわり、アパートの外のサウスエンド・ストリートを行く晩秋の車の音や、通りの向かいのバーからこぼれてくる酔っぱらいの笑い声や、夜に向かって叫ぶ少年たちの高い声によく耳を澄ましたものだ。又借りしてくれる人を見つけて、その人物について調べるという作業に加え、四カ月も国を離れる準備は、それ自体が圧倒されるほどの大仕事だ。私物を梱包すると同時に、室内は適度に物が揃った状態にしておかなくてはならない。車を預ける場所を探し、新しいフリーランスの仕事を獲得し、規則もリズムも習慣も正反対の国に再突入する準備をし、そこに行くため、二四時間エコノミークラス地獄の底値チケット争奪戦に加わる。子どものころに観たテレビドラマ「宇宙家族ロビンソン」の最初の場面の登場人物のように、自分自身が細いロープにつかまって暗くて空っぽの宇宙空間に浮かんでいるような気がした。

　ジョディと私はこれを「再入国段階」と呼んでいた。日本に着いたあとと、日本を去ったあとの最初の数週間は、二人とも鬱と不安に苦しんだ。それぞれの国に最も楽しみにしているもの――ジョディにとっては大阪の食べ物とフロリダの家の庭、私にとってはタクの身体の温かさとボストンで得られるホームにいるという絶対的な感覚――さえ、遠く離れた空虚なものに感じられた。どんな考えも慰めも、二大陸の滞在のどちらにもつきものの不安の霧を完全に晴らすことはできなかった。移動は常に構造的で、あまりに大きく、あまりに大きな動揺をもたらし、そしてただもう間違っていた。

　でも私たちは、まったく同じ内面の混乱を経験しているという事実に勇気づけられていた。私たちのどちらも自分たち以外に二つの大陸で一つの人生を生きようとしている人を知らなかったので、こういった感情は、身体にとっての時差ボケのように、ただ移動から生じた問題だととらえていた。惑星を股にかけた移動を心が器用に扱えないのだろうと。この「再入国段階」には、人生に影響を及ぼすような大きな決断はすまいと、互いに誓い合った。移動直後の二週間にどんな感情が湧き上がっても、それを受け入れこそすれ、それをもとに行動したりはしないと。

ひとたび大阪に着いて落ち着き、隣にタクの存在を感じ、最初の二週間を乗り切ったら、きっと大丈夫になるわ、と私は自分を慰めようとした。私の人生の境界線はふたたびなめらかなものになるだろう。私が二つの国で暮らすという、タクと私が選んだ異常な取り決めは、ふたたび手に負えるものに感じられ、正常なものになるだろう。もし大阪にいる間にボストン生活の維持が大変になったら、その時点でその問題を扱えばいいだけのこと。そういった不測の事態に対処するための完璧な青写真やしっかりしたプランがないのはいやだが、現実の複雑な人生においては、未来が実際に訪れるまで、それを完全になめらかにならしておくことは時に不可能だということを、私は学びつつあった。

最終的にバランスは回復した。私の世界の地軸はまっすぐ垂直に戻った。それが傾いていたときには、リアリティの縁から滑り落ちそうな感覚があった。大阪ではいつものリズムに戻り、朝はお気に入りのカフェの一つに行き、午後には私たちの小さなウィークリーマンションでフリーランスの書き物仕事をし、週に二、三度はテツノブさんのアパートで夕食を作った。週末にはタクと街を歩き回ったり、外食したりした。私の手を握るタクの手のソフトな圧が、あたかも彼の手のひらが私の足まわりに引力を呼び寄せることができるかのように、いつも私の歩みを安定させた。

週日には、私はちっぽけな海外在住者のシャボン玉の中に沈み込んだ。それはさながら小さなガラス玉で、真の大阪を見せてはくれるが、そこに手は届かない。私の玉には、一人でも行くことができるレストランが何軒かと、知っている駅がいくつかと、一人で動き回れる数軒の店が含まれているだけ。そうこうするうちに、ふたたび背後のほとんどわからない言語でのつぶやき声や、意味不明の表示に慣れてきた。

YWCAでは別のクラスにも申し込み、その近くのスポーツクラブにも入会した。すでに習った二種類の表記法で書かれた言葉を、非常にゆっくりだが、発音できるようになった。これはカフェで役立った。写真はなくても、ホットコーヒー、カフェオレ、バタートーストといったメニューが読めた。だが日本語の習得が想像していたよりはるかに難しいことにも早々に気づかされた。まず、日本語の文では、各語の間にギャップを作らないことがわかった。したがって、一つの文がすべての構成要素をつなげた一つの長い筋になる。それには私がまだ習っていない漢字も含まれる。私にとっては、たとえばこんな文章を読もうとするようなものだった――SoMEthiNGLIkeThiSBUtwitHONNeextRaunrEAdAbLeaLPHabeTTHRownin（こんな感じだけど、これにさらに読めない表記法がもう一種類、放り込まれている）。

読むこと以外にも、日本語の音韻は、中国の万里の長城なみに難攻不落だった。それは外国人の出入りを禁じるバリケードになっている。よくある活用（時制による動詞の変化）に加え、文法には五種類の敬語が含まれる。その一つひとつが自分と相手の立場により決定される。しかもこの立場を理解するには、集団や境界に対する日本人の考えとヒエラルキーの両方に対する広範な文化的知識が必要だ。たとえば年配の親戚に対するときは、若い親戚や年配の他人に対するときとは違う敬語が求められるが、後者を相手に前者について話すときは、また違う言い方が求められる。「夫」を表す言葉にしても、自分の夫について家族の一員に話すときと、他人に話すときとでは違ってくるし、また、他人の夫について話すときでも、きちんとした場所で話すときと、くだけた場所で話すときとでは違う言い方になる。しかも、これは単なる名詞についての話だ。

「どうしてただ一番丁寧な言い方を覚えて、それをあらゆる場面で使うのではだめなの？」タクに尋ねた。

「実際、くだけた場面で一番丁寧な言い方で話すのは、ちょっと失礼なんだ」場違いに改まった活用形を使用すれば、上下関係の境界を理解していない気取った人物だと思われかねない。それはヒエラルキーの観点からすると、もっとタブーなのだとか。

さらに数え方の問題もある。数える対象の種類や形により、何十種類もの「一、二、三」がある。皿のように平らな物と、瓶や鉛筆のような長い物では数え方が違うし、人の数え方も建物の数え方もそれぞれ異なる、といった具合できりがない。

学校で習う動詞の形は人々が日常会話で使用する形と同じではない。したがって、日本語クラスで何カ月も学んだあとも、飲み物をオーダーしたり、店で何かのより大きいサイズを求めたり、誰かに堅苦しく趣味は何ですかと尋ねたり（これはけっして役に立たなかった）することはできても、普通の会話をすることはとうてい無理だった。相手がこちらの質問に答えたところで、たいてい終わりになった。

スポーツクラブも一筋縄ではいかなかった。ある週、勇気を振り絞ってヨガ――というか、私がヨガだと思ったもの――のクラスを試すことにした。どのスタジオで行われているかはわかっていたので、そのスタジオのスケジュール表のどの時間帯が埋まっているかを見た。書き込みのある時間帯にそのクラスが開かれているはずだと考えたのだ。

当日は早めに到着した。ロッカールームへの上り口で決められたとおり室外用スニーカーを脱いで靴箱に入れ、靴下だけでロッカーに向かった。ヨガ用のパンツとTシャツに着替えたあと、室内用スニーカーをロッカールームの端にもっていって履いた。どちらのスニーカーでもロッカールームへの階段を上がったり下りたりしていいのに、どうして外用と室内用のスニーカーがいるのかが理解できなかったが、とにかく手順には従うべきなのだ。

スタジオに着くと、すでに何人かの女性がマットの上に寝転がっていた。か細い腰のボディをストレッチパンツと揃いのトップスに包み、室内用スニーカーを脱いできちんと傍らに置いている。目を閉じている人もいれば、顔を向かい合わせにして、ささやき声でしゃべっている人たちもいる。私も寝転がり、天井を眺めるのと、殺風景なほど整頓された部屋を見回すのを交互にやった。フローリングの床は埃一つなく光り、マットとブロックは端を揃えて隅に積み上げられている。他の女性たちを見つめないようにしようとしたが、いったんクラスが始まればまわりの人たちの動作を真似する必要があるのはわかっていたので、彼女たちに目を向けていた。

先生が開始時間きっかりに入ってきて流れるような一続きの動作で蓮華座に座り、日本語で話し始めると、全員が目を閉じた。きっと最初に行う瞑想か何かね。私はギュッと目を閉じ、しばらくして、たぶん下向きの犬のポーズにでも移るために動く気配はないかと目を開けた。動きはない。

一五分後、依然、私たちはマットの上にうつ伏せになっていた。先生は日本語で何かつぶやいたり、沈黙したりしている。最初のヨガのポーズを見逃すまいと、私は音を立てないよう四苦八苦しながら首を左から右へ、また左へと回した。これは史上最長のイントロ・メディテーションだわ。

クラス開始から二〇分が経過したが、まだ動きはない。そのうち天井の小さな隙間から蒸気か煙らしきものがほんのわずか漏れ出てきているのに気づいたが、はっきりとは見えない。どうしよう、ひょっとしてガス漏れ？　それにいつになったらこのヨガのクラスはスタートするの？

三〇分がたったころには、私は怒りでピリピリしていた。天井からかすかに噴き出してくる蒸気は、このクラスのためなのかもしれない。ということは、これはアロマセラピーのクラスだったの？　結局、わからなかった。先生が静かに話したり沈黙したりを繰り返している間、私はずっとマットの上で頭を右へ左へと倒しながら、固く閉じた瞼の隙間から、まわりで何が起きているのか（いつも何も起きていなかった）を見ようとしていた。そんな五〇分が過ぎると、他の女性たちがもぞもぞ動き始め、座り、マットを巻き、静かに微笑む先生に、お礼のしるしに首をちょっと振った。

室内用スニーカーを手に取り、マットを片付ける私の頬は真っ赤に燃えていた。きっと他の人たちは私のことを日本語が流暢か、それともクラスのスケジュールとこの一時間に起きたことの両方にとんでもなく頭が混乱しているのかを見極めようとしているに違いないと思った。

「かわいそうに」その夜、スポーツクラブでのことを話すと、タクはそう言ったものの、しかめ面からは笑いが漏れ出ていた。スケジュール表を手に入れて英語に訳そうと言ってくれたが、断った。グループで何かをやるのはもうこりごりだ。プログラムのセット法を知っているトレッドミルか、使い方の見当がつくクロストレーナーを使って、自分一人でエクササイズすることにした。

それでも、いったんタクと正式に結婚したなら私の世界ももっと広がるという、いや、少なくとも大阪での生活がより普通のものになるかもしれないという希望はもっていた。配偶者ビザがあれば、ツーリストに課せられた旅行制限を気にすることなく、好きなように日本との間を行き来できる。タクの会社を通して健康保険が手に入るので、アメリカでの医療保険を解約すれば節約になる。それに、ちゃんとしたアパートに引っ越しすれば、大阪に一種のベースのように感じられる場所ができるかもしれない。

徐々に落ち着いてきた半分の大阪ライフで、さらに数人、友達ができつつあった。外国人妻協会というグループを通して、ジェシカという詩人と出会った。そのグループについてはしばらく前から聞いていたが、加わるのはためらっていた。その名称がテレビドラマ「デスパレートな妻たち」にゾッとするほど似ていたからだ。でも、ついに抵抗をやめて入会したのは、もし日本でうわべだけでも正常な生活を送ろうとすれば、私のまわりにコミュニティが必要なことはわかっていたからだ。

ジェシカは日本人の外科医の夫とともに、大阪から電車で二〇分の神戸に住んでいる。年齢は私と同じくらい、人目を引く美しい赤い髪にブルーグレーの目、やさしそうな丸い顔をしている。彼女が初めて日本に来たのは、もう何年も前になる。カリフォルニア工科大学の博士課程をやめる決断をし、何をすればいいかわからなくなったときに、英語を教えにきたのだそうだ。子ども時代、ジェシカはペンシルバニアで七人の兄弟姉妹とともに、モルモン教徒の保守的な家族に育ったが、結婚と同時に教会に行くのはやめた。

私はジェシカに興味を掻き立てられた。カリフォルニア工科大の博士課程に合格しながら、それを途中で放り出す人なんているだろうか？　モルモン教徒として育った人の誰が日本でファンキーな外国人妻になどなるだろう？　彼女には困難な決断ができる生真面目さと高潔さがあると思った。加えて、ユダヤ人の多い高校に行ったそうで、私のユダヤっぽさも完全に理解した。

私のように、ジェシカも日本に住むことについては、よく言っても、相反する気持ちがあった。自らの理由でこの国に来たものの、留まったのはあくまで夫のためだ。彼女もまた、アメリカにいるほうがはるかに快適なのに、他国に移れないキャリアをもつ日本人男性と結婚したせいで自身が手放したものとの折り合いに苦しんでいた。さらに、タクのように、ジェシカの夫もまた長男で、いずれ一人残った親の面倒を見る運命にあった。

ある日、神戸の東南アジア料理店でランチをしたとき、ジェシカはベトナムの民族服を着た日本人ウェイトレスにフォーを注文した。彼女が「あのー」とか「えーと」などといった、ネイティブの日本語に聞こえる小さなつなぎ言葉まで交えて早口で話すのを聞いたときには、彼女の日本語力が一瞬羨ましくて切なくなった。

フォーを食べながら、私たちは外国人居住者たちが集まるシーンについて噂話をした。そこで出会う外国人の多くが、自分たちといかにかけ離れた感情をもっているかについて。

「ユカタを着たり、日本語しか話したがらないガイジンのことでしょ？　英語で話しかけても、日本語で返してくるのよね」私は目をぐりんと回した。

「そうそう！」ジェシカは声を張り上げた。「あの人たちが日本人でないことは一〇〇パーセント一目瞭然でしょ。誰が見ても外国人なのに。ハロー、あなたは白人よ！って言いたくなるわ」

「一番理解できないのは、自分の国より日本のほうが落ち着くっていう人。わけわかんない！よりによって日本で、どうして欧米人が自分の国より落ち着けるの！」

「特に」とジェシカが身を乗り出した。「日本人に絶え間なく奇妙な宇宙人か何かのように扱われてるのに？」

「正直いって、地球の反対側の、しかも日本のようなまったく違う国に家庭を築こうなんて人、ちょっと頭がおかしいとしか考えられないわ」私は本音を吐露した。さもジェシカも私も、そんなことはしなかったかのように。

するとジェシカが彼女自身の発見した新事実を披露した。オンライン・チャットルームだったか、在留外国人の雑誌だったか、はっきりとは思い出せないが、どこかで読んだのだとか。それは外国人女性が日本で長期的な満足を得られるかどうかが完璧に予測できる一種のテストで、三つの質問から成り立っていた。

まず「自分の国で幸せでなかったので、逃避の目的で日本に来たか?」ジェシカはこの最初の条件に対し、ノーという代わりに人差し指を振った。「男のために来たか?」それには中指でチェックマークを入れる。「そして、日本語が流暢に話せるか?」

最後の質問については、きっと私の将来の幸福のためだろうが、薬指をとんとんと揺らした。彼女のプラチナ製かまぼこ型の結婚指輪が午後の日差しを受けてきらめいた。彼女は手を膝の上に戻し、ブルーグレーの瞳で私を見つめてうなずいた。私の心は彼女の手とともに沈んでいった。三振。無言で彼女を見返す私のハートは、胃のあたりまで沈み込んでいた。三球三振!

ジェシカは私が「ガイジン女性テスト」の結果でパニックになっていることには気づかず、微笑みかけた。その情報の出所など問題じゃなかった。オンライン・チャットルームや在留外国人雑誌の提供する情報が常に正確かどうかなど問いもしなかった。代わりに、未来の幸福を予測するテストに落ちたことで、私自身の密かな懸念が確認されたと感じていた。こんな生活が維持できると思うなんて、自分を偽っているってことはわかってたわ。そして今、それを証明するテストの結果まで手に入れた。

一二月も末になり、いよいよタクとの婚姻届を出す日になると、喉がかすかに痛くて、肌が敏感になっていると感じた。その日の執務時間内にアメリカ領事館に結婚資格宣誓書を公証してもらって受け取れるよう、タクは仕事を休んだ。領事館のあとは大阪市中央区役所に行き、タクの戸籍謄本や私たちの婚姻を認める二人の証人（テツノブさんとミチコさん）により署名された証書とともに、その宣誓書を提出する。これを済ませば、同日に私たちは婚姻届に記入して提出し、受理される。署名し、印鑑を押し、結婚が完了。

しかし、領事館のドアの前で私たちは日本人の警官に止められた。紺色の制服を着たその警官の身体の脇の黒いホルスターには拳銃が心地よく収まっている。彼は片手を挙げた。

彼とタクは平坦に聞こえる日本語で言葉を交わした。タクは一瞬沈黙し、下を向いて自分の靴を眺め、それから頭を上げて男にもう一度話をした。警官は無関心な、当たり障りのない口調で応じた。

タクが私のほうを振り向いた。「最悪！　文書課は閉まってるって」

会社や店や役所が一週間ほど閉まる新年の休暇が始まるまでにはまだ二日ある。朝に念のためチェックした領事館のウェブサイトには、その日はオープンしているとあった。ところが警官によると、文書課のアメリカ人スタッフは自分たちの休暇を早めにスタートすることにしたのだそうだ。タクはこれを私に説明しながら、自分たちの不運を強調すると同時に、日本人のアメリカ人に対するステレオタイプを再確認するかのようにうなずいていた。アメリカ人の職業倫理からすれば、こういう災難が起きても不思議はないと。

骨のような枝の並木の下に立ちすくみ、その日には結婚できないとわかったからには、その一日をどう過ごそうかと考えた。結婚は新年が明けて、領事館と区役所の両方が開くまで待たねばならない。

仕方なく温かい麺を食べ、映画——日本語の字幕付き、ハリウッド映画の大ヒット作品。音がうるさすぎ——を観にいき、思いがけなく手にした暇な一日を楽しもうとした。暗い映画館に入ると、頭が重く、くらくらして、寒気がした。館内のライトが落とされると、私の気分も急降下した。疲れ果て、圧倒され、振り払うことのできないある発見にチクチクと痛めつけられていた——その日、婚姻届に署名できないとわかったときに最初に湧き上がった感情は落胆だった。二番目は安堵だった。

10

翌朝目覚めると、体はズキズキし、気持ちは沈みきっていた。先に目覚めたタクが狭いベッドの脇にひざまずいていた。彼は私の額を軽くさすった。夜を通してずっと寝返りを打ち続け、静かに眠る彼のまわりにシーツを絡めていたので、私の不安を感じ取ったのだろう。

私たちはじっとしたまま一言も発さず、しばらく見つめ合った。

タクがつぶやいた。「かわいそうに」

「気持ちが沈んじゃって、トフ」

「わかるよ」

「きっと、迷ってるのね」

タクのまなざしはまっすぐに注がれたまま、ひたすら待っていた。

「なんとなく怖いの。昨日も領事館が閉まってるってわかったとき、あのね、実はほっとしたの。それってどういうことなのかって考え続けてる。ほんとうに私はこんなことをできるのかって」

タクは視線を落とした。しばらく黙っていた。

「つまり」彼の瞳がふたたび私のそれを捕えた。「もう結婚したくなくなったってこと?」

答えに詰まった。泥沼にはまった気分。

「わからない」やっと言った。「結婚したくないのかどうかがわからない。いいえ、あなたとは結婚したい。でも、もう少し待つべきなんじゃないか、たとえば、しばらく延期すべきなんじゃないかって気がするの。どちらにしろ、新年のお休みのせいで一週間かそこらは何もできないんですもの」

タクはふたたび下を向いた。歯を食いしばった顎がかすかに脈打っている。

「あのね、私は新年のお休みのせいで何もする必要がない、いえ、今は何もしないでいるしかないって言ってるわけじゃないの」言葉がほとばしり出た。「ただ、あなたに正直な気持ちを話す必要があるって感じてる。来週、領事館がオープンしたときにも、これをやれるっていう確信が一〇〇パーセントはないってことを」

すると彼はぶるっと身震いした。常に均衡を保った彼の身体の内部が静かに震えた。あたかももてる力をすべて動員しなければ静止した状態に戻らないかのように。

やがてゆっくりと息を吐き出した。「わかったよ」ついに言った。「でも、お願いだから、よーく考えて」

続く数日間、迷いに苦しめられた。それはいじめっ子のように私にジャブを打ち続けた。タクと結婚したくないわけではない。ただ決断をしたくなかったのだ――それが未来について確信をもってするはずの決断だから。まるで罠にかかった気分だった。タクではなく、日本という罠に。もし結婚した相手がどこかの国を自分のホーム――私たちのホーム――と呼んだら、その国が一生逃れられない監獄にでもなるかのように。

頭を絞って、タクを恋したように、いつの日か大阪に恋することがあるだろうかと想像してみた。この都市の奇妙なリズム、突進する群衆、統一性のない建物、主婦たち、同じスーツを着たサラリーマン。いつの日か、ここをホームだと感じられる日は来るのだろうか？　そんな未来図は心に描けなかった。むしろ、読むことのできない標識、じっと見つめる黒い瞳、読めない感情を隠したり伝えたりする微笑とともに日々が永遠に過ぎていく図が目に浮かんだ。取っ手の上に変な形の表示があるドア。これは押すの？　それとも引くの？

次にボストンに戻ってタクなしで人生を築くことを想像してみた。サウスエンドの安全で見慣れた歩道を思い浮かべる。隣人たちの挨拶代わりのゆったりとした満面の微笑み、交わす表情。けれども、私のそばにはぽっかりと空いたスペースがある。それは日本に移住したアメリカ人の人生の空白より、いっそう大きく口を開けた虚ろな空間だった。

他にも何かが心に引っかかっていた。それは大阪対ボストンの争いに隠された、胸の奥の奥に押し込められた、ある認識だった。タクがアメリカに移り住むことを思い描いても、私の不安な迷いは消えなかった。その理由はタクがキャリアを捨て、父親を見捨ててもなお心おだやかに過ごせるとは想像できないからではなく、私たち二人の関係で私が最も大切に思っているものが日本と結びついているからなのだ。私は日本での自信に満ちて流暢なタクを愛している――単に言葉だけでなく、職業的にも、文化的にも、地理的にも。私は自分が独立した女性であると信じたい。でも心の奥底では、自立していることよりも、タクが特に自分の国において、完全に私の面倒を見てくれることのほうをより大事に思っていたのではないかと思う。

タクが日本という魅力的で不可解な世界の至るところをナビゲートしてくれたときほど、安全で愛されていると感じたことはなかった。どこに暮らそうが、彼を愛することには自信がある。すでにボストンでも、神戸や北京やソウルにいたときと同じくらい彼を激しく愛していたのだから。でも白状しよう。私の一部は、どこにいるときよりも日本にいるときの私たちの関係を愛している。だから、もし私がこの国により罠にかかっているとしたら、その罠は私自身が作り上げたものなのだ。

この難問をどう解いていいか、そもそも解決方法自体が存在するのかもわからなかった。でも私が何を一番恐れているかは知っていた。それは自立していたいという願いと、誰かに面倒を見てもらっているときの心地よさが引き起こす矛盾した現実ですらなかった。私が一番恐れていたのは、タクの妻になったときに、私の人生に日本と結婚が永久に組み込まれることだった。たとえば彼と三年くらい結婚できればいいのに。そんな短期間の約束でいいのなら、こんなにもパニックにならないのに。

私がアメリカと日本の間を行き来することにより同居と別居を繰り返すという、私たちの結婚生活についての最初の決断を思い起こした。皆にそんなことは上手くいくはずがないし、してはいけないとも言われた。それでも、とにかくやってみた。そして今までのところ、私たちは幸せだ。だったら結婚についても独自のルールを作っていいんじゃないか？　独自の形式を試してもいいのでは？　三年の期限付きで結婚してみるとか？

タクが賛成するという自信はなかった。離婚はしたくない。両親のような間違いを繰り返すのは絶対にいやだ。でも、タクとの関係に最大限の真摯さで取り組まないでいることは、もっと耐えられなかった。

年老いて背中も曲がり、人生を振り返ったときに――もし幸運にもそんな歳まで生きられたらだけど――、避けることができた重い後悔をずっしりと感じている自分を想像した。手にするはずだった多くのプレゼントを自ら手放してしまった人生。続く数日間に考えがまとまってきた。タクと家族になることはそういったプレゼントの一つだ。結婚することも、独自のルールを作ることも私たちの自由、それもまたプレゼント。私は心の中で、節くれだった手をした老女の私にこっくりうなずいた。必ずしも心の準備はできていない。それでもなお、混乱や迷いにもかかわらず、私は結婚してみるというリスクを進んで冒したい。少なくとも三年間。

このアイデアを打ち明けたとき、タクがにんまりはしたが笑わなかったのは称賛に値する。いかにも私のおかしな頭が、彼が私について最も愛しているものの一つでもあるかのように微笑んでいた。「他の誰が三年の期限付き結婚なんてことを大真面目に言い出すだろう？ しかも、二大陸を股にかけて」とでも考えているかのように。彼のそんなところが好きだった。だが彼の落ち着いた笑みの中に読み取れたものゆえに、私は彼をよりいっそう愛した――私の恐れに同情し、私の神経症的な部分に魅了されながらも、そのどちらにも彼はまったく動じていなかったのだ。

＊＊＊

一週間後、私たちは大阪市中央区役所に婚姻届を提出し、私たちが法的な夫婦であることを証明する書類を受け取った。それは二〇〇七年の一月初め。日本で私たちは二人だけの核家族を作ったので、タクを両親といっしょだったそれまでの戸籍から抜いて、新しい戸籍を作る必要があった。タクは提出する前にその謄本を見せてくれた。白い紙で、日本語の長い縦書きの羅列の横にいくつもの欄がある。彼は自分の名前と私たちの住所（というよりテツノブさんの住所。私たちの住まいの賃貸契約をするまではそこを現住所にしていた）を指さした。下の縁に沿った脚注のようなスペースに、カタカナが記入されている。その羅列はちょうど習ったばかりの私の名前に似ていた。

「これ何？　下のここのとこ」

「これ、きみだよ！」

「私？　どうして私はこんなに下にあるの？　これが私たち家族の戸籍なら、なぜ私の名前はメインの場所にないの？　どうして私はあなたの妻として登録されてないの？」

「妻として記載されているよ」彼はなだめた。「でも、下の身分事項の欄になんだ。妻として、その下のところに」

タクの説明によると、外国人は戸籍の本欄に記載されることは許されていない。したがって、今、私は法的な妻ではあるが、明らかに一家の脚注なのだ。

少しのちに、常時携帯するよう義務付けられた正式な外国人登録カードを受け取った。そこに英語ではっきり記載された私の名前と、国籍と出生地「Boston, Massachusetts」を見て勇気づけられた。あたかも私の国籍が州と市まで拡大されたかのように、この住所は出生地と国籍の両方に記載されていた。

「これは何？」カードの別の部分にある、タクの名前のように見える文字を指さした。

「これ？　これはぼく」

「この上にある、あなたのことを説明した日本語は何？　何て書いてあるの？」

タクは小さな黒い文字を覗き込んだ。

「ああ、これ？　〝一家の主人〟だってよ」

結婚した週の週末、急に思い立ってプチハネムーン代わりに温泉リゾートに出かけた。泊まったのは漆塗りの家具と障子のある伝統的な日本旅館だ。縁に絹の布が縫い付けられた畳の上に毎晩敷かれるやわらかい布団の上で眠った。日中は模様のある薄いユカタを着、夜は私たちの部屋で小さな凝った料理が次から次へと出てくる夕食をとった。食べることとのんびりすること以外の唯一の楽しみは、地下から湧き上がってくる温かい自然水に浸かる温泉体験だった。

私たちの予算ではとうてい無理な専用温泉付きの部屋に泊まらないかぎり、日本のほとんどの温泉が共同風呂で、男女別に分かれていて、一日に一度切り替えられる。たとえば朝には女性が片方の浴場を、男性がもう片方の浴場を使ったとすると、午後にはそれが逆になる。タクと私がその旅館を選んだ理由は、湯船は男女別々になっているものの、一部で間仕切りの壁が低くなっていて、反対側に座っている人の首から上が見えるよう設計されていたからだった。つまり別々に湯気の立つ風呂に浸かっていても、ある場所に座れば、互いを見て話すことができる。

温泉に入るには数々の決まりごとがある。服を脱いで、それらをしまったあと（たいていは小さな木製のバスケットに）、浴場に入る。そこには手持ち式シャワーヘッドがずらりと並んでいて、その一つひとつにソープやスクラブなどが置かれた受け皿と小さなスツールとバケツ〔洗面器〕が用意されている。それから、その小さな座面にしゃがむように座って体のすべての平面やくぼみを隅々までこすり上げる。腕から胸、顔と首、太もも、すね、胴体。足の指の間もすべて。髪と頭皮。脚と脚の間もこっそりすすぐ。

ていねいに洗い上げて肌がピンク色になって初めて、温泉の湯船に近づくことが許されるが、そのときは素っ裸でシャワーのところから湯船まで歩くことになる。私たちの旅館では、タクと私が入り口で別れてから、私が女湯の温泉に入るまでに、ゆうに一五分から二〇分が経過していた。私は律儀にソープ、シャンプーとコンディショナーで身体と髪を洗い、次に、女の人が頬に円を描くようにこすっているイラストが載っているのでフェイシャルスクラブだと推測できるさまざまな種類のものから一つを使った。

温泉に入るとき、私の肌はバラ色になっていると感じられた。浅い湯船の中をゆっくり歩いてメインの部分を通りすぎ、かすかに左に折れて低い壁で男女が仕切られた洞窟のような部分に進んでいくと、温かい湯が脚のまわりでゆっくりと渦を巻いた。男性の側に誰かがすでに座っていた。頭を後ろに倒し、額とまぶたの上に載せた小さなタオルの端から黒い髪が飛び出している。タクがもう来てる！　ウキウキした。

「ハーイ、カッコイイ！」

彼に付けたニックネームの一つで、歌うように呼びかけた。ハンサムとクールを足して二で割ったような意味だ。返事がない。でも私は満面の笑みを湛えながら、彼が座っているところからわずか数センチの、荒い石壁から突き出た小さな岩棚に向かって大股で進んでいった。

「男湯には他に誰かいた？」さらに前に進みながら呼びかけた。

まだ返事がない。

動けないくらい、すごーくリラックスしてるのね。

「女湯には私だけだったわ！」体を隠すため水の中に身をかがめることすらしなかった。彼の他には誰も見えなかったからだ。

彼が小さな浴用タオルを顔から外して小さく悲鳴を上げて、初めて私は気づいた。ノー、この人、タクじゃない。それはまったく別の日本人男性で、話しかけながら自分のほうに向かってくる素っ裸の白人女性を前に、ショックで顔が固まっていた。目の前の全景を把握すると、彼の口は私の口より先にぽかんと開いた。私が湯の中にしゃがむころには、彼の目は恐怖で皿のように大きく見開いていた。

彼がステロイドで筋肉隆々になったシンクロナイズド・スイミング選手よろしく一気にターンし、半立ちになり、出口めざして湯の中を突進していくと、あとには小さなトルネードが巻き起こっていた。そのザブザブという滑稽な音も消えぬ間に、タクの姿が視界に現れた。振り返って逃走中の入浴者を眺めている。

「ひえーっ！」タクはこちらに向かってきながら、再度振り返って先ほどの男を見た。「あの男、なんだか急いでるみたいだね」それから、完全に私のほうを向いた。「どうして、そんなにすっぽりお湯の中に隠れてるの？」

翌日、温泉地をあとにした。私たちの頬はなめらかに磨かれ、まるで温泉が私たちの身体からすべてのねじれを濾《こ》し取ったかのように、手足は重たく感じられた。急行電車に並んで座り、景色が色彩の川のように猛スピードで流れていくのを眺めていると、衝撃のような幸福感を覚えた。私の手に載せられたタクの手は、さっきまでいた温泉のように温かい。彼は他の乗客についてジョークを言って私を笑わせた。まるでソプラノ歌手がアリアを歌っている最中のように大口を開けて居眠りしている男。絶え間なくしゃべりかけ続ける老女の隣で、彼女の無関心な夫は漫画本に顔をうずめたまま、計ったようにいいタイミングで相槌代わりのうなり声を上げている。

婚姻届にサインした今、タクへの愛は、事実、より深まっている、と思った。こんなにもシンプルなフィーリング、こんなにもありふれた平凡な真実、でも結婚したあとに結婚する前よりもっと相手を愛せるということは、私にとっては驚き以外の何ものでもなかった。

突然、結婚の永久性が怖いものではなく、安全なものに感じられた。タクは私のパートナー、そして私は彼のパートナー、そんなことが自分に起きたということが信じられなかった。まるで永遠の「バディ」（相棒）を手に入れた気分だった。サマーキャンプでは片方が溺れかけたときにもう片方が助けるというバディ方式を採用していて、子どもたちを二人ずつ組ませていた。でも子どもの私はそういった指示のもとでは常に苛立っていた。「もしバディも溺れてたら、どうすればいいの?」いつもコーチに質問した。だが彼らはけっして答えをくれず、ただ〝お手上げ〟のジェスチャーをするか、「いい加減になさい。さっさと湖に入って!」と命じるだけだった。

でも私はタクという人間を知っている。彼はなんとか私たち二人が助かる方法を考えつくまで、立ち泳ぎを続けるだろう。彼はけっして溺れない。宇宙が彼を私のもとに配属してくれたことだけで、私はとてつもなく幸運だったのだ。そしてもし幸運が続けば、泳ぐときも溺れるときも二人いっしょだとサインした今、私はこの先、ますます彼を深く愛するようになるだろう。愛がすり減っていくのではなく。

そして、タクが私の手のひらを指でトントンし、窓の外を日本が勢いよく通りすぎていたそのとき、私は気づいたのだ。きっとこれは宇宙のバディ方式による単なる運などではなく、もっとベーシックなものなのだと。きっと結婚とはホームを見つけることなのだ。大阪はけっして私のホームにはならないだろうけど、タクのホームだ。そして今、ボストンに加えて、彼も私のものになった。

（11）

温泉旅行のあと、私にはめずらしく楽天的な気分が続いた。結婚後に幻滅に向かってするするると滑り落ちていくのではなく、（少なくとも、これまでのところ）結婚が安心の源であることに、ほっとしていた。鬱や不安に対するタク独自のアプローチも私をなだめていた。彼の態度は私の生まれ育った家族のそれとはまるで正反対だった。私たち家族にとっては、鬱は単なる気分というよりは、その存在自体が出口の見えない不安を引き起こす恐ろしい客で、実際に到来すれば強烈な動揺をもたらし、時折近づいてきたときには、先々への絶望を引き起こすものだった。

一度、結婚後まだ間もないころだったが、夕食時にテツノブさんの手がふたたび震え出していた時期、タクは元気がなかった。私は彼の顔を覗き込み、その頬や過度なくぼみのある眉あたりをじっくり見ながら言った。「落ち込んでるの？　タク」

彼はそれ自体は認めたものの、そこで私が矢継ぎ早の質問と、分析への布石で攻撃すると、きょとんとした。

「落ち込んでるかどうかなんて、問題じゃないよ」私が静かになると、彼は言った。「気分はただ上がったり下がったりするもんだから」

私は攻撃をやめ、私らしくもなく言葉を失って、しばらく彼を見つめていた。けれども、彼のこの考え方を心に温めているうちに、それは小さな叡智の輝石のように感じられ始めた。そして、それはそのシンプルさゆえに、いっそうきらめいていた。想像してみて。鬱が振り払おうとしている間に最終的には自分自身に首締めの技をかけるようなものではなく、単に私たちが感じる何かだったらって。突然、私がかかってきた二〇年以上ものセラピーが、……多すぎ？　に思えた。

私は未来のもっとハッピーな計画に目を向け始めた。結婚した今、タクの会社は新居への引っ越し代と、家賃の半額を一〇年間補助してくれるので、自分たちのものだといえる住まいが手に入る。そして、その年の後半にはタクが父親と妹夫婦とおば夫婦をボストンに連れてきて私の家族に引き合わせ、二週間滞在することになっていた。将来のこういった展望は、私の人生が完成しているという新たな感覚と、私の二つの世界の新しい調和を約束し、元気づけてくれた。

私たちの新居として、タクと私は三番目に見た一一階建てのマンションの八階の部屋を選んだ。入口の通路のすぐ外にある模造大理石の銘板にはマンション名が彫り込まれている。斜めになったカタカナで「ルイ シャトレ」と読める。それはLouis Chateletの日本語読みで、あたかもその建物がヴェルサイユ宮殿の小さないとこででもあるかのようだ。名前の上には、ごていねいに二つの絡み合った草書体のLからなる意味不明のモノグラムまである。すぐ近くにはアートギャラリーがあるが、その英語で書かれた表示にはGarrelyとある〔正しいスペルはGallery〕。

私たちのマンションは大阪城公園まではほんの数ブロックで、テツノブさんのマンションからも四〇〇メートルほどだ。三寝室とうたわれているが、総床面積は五六平米ほどしかなく、寝室の一つはダブルベッドすら入らない狭さなので、収納とユーティリティに使うことにした。セカンド・ベッドルームは素敵な小さい和室で、窓にはめられた障子から和らいだ日光が差し込み、床には縁にかわいい布の縫い付けられた畳が敷かれている。タクの説明によると、日本の伝統的な家屋では、家族はそんな部屋で眠るのだそうだ。毎晩、布団を出して敷き、日中は部屋の奥にある大きな引き戸の付いた収納に戻すのだとか。

代わりに、私たちはテレビをその部屋のリビングダイニングに向いた壁に沿って置いた。リビングダイニングといっても、小さめのテーブルと二人掛けのソファがやっと納まる程度の大きさだ。続く二カ月間に、キャンドルと、紙で覆われた日本製と中国製の小さなランプと、ヨガ・マットを買った。そしてタクがテレビでサッカー観戦をしていないとき、私はその和室をトレーニング／リラクゼーション／こまごまとした物を買う言い訳のための空間として、私専用の部屋にした。

だが必要な家財道具を揃えるのは、なかなか手ごわい作業だった。私たちはそのほとんどを引越し予定日までに済ませようとしていて、私は家具やシーツなどのショッピングを楽しんだ。もっとも、私が服や靴の店に寄り道し続けるので、タクが少し苛ついているのは感じていた。「ちょっとだけ（just a sec）」と誓うと、タクはブツブツ言い、そして店の入り口で「ワン、ツー、スリー、フォー、……」と足先でタップし始める。私がsec（秒）という語を、文字どおりの意味に使っていないことを証明するのにいい方法だといわんばかりに。

食器の購入には、少なくとも最終的にはだが、もっと集中できた。最初のうち、家庭料理のための必要最低限の食器を買い揃えることに、私はあまり興味がわかなかった。すると、テツノブさんがキッチンの食器棚から、自分用の一組のセットだけを残して、食器のほとんどを取り出して彼の小さなテーブルの上にきちんと重ねて並べ始めた。

「オトウサン！」タクと結婚した今、彼の名前ではなく、日本における息子の嫁の伝統に則って、「尊敬される父親」を意味するその呼び名を使い始めていた。テツノブさんはどちらでも私が楽なほうの呼び方で呼べばいいと言ってくれたが、私が「オトウサンと呼びます」と断言すると彼の微笑は満面に広がった。

さて、彼が私たちにもっていくようにと食器を取り出すのを見て、私は声がつまった。もうタクと私は食事をしにこないと思ってるんだわ。息子が正式に家を出るので、自分は一人残されると思ってる。

「オトウサン」もう一度言った。「この食器、私たちにくれたりしたらダメ」結婚しても今までどおり、週に何回かは私が料理していっしょに食べるつもりでいることを説明しようとした。でも私は悲しみで胸が痛くなっていた。お義父さんは生まれてこのかた六七年間、一度も一人で暮らしたことがない。最近、妻を亡くしたばかりなのに、息子が出ていくにあたり、私たちにもっていかせようと食器を並べている。

「ああ、でも必要になるかもしれないよ！」私たちのために積み重ねた茶碗を指して、彼は言い張った。その手がかすかに震えている。震えがうんとひどくなるのは、まだ一年ほど先だ。

「いいえ、私たちは大丈夫です」私も言い張った。「新しい食器を買うつもりですし、それまではここでオトウサンと食べますから」彼が理解したかどうか、顔を窺《うかが》った。私が食器を食器棚に戻し始めたとき、自分の部屋で衣類を箱詰めしていたタクがキッチンに入ってきた。

「タク！」私は彼のほうを向いた。「オトウサンが私たちに食器をくれようとしてるのよ！　お願い、説明してあげて。私たちがここに来て夕食をいっしょに食べるのをやめるわけじゃないんだから、食器は必要なんだって」

タクは父親に話したが、それは少し苛立ちを含んでいるように聞こえる早口の、たったの数センテンスだった。それに対し、オトウサンはただ不満の音を漏らしただけだった。タクの苛つきが、父親が芝居じみている、または余計なことをしていると考えているせいなのか、もしくは自分自身の罪悪感から来ているものなのかは、私にはわからなかった。私は口をつぐみ、あとで彼に訊こうと思った。が、のちに、自分が理解したいがために相手の痛いところを突くこの癖をやめなければと自分をいさめた。タクは沈黙の中により大きな安全を見つけるタイプだと知っていたからだ。たった今起きたことの説明をフルに受けることはたぶん永久にないと思うとがっかりし、私は皿の積み重なった小さな山をまた一つ取り上げて、それらが納まるべき食器棚に戻していった。そして、新居用には少なくとも三人分の食器を買おうと思った。

引っ越してから数日間は、まだ電気製品の購入をすべて終えてはいなかった。洗濯機、乾燥機、エアコン、掃除機、電子レンジにトースター（コンロと小さな焼き魚用グリルをのぞけば、これらが唯一の調理器具。オトウサンのマンションと同じく、私たちのキッチンにもオーヴンは付いていない）がまだだった。トラブルの兆しが最初に表れたのは掃除機だった。

「ただ安いのを買おうよ」数週間前に、私はそう言った。そのとき、私たちは〈ミドリデンカ〉という家電量販店にいた。展示用の機械仕掛けの牛に乗って前後に揺れながら本を読んでいる、スーツにオーバーコート姿のサラリーマンのそばを通りすぎた。偽物のサドルにスーツ男が乗っている不気味さを必死で視界からブロックアウトしながら言った。「タク、私、掃除機をかけるのが大っ嫌いなの。それにどうせ一カ月に一度くらい、ハウスキーパーを雇って完璧に掃除させるでしょ」

「ハウスキーパー?」

「ええ、ハウスキーパーよ。ほら、掃除婦や家政婦みたいな人。ボストンでも雇ってたわ。一カ月に一度来てもらうんだけど、すごく楽。私のワンルームマンションを全部掃除してもらって、たったの五〇ドルくらい」

「いや、日本にはそんなものないよ。高すぎる。ここではものすごい金持ちだけが家政婦を雇うんだ」

「でも、一カ月に一度なら、そんなに高くなるわけないでしょ? まさか一時間一〇〇ドル以上とか?」

「もっとだよ」タクがしきりにうなずいたので、疑いようがなかった。「ともかく、ハウスキーパーはいやだ。家に他人を入れたくないんだ。家族でない人はね。変な人かもしれないし」

「本気?」それから、甘えた声にシフトした。「タク、冗談抜きに私、掃除機をかけるのがほんとうに大大嫌いなの」

「そんなに大変じゃないよ。いっしょにやろう。自分の家をきれいに保つことは、大人なら誰でもすることだよ」彼は眉をほんの少し吊り上げ、視線を下げて私の目をじっと見た。

ある意味、彼は正しいのだろう。自分の家をもてるくらい大人になっていたなら、たまに掃除機をかけることくらいできるはず。ここではプライバシーが非常に重要なので、人々がハウスキーパーを避けるのも驚きではなかった。一方で私はまだ、この問題はまたいつか話し合おうと考えていた。まあ、掃除機は買うことにしましょ。ハウスキーパーを雇うかどうかは、また別の問題。

ところが、タクがいろいろと研究した結果、三万円もする高級掃除機を選んだときには、少々反撃せずにはいられなかった。

「掃除機に三〇〇ドルですって？」私はまだすべての値段を、ただ最後の二桁を切り捨てることによりドルに換算していた。たとえ為替レートの変動により、いつもそれが正しいわけではなくても。それもまた、まだアメリカでショッピングしているふりをする一つの方法だったのだ。

「そのお金で、月一のハウスキーパーを三カ月雇えるわ」私はすねた。

「うん、でも三カ月たったあとは？　そのあとだって掃除は必要だよ！」

一理ある、と認めざるをえなかった。

洗濯機、電子レンジ、エアコンやその他の電気製品の購入についても、タクは同様の真剣さで取り組んだ。エクセルに驚くほど長時間を費やして各製品をリストアップし、すべての大型店やオンラインショップが提供している値段のリストを作った。そして別の店に行ったり、オンラインで新しい店を開拓したりするたびに、リストと見比べ、他の品のセールや一括購入割引、配送代や獲得ポイントにより計算し直し、組み合わせし直した。また、何かよくわからない方式により、リストを色で塗り分けさえしていた。

タクのエクセル・ファイルに対する情熱にはかすかにイラッとさせられたが、同時に、渋々ながら、その倹約ぶりを尊敬してもいた。どうぞ好きなだけ、あの色分けされた製品リストに何時間でも没頭してください。でも、週末ごとに大量の時間をかけて電気店めぐりをさせられたら、たまったもんじゃない。

一つに、日本は信じられないほど混み合った国なのだ。特に大都市の週末はひどい。身体が触れ合ったり、目が合ったりすることはめったにないものの、週末の買い物客という人間攻撃の間をかいくぐって進むだけでもくたくたになる。しかも、これらの大型電気店はすべて、店名やブランドのスタイルや販売戦略こそ違え――これらはすべてタクの色分けされたリストに反映されているに違いない――、店内の耐え難いある一点で共通している。それは非道なまでにパワフルなサウンドシステムからノンストップで繰り出される音だ。

ともかく大阪に到着して以来ずっと、流行の服を売る店の前に立って「イラッシャイマセ！」と叫ぶ、厚底靴《プラットフォーム》とミニスカートの若い娘《こ》の、人間のものとは思えない高周波の声にドキッとさせられ続けてきた。でも今、これらのマンモス級大型電気店では、背景の巨大な音にどうしようもなく不安を掻き立てられている。轟音で流される音楽の合間に、日本語、中国語、韓国語、やたら歯切れのいいイギリス英語で超高速のアナウンスがある。さらに、マンガのキャラクターの頭がグラグラする被り物を着た店員がメガフォンをつかみ、お買い得商品についてわめいている。ポリエステルの白いミニワンピースと光沢のあるゴーゴーブーツ姿の未成年の女の子が、カーペットを被せた台の上に立って見本の携帯電話を手に、察するに最新の料金プランを金切り声で叫んでいる。その効果たるや、黒板を爪で引っ掻く音をＩＭＡＸのサラウンド・サウンドで流しているかのようだ。

しかも、そんな不協和音などたいしたことではないかのように、タクは商品見本の前でいちいち何時間も立ち止まり、メモを取り、メジャーを取り出し、バスルームの各辺の長さやキッチンカウンターの寸法を細かく記した小さなメモ帳と照合したがった。

「ねえ、タク」ダメモトで提案した。「私たちのマンションのもののために、あなたがそんなに念入りなのはうれしいけど、でも、全体的に一番お得な値段を付けてる店を選んで、そこでいっぺんにまとめて買えばいいんじゃない？」

彼は私の情けないほどの無戦略を一蹴した。次に私は、もし電気製品の比較に費やしている時間をすべて仕事に回したなら、時給で請求するフリーランサーとして、私はたぶん彼の複雑な購買計画により節約できる額よりもっと多くを稼げるだろうと言ってみた。だが、タクはその作戦にもまったく動じなかった。

なんとか膨れ上がる怒りを押さえつけ、声もたいがいは平坦に保っていたが、すると、彼がその日四軒目の、その週末では二度目の訪問となる店のほうに舵取りしていった。それは〈ヨドバシカメラ〉という名の家電量販店だった。

「トフ」彼が私を自動ドアの中に導き入れたとき、私の声のトーンは少し高くなっていた。客たちが勢いよく通りすぎ、耳障りな有線バージョンの「リパブリック賛歌」がまわりの空気を拷問している。

「まさかっ！　冗談でしょ！」ヒステリーを起こす寸前で、私の声は甲高くなっていた。「また、ヨドバシカメラ？　本気？」

タクが振り向いた。私の手をつかんで立ち止まり、妻がメルトダウンする可能性を算出しようとでもするかのように、私の顔に探りを入れた。それから、例のごとくきっぱりとうなずき、私の親指と人差し指の間をさすり、エスカレーターのほうに促した。私は心中悲嘆にくれながらも、無言でついていった。

数階上がったところで、タクは黙ったまま角を曲がり、マッサージチェアの展示会場に導いていった。けばけばしい人工皮革のリクライニングチェアがずらりとディスプレイされ、いろんな角度に倒されている。足元に揃いのフットマッサージャーが付いているものもあり、多くの座席がキャップを被った退職者やスーツ姿のサラリーマンで占められている。すっかりくつろいで目を閉じ、口をだらしなく開き、ネクタイを傾け、居眠りのピーッという音を立てている人もいる。

「座って」タクが言った。私は従った。

彼は椅子についているコントローラーを取り上げ、いくつかのボタンを押した。それから仰向けに寝転がるよう身振りで示した。私はどのくらいの頻度でその展示用リクライニングチェアが拭き掃除されているかは極力考えないようにして、なめらかなノーガハイド〔ソファなどに使われるビニールレザー〕のクッションに、足を振り上げて載せた。

「オーケー」私のほうに身を乗り出して、タクが言った。「三〇分のプログラムをセットしたからね。ここにいるんだよ。動いたらダメだよ」

半時間後、私はまどろみの中に漂っていた。うとうとしつつ心は鎮まり、「リパブリック賛歌」さえ私を苛立たせることができなくなるそんなプランを思いついた夫の驚異的な知恵に、新たな尊敬の念を覚えていた。タクが戻ってきたとき、その手には一括購入と、さらに値切ることによって、どこよりも安い値段で購入したすべての電気製品のレシートが握られていた。

数日後、私たちのマンションに引っ越した。狭いし、オーヴンはないし、乾燥機の付いた洗濯機は入らないし、日本人女性に合わせて作られたキッチンのシンクは低すぎて腰をかがめなくてはならない。それでも、それは私たちの家だった。

新しいお気に入りのカフェを求めて近所を散策したものの、ユニークな店は見つからなくて、結局、二ブロック先のスターバックスで我慢することにした。床から天井まであるガラス窓のすぐ内側の席をお気に入りに決めて、テーブルに向かって座っていると、なぜか心を動かされた。ディスプレイ用の棚にぎっしり並んだマグや魔法瓶にはアメリカのスターバックスのロゴが付いているが、その下には日本語の表示がある。スタッフはスターバックスのエプロンをしているが、客が入ってきたとき、そして出ていくときにも頭を下げる。メニューには見慣れた絵があるが、説明は日本語で、桜クッキーや番茶ラテなど、日本限定のメニューもある。豆乳カプチーノを注文すると、バリスタ（調理スタッフ）にドリンクと引き換えに渡すためのカードを手渡された。日本語の下に英語でこう書かれていた。

「このカードは、豆乳でお作りしたドリンクを間違いなくお渡しするために使用しています」

(乳アレルギー事故などの防止のため)

そこのすべてのシーンが、私の風変わりな二大陸生活のミニチュア版に感じられた。なおも、ボストンのアパートメントを又貸しする相手が途切れたら家賃をどうやって払い続けようかとハラハラし、二つの半球での二つの生活を維持するだけのエネルギーを私がもち続けられるかどうかも不安だった。でも少なくとも今、私は二つの場所に正式な住所をもった。両方の地に根を下ろした感覚は、きっとあとからついてくるだろう。

PART 4

再統合期

第Ⅲ段階

THE REINTEGRATION STAGE

第３段階は回復の始まりであると同時に……カルチャーショックの進行の中では最も激しやすい段階でもある……。再統合期の初期にある人が、移り住んでいる国の文化に対する強い拒絶を示し……自分自身が無防備であるか、もしくは攻撃されていると感じるのは皮肉なことだ。

——ポール・ピーダーセン著『カルチャーショックの５段階』より

「誰も日本を愛しちゃいないよ、きみ」

——ドナルド・リチー

（アメリカ人。東京についての著名な作家、映画評論家。長年日本に在住）

12

二〇〇七年の冬と春の大半を宙ぶらりんな心理状態で過ごした。タクとの間の楽なハーモニーや、日本にいるときののんびりした生活ペースはありがたかった。だが、一方で、どうしてこんな思いもしなかったライフスタイルとアイデンティティに行き着いてしまったのかという考えが頭から離れない時期を幾度か経験した。外国人女性が日本で長期的に満足して暮らせるかどうかを予測するジェシカのテストが、目の奥にちらつき続けた。フリーランスの執筆はパートタイムの仕事にしかならず、かといって地球の裏側から新しく何かを始めるのは困難だった。私の日本の銀行口座や健康保険証に、私のことが「シュフ」として記載されているのを見ると、時折、良心がチクチク痛んだ。私にわずかでも収入があれば、それらはボストンの口座に入り、大阪の世帯の生活費への貢献はゼロだったからだ。

ある日のこと。スターバックスのいつもの席で、読んでいた「インターナショナル・ヘラルド・トリビューン」紙を下ろし、豆乳ラテを押しのけ、私の後悔に対する客観的な分析を試みた。海外生活では、とかく自国での生活を美化しがちだ。もし外国に暮らしていなかったらしているだろうことや、自国でなら成功するに違いないあらゆる方法をつい考えてしまう。ちょっとしたフリーランスの執筆仕事で収入を補いながらＭＢＡの学生にコミュニケーション戦略を教える半年契約の講師職なんかではなく、ひょっとしたら、英語学部の文学教授としての終身身分につながる職を得ていたかもしれない。ひょっとしたら、才能ある受刑者との共著で、刑務所教育の世界で名を成していたかもしれない。

おぼろげな空想は心の中でさらに膨張し、私の刑務所での目覚ましい業績が下院を動かし、獄中大学のプログラムにより多くの補助金が回されることになる。細かい点をもう少し埋めていかなければならないが、私の頭の中で、これは素晴らしい展開に響いた。共著者は出所後に有望な仕事を保証され、私は簡潔だが雄弁なインタビューを行って、刑務所内での大学教育が再犯防止につながるという新しい調査結果を絶賛しつつ、品良く本の宣伝をする。もちろん、そのときの私のファッションは完璧だ。

だが、実をいえば、私は基本的に日本にいるときと同じくらいの不安や切望や後悔を現実のアメリカの生活でも抱えていた。結局のところ、ボストンは終身身分につながる職の獲得を諦めた土地だった。サウスエンドのアパートは、獄中の男たちにジェンダー・スタディーズを教えても何の役にも立たないのではないか、とか、それはただ彼らに「品行良し」のポイントを稼ぐ便利な方法を提供しながら、教育が簡単に手に入った私自身の罪悪感をやわらげる手段にすぎなかったのではないか、などと考えながら、来る学期、来る学期を過ごした場所だった。アメリカにいるときの私は、ほんとうはもっとお金を稼いでいるはずだ、もっと華々しく成功しているはずだ、もっといい服を着ているはずだと、いつもくよくよ考えていた。疎外され、やる気をそがれたことや、まわりに溶け込んでいないと感じたことも多々あった。それが「人間」というもの、必ずしも「海外の人間」ではなく。突然、そんな考えがひらめいた。

どこに暮らしていようが、人は何かを犠牲にし、失敗を認める。でも、海外在住者は、ときに自分の国の芝生のほうがより青いと信じてしまう。外国では切望や後悔は容易に増幅されるが、実際には、外国人であることで時折感じる孤独感に不当に過敏になっているだけなのかもしれない。世界の反対側にいると、いとも簡単に自国に対するシャープな目を失ってしまう。

今、大阪のスターバックスでは、ジョニー・キャッシュの「リング・オブ・ファイア」がオーディオシステムから流れ始めた。「深く、深く、落ちていくと、炎はさらに高く燃え上がった」キャッシュが甘い声で歌い、隣に座っているキルトスカートをはいた女子生徒はテーブルの上に突っ伏して寝ている。コーヒーの半分残ったマグの横に額がつくくらい頭を倒し、傍らにはラインストーンで飾った携帯電話がきらめいている。ともに夢と失望の両方がある私の対照的な二つの世界について分析していると、こんな考えが浮かんだ。そりゃあボストンの生活のほうが楽よ。それは疑いようがない。でも、私の究極的なゴールは楽なことかしら？

バッグからら せ ん綴じのノートを取り出し、「人生にほんとうに欲しいもの」のリストを作った——ある種の永続する家族のような絆。大事な親しい友達がいて、必要以上につらくなったり淋しくなったりしない生活。やりがいのある仕事。読書や旅行をする時間。健康維持のための運動をする時間。週に何度か外食でき、ＧＡＰでセーターを買えるくらいの金銭的余裕。学べる機会が常にあり、世界に対する興味を失わないでいること。素敵な靴。

そう、確かに楽なのはありがたい。でも、それは最も重要なことだろうか？　安楽な人生より驚きの多い人生のほうが希少なのではないだろうか？　きっと意義深さは単なる便利さや、いえ、幸せよりさえも価値がある。

　はたして大阪が私の最も大切なゴールの達成を拒んでいると言い切れるだろうか？　今の状況が、常に想像していた自分の姿にどれくらい近いか、またはどのくらいかけ離れているかをあれこれ苦悩しても何にもならない。それよりも今は、現在の生活をどうすればベストな形にもっていけるかを考えるべきなのだ。

　私は具体的な目標の設定に着手した。まず日本における在留外国人の文学界の状況を調べる。英字新聞や雑誌のために執筆を試みる。東京で〈フォー・ストーリーズ〉を主宰する。海外生活には折々の居心地悪さや疎外感が付きものであることを受け入れた上で、それにより海外生活が悪くはならないし、必ずしも自国での生活より悪くなるわけでもないことを受け入れる。

　スターバックスのＢＧＭはボブ・ディランの知らない歌に変わった。彼の歌だということは声でわかった。独特の鼻にかかる声のスモーキーさが、まわりの掲示板の漢字や平仮名や片仮名のシャープな形とコントラストを成している。最後にもう一つ、固い決意をした。それはＹＷＣＡでのそれまでの惨憺たる成績にもかかわらず、次の学期も日本語クラスを受講することだった。


　新居への引っ越しも終わり、キッチンの棚に最低限の鍋、皿、ナイフやフォークなどが揃うと、私たちのマンションで週に三日、私はタクとお義父さんのために夕食を作り始めた。パスタ、焼き魚用グリルで焼いた魚や小さなステーキ、オンラインのレシピを見ながら中華鍋で作った料理などを出した。お義父さんはいつもきちんとした服装で夜の八時にやってきた。涼しい日にはウールのベストやカーディガンを着て、白くなりかけた髪にはきれいに櫛が当ててあった。タクの帰宅がまだなら、ビールを出し、テレビのニュース番組を付けた。タクから、九時より遅くなるので先に始めていてほしいという携帯メールが入ることもあった。

お義父さんはあまり話さない。不必要な会話も含むあらゆる無駄を軽蔑する人だからだ。タクがいるときも、二人は食事をしながらほとんど話さない。お義父さんは料理を一皿ずつ順番に終えていく癖があり、たいてい肉料理やパスタを食べ終えてから、サラダや野菜料理に移った。タクはもっと精力的に食べ、物を嚙むときには頰が膨らんで飛び出していた。彼らのどちらかがビールのおかわりや、冷蔵庫にある何かを欲しがったときには、私が立ち上がって注ぐか、取りにいった。そんなとき、タクのおばのミチコさんが自宅での夕食に招待してくれたときに、他の人たちがただ座って食べている間も給仕し続けていたことを思い出した。

たまにタクが日本語で何かを話すと、お義父さんは同意したか、または聞いたというしるしにうめき声を発した。皿のものをすべて平らげたあとには、いつも私に向かって微笑み、「ゴチソウサマデシタ」と言った。それは「美味しい料理をありがとう」という意味だ。それから椅子にゆったりと背を預け、タクが食事を終え、私が緑茶を出すのを静かに待った。運よくカシューナッツ・チキンが炒めすぎてなかったり、ステーキが焦げていなかったときには目を輝かせ、驚きと喜びの入り混じったにこやかな笑みを私に投げかけて、「ウーン、トリニクワウマイ！」などと言った。

タクとお義父さんの間の沈黙に耐えきれなくなって、私が話題を盛り上げようとすることもあった。

「オトウサン、次回は新しい魚料理を試そうと思うんだけど」と言いながら、プリントアウトしたレシピを見せた。「サーモンはお好きですか？」

「オブ・コース！」（Of course）お義父さんはうなずいた。食べ物に関する質問に「オブ・コース！」という返事を何度かされたあとにやっと私は、そのフレーズが「はい、とても」（Yes, of course）という意味に使われていることを理解した。

日本にいるアメリカ人が第二次世界大戦の話題をもち出すのが失礼であることは承知していたが、当時はまだ子どもだったお義父さん自身の体験にとても興味があった。そこで、そんな質問をしても気を悪くされないだろうかとタクに尋ねると、「たぶん、大丈夫だよ」という返事だった。

それで、夕食時にその時代について何度かお義父さんに直接尋ねたことがあった。また、たまたまそんな話題が遠回しに出たこともあった。

ある夜、「オトウサンが子どものとき、日本にアイスクリームはありましたか？」と質問した。彼が言うには、六歳のときに戦争は終わったものの、その後の数年間はひどい食糧難だったので、ティーンエイジャーくらいになるまでアイスクリームは食べたことがなかったそうだ。

「ほんとう？」私は言った。食糧難がそんなに長く続き、裕福な家族も影響を受けていたのは意外だった。お義父さんはお金の問題じゃなかったと説明した。買える食糧自体がなかったのだからと。

「チューインガムは？」と訊くと、お義父さんが初めてそれを口にしたのは、汽車の中でお菓子を配っていたアメリカ人兵士からもらったときだったと言った。私は想像をたくましくした――カーキ色のスーツを着た思春期末期の青年兵。ラペルにカラフルなピンバッジ。片方になでつけられたライトブラウンの髪。キャップを被ったその頭は、車両を埋めている不安そうな乗客たちより一〇センチほど高い。その手にはピンク色の〈バズーカ〉製風船ガムが握られている。

最後に私は尋ねた。「それで、チューインガムは気に入りましたか?」

「オブ・コース!」

アメリカ人兵士がまわりにいることを、家族や近所の人たちは奇妙に感じたり怖がったりしなかったかどうかも尋ねた。するとお義父さんは、誰もがただ戦争が終わったことにほっとしていたと言った。

ようやくタクが食事を終えると、私は食器を片付けて、あとで洗うためにひとまず流しの横に重ねておき、お茶の湯を沸かす。二人の男性はテーブルを前に座ったまま沈黙し、時折スタッカートのような短い言葉を交わしたり、小さくうめいたりしている。そのどちらも私には意味不明だ。そのうち私が鉄瓶の急須にいっぱいの煎茶を運び、それぞれのカップに注ぐ。お茶を飲み終えると、お義父さんは「ソレジャア」という言葉とともにそろそろと椅子を後ろに引き、私のほうに頭をかしげ、最後にもう一度「ゴチソウサマデシタ」と言う。

タクと私がドアまで見送ると、お義父さんはいったん体を安定させてから、玄関に脱いであった靴――高齢者のためにデザインされた厚底の黒いローファー――に足を滑り込ませる。ちょうど新学期のYWCAの授業で、最も丁寧な言葉遣いの「ケイゴ」(敬語)を習ったばかりだったので、息子の嫁にふさわしい別れの言葉を試すことにした。

「イッテ・クダサッテ・アリガト！」手のひらを腿に当て、おじぎをしながら言った。

お義父さんはドアのほうに向きかけていた動作をストップし、タクは目を丸くして私のほうを見た。それからお義父さんはピンク色の相好を崩し、歯を見せて大笑いした。

「えっ？」私はタクのほうにくるりと顔を向けた。「変だった？『私たちを訪問してくださってありがとうございます』って言いたかったんだけど！　ほら、イッテ・クダサッテ・アリガトって」

「それなら、キテクダサッテと言うべきだよ」タクがゆっくり言った。「イッテ・クダサッテだと、『去ってくださって』という意味になるんだ」

その夜遅く、食器を洗っている最中に弟がスカイプしてきた。東海岸では早朝で、彼は勤め先の病院に車で向かっている途中だったので、声はくぐもって聞こえ、背後には拍動する高速道路の音がしていた。

「夕食とお茶を出したところ。今は洗い物をしてるの」流しに前かがみになっているので、マイク付きヘッドフォンのコードが危なっかしく揺れている。「ディッシュウォッシャーがないのよ。最悪！　っていうか、私がディッシュウォッシャーなの、日本の良き妻」と皮肉った。

「タクは何してるの？」とスコット。

「テレビを観てるわ。父親が帰っていったとたん、手伝おうかって言ったけど。父親がいるときは二人ともただ座って、私が給仕するの」

「へーえ」

「そんなにいやじゃないわ、ほんとのところ。不思議だろうけど。これはただ、タクのお父さんのために週に数回することだって割り切ってるの。それが彼の文化だから、その文化の中にいる彼に敬意を表すためにやってるだけ」

「そうなんだ……」弟は言った。「アネキが男のためにかいがいしく料理して、皿洗いする姿なんて想像すらできないよ。しかも、……」彼は一呼吸おいた。「いやじゃないとはね？　よりによってアネキが？　そんなにも昔風な役割を気にしないって？」

「おっしゃるとおり」洗い終えてラックにでたらめに積み重なった食器を、もう少しきちんと並べ替える。「ほとんど演技って感じ。これはただ私が演じる役なのよ。これは私の文化じゃないけど、そんなふりをしてるというか」

「でも、それがアネキの家族なんだよ、違う？」

それは弟に、いえ、私自身にさえ説明できなかった。でも日本は相変わらず私にとって不可解で、そのリズムも習慣もあまりに違っていたので、そこで昔風の「主婦」の役を演じることは何も脅《おびや》かしはしなかったのだ。特に大阪での私のアイデンティティとは似ても似つかぬアメリカ側の別の半分の人生に、まだ自由に出入りできていたのだから。

「ふーん」弟は電話を切る前に不満げな声を漏らした。「ぼくには理解できないな」そして、彼はふたたび繰り返した。「アネキが男のために喜んで仕えている姿なんて、まったく想像できないよ」

「私もできない」

しかし電話を切ったあと、スコットに言ったことが完全に正しかったのかどうかが、少なくとも、その時点ではすでに確信がもてなくなっていた。タクとの生活は、なんというか、とてつもなく〝レトロ〟に感じられた。私が銀行の出納係と会話ができないために、私は彼から生活費を手渡されていたし、私が主婦を演じている間にタクは私たちが生きていくための実務や手配のすべてを行っていた。が、それは私に「自立」の意味について考え直させていた。折に触れ、最も重要なのは私たちの役割のカテゴリーでもなければ、私たちが直面する限界でも、私たちが犠牲にするものでさえないということを、私は学びつつあった。大事なのは、その役割や犠牲を自ら選び、それを自分に合うように変えられる手段を手にしているかどうか、他にも選択肢を与えられた上で、それでもより伝統的なシナリオを自分たちに合わせる方法を見つけたかどうかなのだ。常にあらゆる面で主導権を握った完全に自立した女であろうとする代わりに、おそらく私は少なくとも生活の一部分なら主婦にだってなれる――そのような存在の仕方を自ら選び、それを自分自身のものに作り変えられるなら。そして、必要とあらば、そこからの出口も見つけられるなら。

少しあとに継姉が電話してきた。その晩に私がしたことを、もう一度彼女にも話した。

「あなたは誰ですか？」笑いながら彼女は言った。

東京での〈フォー・ストーリーズ〉の開催を準備するころには、それがたとえ私が長年抱いていた成功のイメージとは似ても似つかぬものであっても、生きる価値のある人生、いいえ、ひょっとしたら誇れる人生すら築けるかもしれないと信じ始めていた。とはいえ、相変わらず私は、不幸を装うために自ら作り出したある質問に悩まされていた。

いったいいつになったら、私はタクと恋に落ちたように日本と恋に落ちるの？

行き着くところ、私はボストンを愛している。遠方での人生を選んだことへの後悔を振り払うために、無理やり大阪を愛する必要などないのではないか？

東京行の新幹線に座っている私のまわりでは、サラリーマンが弁当を食べている。高速ゆえにかすむ車窓の風景。その中をスリル満点のスピードで突っ走るにつれ、大阪が流れるように京都になり、米原になり、やがて名古屋になる。毛羽立ったキルトのように広がる緑の田んぼを背景に、線路沿いの電柱が白くて固い川にワープする。

海外在住者としての生活のB面の一つ。それは、日本の小さな外国人社会に影響を与えるのがいかに簡単かということだった。数カ月前に初めて大阪で開催した〈フォー・ストーリーズ〉のある回のあとには、日本最大の英字新聞「ジャパン・タイムズ」紙が国内ニュースのトップに取り上げてくれた。同新聞の大阪ベースのアメリカ人編集者——妻は日本人——とはコンタクトを取るのも簡単だったし、親切にもこちらの誘いを受け入れてイベントの一つに立ち寄ってくれ、数カ月後には、いつか朗読者になることにも同意してくれた。東京で開催される会についても、別の主要な英字新聞「デイリー・ヨミウリ」紙の編集者が自ら接触してきた。

東京の会のために見つけた作家たちの出版物は、ボストンの〈フォー・ストーリーズ〉に登場した作家たちのそれに比べると、より小規模でより局地的なものだった。だが彼らは同じくらい、いえ、ある意味もっと親切でやる気満々だった。それは東アジアにはそういったイベントが存在していなかったからだ。また、日本には英語で出版する作家が非常に少なかったので、彼らはより名の通った存在でもあった。

さらにここでは、ある外国人が他の在留外国人を見つけ出して突然メールすることも、それほど異常なことではなかった（アメリカでは、全国に名の知れた作家にメールを送りつけて、地方の読書イベントで無料の朗読をしてくれと依頼することは失礼だと見なされかねない）。したがって、ここではひんぱんに同好の友を見つけることになる。

東京では新しく友達になったエイリオの家に泊まることにしていた。彼女もまた日本人の歯科医と結婚したアメリカ人ライターだ。彼女とは外国人妻のネットワークを通して知り合った。日本人女性と結婚した白人男性たちの圧倒的に大きなコミュニティと比べると、こちらは小さくて、はるかに情報を得やすい。エイリオは少々ワイルドなブロンドのロングヘアで、ファッションセンスも一風変わっている。ボッティチェリの貝殻からカウボーイブーツとほつれたジーンズ姿のヴィーナスが誕生したかのようだ。私と同じくフリーランスのライター兼編集者として身を立てているが、外国語としての英語のテキストブック作りの仕事にも携わっている。エイリオは南アフリカの大学院に行ったときに海外生活は経験済みなので、異国に外国人として暮らすことに私より楽になじんでいた。進歩的でおもしろく、ファンキーかつ親切で、ジョディやジェシカ同様、長く続く友情が確信できた。

別の新しい友達リーザはバークレー出身のユダヤ人でベジタリアン。やはり日本人男性と結婚し、東京をベースとしたヨガ・スタジオを経営し、私のイベントで朗読することになっていた。彼女は小規模な独立系の組合や出版社からすでに多くの本を出版し、全米芸術基金から翻訳補助金も獲得していた。彼女はまた、作家で映画評論家のドナルド・リチーの長年の担当編集者でもあった。リチーは東アジアの学者サークルの外ではあまり知られていないが、オスカー・ワイルドとミシェル・フーコーとラフカディオ・ハーンを一つに合わせた感じの執筆スタイルで、親日家の作家や学者の世界で中心的な地位を占めていた。リーザは〈フォー・ストーリーズ・トーキョー〉のオープニング・ナイトで彼女といっしょに朗読するよう、リチーを説得してくれた。

さらにリーザは私が見つけた開催場所候補の〈ピンク・カウ〉というレストランにも紹介してくれた。在日欧米人の間で人気があり、カリフォルニア出身の（私と同じ）トレイシーという名の女性がオーナーだ。日本での暮らしは数十年に及び、その髪はエイリオよりもさらに長く明るいブロンドで、もっともつれている。イベントの間中、彼女は東京のダウンタウンの浜辺に流れ着いた陽気なバイリンガルのサーファー・ガールよろしく、バーとレストランの間を踊るように飛び回り、ドリンクを手渡し、あっちで日本語、こっちで英語を飛ばしていた。その夜、私はステフン・ドナルドソンというアメリカ人の刑務所改革運動家についてリサーチして書いたものを朗読した。一九七〇年代にアメリカの刑務所内でレイプされた彼は、男性受刑者間の性的暴力を初めて公に訴えた人物になった。物議を醸す材料だが、明らかにトレイシーの心に深く訴えたようだ。朗読の合間に何度か、フロアの反対側からこちらに向かって「オー・マイ・ガー！　私たち、姉妹じゃないの？　魂の姉妹ってとこね！　同じ名前の！」と叫んだりした。それだけでは足りず、手荒く抱き締められたこともあった。

東京のイベントにやってきた人の数は当然ながらボストンよりは少なかったが、それでもオープニング・ナイトには六〇人ほどが集まったので、私は大満足だった。参加者と朗読者全員の中で、私が最も魅了された人物はドナルド・リチーだった。八〇代前半で、ダークスーツに丸い黒縁眼鏡、薄くなりつつある白髪が数本、ポマードを薄く塗った頭から今にもさまよっていきそうだった。彼は有名な自著『瀬戸内海旅行記』（The Inland Sea）から、日本と欧米を対比させる一節を読んだ。微笑むと、少し歯並びの悪い歯がのぞいた。全体としては、博識で茶目っ気のある雰囲気を醸し出していた。

リチーは戦後、アメリカ占領軍の一員として日本にやってきて以来、短い一時帰国をのぞけば、一度も日本を去らなかった。私は彼が半世紀以上もここに住んだということに驚嘆せずにはいられなかった。よほど日本が気に入ったのね、と思った。

朗読のあと、参加者同士が交流したり飲んだりしていたときに、心の中にくすぶり続けている質問を彼にぶつけた。

「実際、日本を愛し始めたのはいつごろでしたか？」一呼吸おいて付け足した。「つまり、日本に到着して、この国に恋に落ちたと感じるまでにどのくらいかかりましたか？」

「ねえ、きみ」彼は梟《フクロウ》のような眼鏡の奥から私を見降ろしながら、ゆったり答えた。「誰も日本を愛しちゃいないよ」ドラマチックな効果を狙うかのように、彼は両手を前に投げ出した。「ただ、この国が際限なくおもしろいのでね。それで、いつまでもいるんだよ」その声はオックスフォード大学の教授がよちよち歩きの子どもにでも話しているかのように、いかめしく、もったいぶって響いた。

私は何時間も何かを探し続けていた人が、実はそれがずっと自分の服のポケットに入っていたと発見したときのようなショックを受けていた。誰も日本を愛しちゃいない！　頭の中でその言葉の株価が急上昇し、大はしゃぎしていた。翌日、大阪に戻る新幹線の中でも、リチーのその宣言を反芻《はんすう》した。右手のはるか彼方には、雪を被った富士山が未来永劫、死すことなくそびえている。名古屋、米原、京都。もはやこの国が克服できないものには感じられなかった。そして窓の外の地面が飛ぶように通りすぎていくにつれ、私の中に安堵がどっと押し寄せてきた。この先も私はけっして日本を愛せないかもしれない――いつもそんな気がして恐れていた。でも、どうやら愛さなくてもいいらしい。


秋を前にアメリカに戻った。一〇月にはタクがお義父さん、ミチコさん、ハマタニさん、ケイと夫のフナキさんを連れて、二週間の予定でボストンにやってきた。双方の家族が一堂に会する機会に、私たちは母に、私が日本人男性と結婚したことを初めて心から喜んでもらうことにした。それはテンプル・イスラエルで婚姻祝福式を挙げることに同意することだった。それも、ビーマー（シナゴーグ内にあるトーラー〔ユダヤ教経典〕を読むための講壇）やフッパー（簡易な門のような天蓋で、その下に新郎新婦が立つ）や、ラビのフリードマン師まで完璧に揃った式だ。

改革派のテンプル・イスラエルはユダヤ教の中では最も進歩的な宗派で、フリードマン師は同性愛者のカップルに結婚式をすることでも知られていたので、私がユダヤ教／キリスト教の伝統を拒絶する理由の一つ――その同性愛嫌悪症――は少なくとも現実的な意味を失っていた。私は両宗教が同性愛に対し歴史的に不寛容であることに加え、両方の経典に記された女性に対する差別的な姿勢もまた軽蔑していた。けれども、すでに夫をさす語である「主人」が家長を意味する言語の人と結婚したからには、いまさら旧約聖書のジェンダー問題に形だけのスタンスを取っても意味がない。

その夏、私たちがまだ大阪にいたときに、テンプルでタクがすべきプレゼンテーションの準備に、母が何冊かの本を送ってきた。『ユダヤ人とは何か?』という本もあれば、ユダヤ四千年史をカバーした六五〇ページもの本もあった。それらの入った箱を開けると黄色い付箋メモがあった。上端には母のモノグラムとともに再婚後の名前が入った「シャーロット・ローゼンより」という一文がエンボス加工されていて、その下には母の描いた大きなスマイリーの顔と、「楽しんで!」の言葉があった。母の意気込みをかわいいとは思うものの、私もタクも最初の本のタイトルには冷笑せずにはいられなかった。私たちはそれらをまとめて本棚の奥に突っ込んだ。

それでもタクは、ボストンに到着する前にすでにテンプルではヤームルカ（ユダヤ人男子が着ける小さな帽子）を被りたいと言って、母をうっとりさせていた。私の前ではラッパーのキャップをまねて斜めに被ろうかなどとジョークを飛ばしていたが、母はタクのその選択に感動していた。

「わかる?」のちに私が八月半ばに帰国したとき、母は大まじめに声をひそめて言った。「これって、私の気持ちを尊重してやってくれてるのよ」そして母はこっくりとうなずいた。ブロンドの作り込んだ髪が、明らかにタクの儒教的な価値観を敬っておじぎしていた。

その秋、ボストンは私の中で黄金に輝いていた。刑務所の仕事は休講にし、MBA課程の半学期二カ月のライティング・ゼミはすべて、タクたちが到着する前に前倒しした。それ以外は、フリーランスの小さなプロジェクトをいくつかこなして過ごした。

サウスエンドのアパートメントでは、お義父さんの部屋で見つけた古い写真のコピーを最近のものといっしょに飾った。着物を着た祖父の腕に抱かれている赤ん坊のタク。古いせいで背景の庭は端のほうが色褪せている。大阪市中央区役所で法的に結婚した冬の日にタクと私が撮った一連のスナップショット。二人とも頬は寒さに痛めつけられ、私は白いフェイクファーの帽子を、タクはニットのスキー帽を被っている。最後の写真では、タクが怯えたふりをして口を開け、目を見開いている。海辺で撮られたタクと妹の古い写真も何枚かある。ケイの小さな赤いビキニはずれて、タクは兄らしく胸を張っている。サングラスをした母親は美しく、父親は黒い髪をエルヴィス・プレスリーよろしくオールバックにして海中に立っている。

部屋ではのんびりベッドに座って「ヴォーグ」誌や小説を読んだり、新しく夢中になったテレビ番組の「ゴシップ・ガール」や「クリミナル・マインズ」を観たりしたが、そんなとき、首を回して私の大阪生活のルーツであるタクや彼の家族の写真を眺めると、とても満ち足りた気分になった。タクとは例のごとく日に三回のスケジュールで話していた。その内容はしばしばタクがランチと夕食に食べたもののリストに終始したが、そんな短いつながりがボストンでの私の自立した一人暮らしのまわりに親密さの骨組みを築いていた。ときどき、私たちの会話のそんな平凡さをもう少し心配したほうがいいのかしら、知的なジョークの交換がないことは深刻な欠陥なのかしら、などと思うこともなくはなかった。でも私の一人ぼっちの生活が、彼がきちんと三回電話してくるという信頼に守られていることは確信していた。その温かさの奥に、そんな杞憂《きゆう》はたいていしまい込まれた。

授業のない日はセントラル・スクエアのさまざまなカフェでスパイシーなチャイやペパーミントティーをすすりながら「ニューヨーク・タイムズ」紙を読み、学生の宿題を採点した。その間もマサチューセッツ・アヴェニューの木々の葉は黄色に変わっていった。夜には友人たちと食事に出かけた。セスとロバートとは〈フランクリン・カフェ〉で好物のリングイネ、ジェナとミーガン、またはステイシーとは〈ミラクル・オブ・サイエンス〉でガーリック風味のグリルドチキンサラダのライム&コリアンダー・ドレッシング添え。どの料理も友達も、日本にいるとき、恋しかった。

土曜日には何もプランを立てず、一日中ショッピングや、勝手知ったるニューベリー・ストリートをただぶらぶらして過ごした。まわりには近くのカレッジの海外留学生たちがうろついていた。デザイナーズ・ブランドの服をまとい、スポーツカーから飛び降りて、レストランのテラスでの早めのカクテルタイムに声をかけ合っていた。観光客はアート作品を売っている髪形の変な露店商の近くをうろうろしていた。ショートパンツとゴムぞうり姿のティーンエイジャーたちは、歩きながら携帯電話でやかましく文句を言っている。澄みわたった青空の下、急いでいる者はいない。誰もが物憂げに互いをのんびり眺め、太陽は店のショーウィンドウになめらかに反射している。私はブティックに入ったり出たりして、いろんな小物や、サイズが合うことがわかっている服を手に取ってはひっくり返しながら、まわりの声に耳を傾けた。完全に理解できる会話が新鮮だった。

キッチン用品の店〈クレイト&バレル〉ではアジアンフードと料理本のコーナーで、磁器のご飯茶碗を見つけた。日本の茶碗より少し大きめで、白と黒でモダンな桜の模様が浮き出ている。それを四つレジにもっていき、二〇代とおぼしき店員にていねいに包装するよう頼んだ。

「海外に住んでるので、スーツケースに入れてもち帰らなくてはならないの」

「かっこいい。どこですか?」

「うん、実は日本なの。夫が日本人だから」

「うわー、すごーい、かっこいーい!」店員は熱狂し、私は誇らしさのあまり、私の多文化主義がうわべだけであることはこの際忘れて、素直に悦に入ったのだった。

タクがやってくる一週間前に、私は四〇歳になった。お祝いに母と継父がバックベイにある、完璧にアルデンテのパスタと、私には読めないワインリストと、紙のように薄い仔牛肉のある高級レストランに招待してくれた。そこで母は婚姻の祝福式に黒のドレスを着るという私のアイデアは「受け入れられない」とずばり警告した。

「でもドレスアップするとき、私はいつも黒を着るのよ。第一、これは伝統的な結婚式でもないでしょ。言っておくけど、白いロングドレスなんて着ないわよ」私は自分の権利を主張した。「タクも私も高価なドレスを買う余裕なんてない。そんなの、私たちらしくないし」ウェイターにグラス一五ドルのマルヴィック〔ボルドーの赤ワイン〕のおかわりを合図しながら、母を諭した。

「それに、日本では、白はお葬式に着ていく色なのよ」

かつて伝統的な神道の葬式では人々が白を着ていたことは知っていたものの、今もまだそうなのかはわからなかった。ただ、母が文化的なタブーを犯す恐怖に負けて、引き下がるであろうことはわかっていた（のちに、今は日本でも私たちと同じように、葬式には黒または暗い色を着ていくことを知った）。

数日後、母に連れられて〈サックス〉にショッピングに行った。ウェディング産業に対する私の否定的な態度にもかかわらず、母は娘とドレスを買いにいくこと自体が幸せそうで、女王のように微笑み、女性の店員とともにあきれたように目をぐりんと回していた。そんな母の様子に、私はこっそりとだが、ホロリとなっていた。最終的に私たちのどちらもが気に入ったのは、ウエストに黒いボーダーがベルトのように回っているクリーム色の膝丈のカクテルドレスだった。一五〇ドルに値下げしてあったので、昨今の結婚式関連のぼったくりぶりを非難している私のスタンスも一応維持することができた。

また、姉のローレンとはしばらく電話が行き違いになっていたが、それはあっという間に、留守電上のバトルの種に発展した。

「結婚の祝福式には来るの、来ないの？」むっとして、私は姉の留守電に吹き込んだ。「すぐに知りたいの。式のあとの〈レスパリエ〉でのディナーに予約を入れてるから」

ついに電話で話せたときにはさらに言い争い、私たちがいつもしてきた喧嘩のバリエーションの一つを繰り返した。

ローレンは私の留守電は聞いていないし、第一なぜもう一度電話しなかったのか、といった感じのことを言った。それに対し私は、他のまともな人間と違い、あなたはけっして電話をかけ直してこないでしょ、と言い返した。「すぐに」という言葉の正確な定義や、スプリント（米携帯会社）の留守電サービスが故障する可能性についての口争いに、両サイドが驚くほどのエネルギーを費やした。

「わかった」ついにローレンが言った。その言葉はイライラの小さなジェット気流に乗って、夜の中をゆっくり流れてきた。「この誤解について、私は五〇パーセントの非を認めるわ……だから」白けきった口調で付け加える。「ここ、はっきりさせておきたいんだけど、あなたにも少なくとも五〇パーセントの非は認めてほしいわね」

「まさか、私もある程度の非は認めるけど、五〇パーセントは絶対にいや。四〇パーセントなら。いえ、ぎりぎり四五かしら」私は代案を出した。

「それじゃ足りない。私のせいじゃないってことはちゃんと理解されるべき……明確に同意されるべきなの。私がまたもやおかしくなったっていうエピソードとして、私たち家族の語り草になるのはお断りよ」

「それなら私だって、家族のみんなを巻き込むのは御免だわ。これはあくまで私たちだけの問題だもの」相手の言い分にシンプルに乗っかった我が戦法に満足し、さらに付け加えた。「それに、正確に言うなら、そっちのスタンスが私と同じくらい論理的かつ理性的だとは思わない」

と、そこで私はストップした。自分の言葉を反芻してみると、なぜ私たちがいつもこんな口争いを繰り返すのかが次第にわかってきた――そうやって、私たちは絆を育んでいるのだ。自分たちの口論に耳を傾け、辛辣な言葉の優雅さにこっそり得点を要求する。移民一世と二世のアメリカ人夫婦の子どもで、ともに大学院の学位を取得することにより社会に帰属しようと努めたことは言うまでもなく、家族のスペクトラムの両極の立ち位置にいる姉妹として、私たちは主に自分たち家族の意味を理解する奮闘を通して互いを愛してきた。私たち二人が真に欲してやまなかったのは、私たちがともに同意できる正確な意味に到達することだった。そして、それはかなわぬ夢であり、しかも私たちはそれを知っていながら諦めきれず、それゆえに余計に激しく言い争うのだった。

そのとき、私は知った――私たちの応酬の底には、私たちが一度も尋ねたことはないし、理解すらできなかった真の疑問があったことを。どうして私が母のお気に入りになり、ローレンが嫌われたのか。それを言うなら、なぜ親というものは時にあからさまに子どもの扱いに差をつけるのか。なぜローレンは別の家族と暮らすことになったのか。そして、なぜ私たち家族の誰もが、そんなことを許したのか。どうして皆がいっしょに暮らしていたときに、私はローレンをもっと上手く守れなかったのか。そして、どうしてローレンはただ恐怖におののいていた一〇歳にも満たない私に、そんなことを期待できたのか。そして、そもそもなぜ、いつも背景にあの禍々《まがまが》しいホロコーストの映像が流されていたのか。

互いに腹を立てたままローレンと私は電話を切った。するとタクとの絆がますます納得のいくものに感じられた。私たちの関係では言葉の応酬を避けることが多く、日本の生活は言語的にも地理的にも私を立ち往生させるものではあったけれども、そんな雄弁さを要求されない世界で私は癒されていたのだ。

翌朝、ボストンに出発するために荷物を詰めていたタクに電話した。ローレンとの言い争いについて不満をぶつけ、これから彼女と朝食をとることになっているが、それも気が進まないと訴えた。

「まだ、むかついてるの」私はふてくされた。

「きっと大丈夫」タクが言った。音節のリズムがアクセントのせいで上がったり下がったりする。「ただ、やさしくしてあげて。彼女に愛されていることを忘れないで」

「うん」私は言った。「愛されてる」


祝福式当日、タクと私はカフェでスコーンとティーの朝食をとり、チャールズ川に沿ってジョギングをして過ごした。のちにタクが時差ボケを取ろうと昼寝している間に、友達のドマリスがやってきて、結婚祝い代わりに髪にアイロンをかけてストレートにしてくれた。

「わー、素敵だよ」タクは起きるなり言った。「すごくかわいい！」

午後、私たちはタクシーでテンプルに向かった。手をつないで歩道を歩いていると、小さなデモのグループが見えた。彼らがヨルダン川西岸地区の入植問題について抗議の声を上げ始めると、その騒音には苛ついたものの、心情的には彼らを支持していた。すると、ワゴン車のタクシーから、タクの父、妹夫婦、おば夫婦が、いかにも用心深げに次々と降りてきた。彼らは前日に到着したばかりなのに、通りの反対側から私たちに向かって頭を下げている。抗議者たちはしばらくそんな様子を見守っていたが、目に映ったものの多様性に鼓舞されたかのように、そのうちの一人が叫んだ。

「イスラエルはアジア人も抑圧している！」（それは厳密には正しいと認めよう。イスラエルはアジアの西端に位置しているのだから）。すると別の一人がより具体的に言った。「中国人も！」

タクの家族はほんのかすかに体を固くした。一秒の何分の一か、いつもの型にはまったおじぎが止まった。ハマタニさんとケイが抗議者たちの英語を完璧に聞き取れたことはわかっていた。でもミチコさんや、ケイの夫のフナキさんさえ、流暢とは言い難い英語力ではあっても「チャイニーズ」の部分は簡単にわかったはずだ。私は目をむいてタクのほうを向いた。でも結局、二人ともただ笑うしかなかった。タクの家族は誰もが、白人の怒れる進歩主義者たちからまったく異なる国の人たちと間違われたことに気づいたそぶりを露呈することなく、一人また一人と体をまっすぐに戻していった。

シナゴーグに入り、タクの家族を、私の父とテキサス出身の再婚相手、その母ニッピー、私の姉と兄に紹介した。私はニッピーにはそれまで一度しか会ったことがなかったが、彼女はその場に呼ばれたことをとても喜んでいて、タクの家族が一人ずつ頭を下げると、真っ赤な口紅を塗った口元でにこやかに微笑み、のったりした南部訛りで挨拶の言葉を返していた。フナキさんは誰かに英語で質問されることを恐れてか、終始、顔を赤らめていた。私の上の姉のロビンも赤い顔をしていた。ロビンは英語がネイティブでない人といるとナーバスになる。互いに言っていることがわからなくて気まずい沈黙が流れたときに笑い出すのではないかと不安なのだ。

母と継父は前夜にブルックラインの自宅アパートメントで催したディナーで、すでに新しく私の親戚になった人々と対面していた。母が計九人のそのパーティのために雇った、ユニフォームを着た二人の給仕人のことを、タクの家族は誰だと思っただろう。それを考えると、私は心配になったり愉快になったりした。だが実際には、彼らはあまりに重症の時差ボケ状態にあったので、二人の存在に気づいたかどうかさえわからない。

「オトウサンはたぶん、『トレイシーの姉妹の中では、黙ってキッチンに引っ込んで、ただ料理を出していたあの二人が一番好きだったな』って思うでしょうよ」とタクにふざけて言ってみた。でも、タクはただ、母がディナーの席で〝殿下の国〟の女帝問題や、男子の世継ぎがいないことに対する日本国民の反応について触れないでいてくれたことに、胸をなで下ろしていた。

さて、シナゴーグ内では、タクのダークスーツと頭に載っているヤームルカに気づいた母が、よしよしといわんばかりに首を縦に振った。外の抗議者たちのスローガンがシナゴーグの分厚い壁を突き抜けてきて、遠くにある校庭の声のようにやわらかく反響していた。フッパーの下のフリードマン師はおおらかに微笑んでタクの家族のほうを向いた。そして、なおも微笑み続けながら、誰もが大音響で自らの考えを叫ぶことができるアメリカという国の素晴らしさと不便さに対し、両手のひらを上に向けた。タクのおばとおじは、ふたたびおじぎをした。

ラビが婚姻の祈りを詠唱し始めると、タクはちょうどいい間隔でうなずき始めた。彼の参加した管理職のためのMBAの授業で、ネイティブの英語人とコミュニケートするときには、理解しているという合図を言葉で示すことが重要だと教えられていたことを思い出した。今、タクはその教えを忠実に実行に移している。「アブラハム、イサク、ヤコブの名のもとに……」とラビが詠《うた》う。するとタクは「ウム、ハー」「ウム、ハー」と相槌を打ち、さらに理解していることを示して、うやうやしくうなずいている。

最後にタクが私の先祖の伝統に従い、ワイングラスを踏みつぶして、二家族を結束させた。彼の踵《かかと》の下でゴブレットに冷たい清潔なひびが入って割れると、あんなにもシニカルだったにもかかわらず、私にとってその日はパーフェクトな一日になった。

（13）

一二月に大阪に戻った。続く数カ月、私は新しくできた外国人の友達とその日本人の夫とのダブルデートや社交イベントにタクを引き込もうとした。アメリカでタクが私の友達とグループで付き合うことにどんなに居心地悪そうだったかは憶えていた。でも日本人の男たちとなら——特に外国人女性と結婚している人たちとなら——もっとリラックスしてくれるのではないかと期待した。

ある夜、少し前に知り合ったヘレンという女性が、彼女の夫の経営するラーメン店の上のアパートに友人たちを招いた。ヘレンは数カ月前の〈フォー・ストーリーズ〉に来たことがあり、私が外国人在住者のための雑誌に連載を始めたばかりの、食べ物と外国生活についてのコラム——吐き気を催しやすい人にお勧めのレストランについて——を愛読していると言っていた。ボストンの新聞に日本料理について書こうとして無残にも失敗した数年前の経験のおかげで、私はその仕事をする準備が完璧にできていた。ヘレンは外向的かつフレンドリーで、私と同じくタフツ大学を卒業していた。もっとも彼女は私よりかなり若いので、大学で出会った可能性はない。

それは金曜の夜で、タクはヘレンのホームパーティに行くのが遅れると会社からメールしてきた。その日の朝にも彼はあまり気が進まない様子だったが、最後には折れた。

「でも、どうして行きたくないの？」

「わからない。ただ、丸一日仕事したあとではしんどいんだよ」

タクの不承不承はなかったことにして、パール入りアイシャドウをさっと一塗りし、ヘレンの家に向かった。彼女のアパートでカクテルを飲み、その後、大きなグループで近くの、〈プレジデント・チボー〉という不思議な店名のお好み焼き屋に行く計画だった。「お好み焼き」とはキャベツの千切りや豚肉に、好みでチーズや韓国キムチ、餅（粘りのある米粉のケーキ）などを加えた塩味の日本風パンケーキだ。

パーティに着くなり、ヘレンをさっとハグし、輸入食品店で買ったワインのボトルを手渡し、一度も会ったことのない女性の隣に腰を下ろした。

「ハーイ、私、リサです！」髪もドレスも黒一色の彼女が、ブルーの瞳を輝かせながらアメリカ訛りの大声で挨拶した。手を差し出し、そして見たこともないほど真っ白な歯をずらりと見せて微笑んだ。

私はそのワット数に目をしばたたかせた。「ハーイ！　どうしたら、そんなに白い歯になるの？」

リサは赤ワインの入ったグラスを少し掲げて笑い、たぶん歯に関してはただラッキーなだけと言った。私は即座に彼女を気に入った。私も名前を言うと、彼女はモンタナ出身でシングル、近くの大学で準教授の職にあり、ほぼ一五年間、日本との間を行ったり来たりしていると自己紹介した。

まわりには他にも面識のない人々がいた。何人かは日本人の夫かパートナーのいる欧米女性、何人かはリサの友人で、リサと同じ大学や大阪アメリカ領事館に勤めていた。いろんな言語が空中で絡まり合っていた。

私たちがちょうど食事に出かけようとしたところに、タクが現れた。私は彼を皆に紹介し、彼が日本人男性の誰かと話し始めるのを待った。でも短い挨拶をしたあとは黙りこくってビールをちびちび飲み、ヘレンから出かける時間だと号令がかかると、ほっとした表情を見せた。

お好み焼き屋では、タクと私は私たちの大きなグループが陣取った長いテーブルの一番端に座った。左側にはジェシーという名のアメリカ人女性と、彼女の恋人で髪をポニーテールにした日本人のミュージシャンがいた。店内はけたたましく、タクと私の座った場所はコーナーなので、右側は壁だった。私はタクの前に身を乗り出し、背後の騒音に覆い被せるようにしてジェシーたちに質問した。どこの出身？　日本に来てもう長いの？　音楽で生計を立ててるの？　それとも他にも仕事をしているの？　どこで演奏しているの？

そして今度はタクのほうを向き、「そのクラブの名前、聞いたことない？」と訊いた。

「いや、聞いたことないな」タクは下を向いたまま、食べ物を箸でつついている。会話はもう一、二分なんとか続いたあとに崩壊し、タクは気まずい沈黙の中で固い笑みを浮かべていた。まもなくジェシーと彼氏は彼らの左のカップルのほうを向いた。

その夜遅く、家に歩いて帰りながら、私はタクに尋ねた。「どうして会話に入ろうとしなかったの？」

「さあ。ただ一日中仕事をしたあとは疲れてるんだ」そして、彼は言った。「ぼくはきみとは違う。社交的じゃないんだ。知らない人と話すのはあまり得意じゃない」

完全には無理だが、私は理解しようと努めた。常にきちんとして丁寧かつ熱心な印象を与え続けなくてはならない職場での長時間勤務。日本人のカップルは仕事でも家庭でも友達でも、二人の間にしっかり境界線を設けて、それぞれが別の生活をする傾向にあるという事実。そういえば、私はタクの会社に一度も、新年のパーティにすら、招かれたことがなかった。会社のイベントは従業員だけのものだからだ。一度、タクの大学時代の友人が東京で結婚式をすることになったとき、私もいっしょに行くものとばかり思い込んでいた。ところが違った。招待客の妻や夫は招待されないのだとタクに言われた。「招待する理由がどこにあるの?」とも。

それでも、私はやっぱり不満だった。私は社交的な人間で、私の育った文化では、カップルはそれぞれの友人といっしょに過ごす。お好み焼き屋では、他の日本人男性たちはタクよりは進んでパートナーの友人関係に溶け込んでいた。いや、少なくとも会話はしていた。

「わかった。人付き合いはあまり好きじゃないのね。それに、仕事のあとでどんなに疲れているかもわかってる。そしてここは日本で、たぶんカップルはめったに他のカップルといっしょに出かけたりしないのよね。でも私はアメリカ人。あなたはアメリカ人と結婚したの。だから、私は結婚相手に少なくとも私の友達と付き合う努力くらいはしてもらう必要があるの」

「努力はしたよ」タクは歩道を見つめながら言った。

「だったら、もっと努力して……できればだけど。だって、私はあなたのために日本に移り住んだのよ。だから私には私自身の生活の、アメリカでの私の生活の片鱗がここにも必要なの……できるだけ多く」自分の言葉を聞きながら、〝だって私はあなたのためにここに来たのよ！〟という台詞を何かと言うと振りかざす外国人妻にだけはなりませんようにと、かつてどんなに願っていたかを思い出した。

「オッケー」しばらくしてタクは言った。あたかも、ただ何か道具の歴史についての土曜セミナーにでも出席するのを承諾するような言い方で。

続く数日間、私は私たちの間に交わされたその会話を幾度となく心の中で反芻した。ひょっとしてタクにとっては、ただ一組のカップルと一対一で付き合うほうが楽なのではないか？　お好み焼き屋はうるさかったし、ジェシーと彼氏は私たちより若く、明らかに、よりファンキーだった。ロングヘアのミュージシャンの隣にスーツ姿で座っていたタクは、きっと場違いに感じていたのだろう。

ヘレンに電話して、ダブルデートをする気はないかと尋ねた。彼女の夫ヒロのラーメン店で食べれば――これにそそられないはずがないでしょう？――、私はヒロが家族でやっている外食ビジネスについてコラムを書ける。日時はタクが仕事で疲れ果てていない週末の夜を選んだ。当日の午後、タクはあたかも何か個人的な深い悩みでも抱えたかのように、ため息ばかりついていたが、行くことには同意した。

ヒロのラーメン店は一方の側が完全にオープンエアになっている。小さなゴザのマットに座ると、キムチラーメンの湯気がひんやりした空気に立ち昇り、私たちの頬を上気させた。ヘレンと私は噂話をして笑っていたが、ヒロとタクはお互いと話すときでさえ、堅苦しい英語で話していた。ついに私は言った。

「ねえ、タク。ヒロとは日本語で話していいのよ。ヘレンも私も気にしないから」

「ほんとよ、ヒロ」ヘレンもそう言い、私のほうを見て目くばせし、私たちはふたたび笑った。

最終的に男たちは徐々に自分たちのテンポを取り戻し、早口の日本語で話し始め、しばしばにんまりし、ときにはリラックスして笑い声を立ててもいた。大成功！　私は勝ち誇ってヘレンに微笑みかけた。

その夜遅く、タクと私はふたたびネオンきらめく大阪の通りを歩いて帰った。

「楽しかった？　そんなふうに見えたわ！　いい人たちでしょ？」

「うん、けっこう楽しかった」その声には自分でも驚いているような軽快さがあった。

「そう、だったら、いつか、またあの人たちといっしょに何かしない？」

「うー、……それはノー」タクは言った。まるで一つのアイデアがもう一つのアイデアとはまったく無関係でもあるかのように。

その返事があまりに予想外だったからだろうか。私は思わず笑った。次にはとても本気だとは思えなくて、彼の顔をまじまじと見つめた。彼に私の友達と交わってもらうためのアイデアは尽きつつあり、無理やり付き合わせようとしても、私の望んだ結果は得られなかった。

数日後、失意のうちにヘレンに電話した。

「そうなのよ！　ヒロも完全に同じ反応だったわ。楽しかった。でも、べつにまたしたいとは思わないって。あの男たち、いったいどうなっちゃったの？」

私のコントロールが及ばない状況をぼんやり見つめながら、電話を切った。ふたたび日本人の夫婦が、妻も夫も互いにとってのすべてではない――すべてであるべきでさえない――という前提に立ち、別々の人生を送っていることについて考えてみた。タクはいろんな意味で典型的な日本人ではないが、こと友達付き合いに関しては、私たちが正反対であることを認めざるをえなかった。そう考えると少し淋しくなり、結婚において、互いの限界や違いをどこまで受け入れるべきかがわからなくなった。どこまでなら犠牲にしていいのか？　それはいったい、どうしたらわかるのか？

するると、私がかつてかかっていたセラピストの姿が心に浮かんだ。彼女の助言者だった高齢の精神分析医が言った言葉を教えてくれたことがあった。「いい関係を保つのに最も重要なのは――」私は身を乗り出し、彼女は続けた。「調和ではなく、落胆とどう折り合うかなのです」

私はタク抜きで外国人の友達と交流する計画を増やした。午後のひととき、天井に木の梁《はり》が渡った古風な蔵を利用したチョコレート・カフェで、いっしょにリキュール入りの濃いホット・チョコレートを飲んだり、平日の夜に私が試したかったイタリアンやスパニッシュのレストランで夕食をともにしたりと。タクが私一人で友達と会うことをいつも応援してくれ、いつでも好きなときに出かけるよう促してくれたことは評価していた。でも、「必ずしも、あなたに私たちの集まりに加わってもらわなくちゃならないって言ってるわけじゃないの」とタクに言った。「ただ、そんなにはっきり興味がないっていう態度でなければいいのにと思うわ。たとえば、『わあ、それはおもしろそうだね。次はぼくも行きたくなるかもしれない。でも、今夜はほんとにすごく仕事で疲れてるんだ』みたいなことを言ってくれたらうれしい」

タクは私のこの助言をじっくり吟味した。ある夜、その週末に新しいワインバーで女子会があると言うと、彼は私の目を見てうなずいた。「わあ、それはおもしろそうだ。次はぼくも行きたくなるかもしれない」熱心さに顔を輝かせている。「でも、ほら……残念だな、女子会だから！」そして彼は協力的であることに満足しきった夫の、自信にあふれた微笑を投げかけた。

友達とも出かけないし、タクとレストランにも行かない週末の夜は、たいてい二人でお義父さんのマンションに行き、私が料理をした。彼らのためにそこで夕食の支度をすることは私をシンプルな充足感で満たしてくれたが、私自身、それには驚くと同時におもしろがってもいた。お義父さんのマンションはとても狭い。キッチンは古くて狭苦しい。でもお義父さんはいつでも喜んでくれた。ありえないほど低い流しに腰を曲げて向かい、ワケギをきざんだり、米をといだりしていると、タクとお義父さんが傾いたソファに座っているリビングから、国内ニュースや日本版「アニマル・プラネット」のくぐもった音が流れてくる。

すると、まだ家族がいっしょに暮らしていたころの両親のことが思い出された。私は一〇歳にもなっていなかった。フランスで夏のバカンスを過ごすため、四人の子ども全員と父とシーズー犬を自分の意のままに機内に送り込もうとする母の声は厳しくピリピリしていた。旅行するとき、私たちはいつもきちんとした服装をしていた。きれいにグルーミングされてケージに入れられた犬を航空会社の乗務員が引き取って貨物室に連れていくのを、両親は口を固く閉ざしたまま見送っていた。また、冬のヴァーモントでの週末のスキー休暇も思い出した。ストウの別荘に補充するための食料をトランクに山のように積んだステーションワゴンのハンドルを父は上の空で握り、私たち子どもが後部座席で黙って「マッド・リブス」〔単語の穴埋め遊び本〕をめくっている間、母は怒り狂った顔で窓の外を見つめていた。家族みんなで笑った唯一の記憶は、私たちの犬が前の座席の両親の間で目覚め、その小さな毛むくじゃらの胴体を揺すって眠気を振り払い、父の膝に乗ってちょっと父を噛んだあとにふたたび横たわったときだけだ。いえ、少なくとも、母と私たち子どもは笑っていた。

大阪では、私が古いキッチンテーブルに魚とご飯とレンコンの炒め物を並べると、タクのお父さんは必ず微笑む。タクの子ども時代について質問したり、私が彼に丁寧な日本語で話そうとして変なことを言ったりすると、うなずくか笑う。試したいレシピをいくつかプリントアウトして手渡し、好きなのを選んでもらおうとすると、お義父さんはその一つひとつをゆっくり読み、写真をあらゆる角度から眺め、英語で書かれた材料を指でなぞって、ときには小声で発音してみる。ついにはにんまりし、選んだ一枚を私に返す。食事が済むと、彼は胃をポンポンと叩き、「シャンキュー、トォレイシィー」と言ってお茶を受け取る。そして足を引きずりながらリビングルームのソファに戻って、またテレビを付け、くつろいで満足げなため息をつく。

家族とともに夕餉《ゆうげ》を囲むこと、彼にはそれより欲しいものなどこの世にないのだ。タクが一度言っていたが、日本の会社員は遅くまで働いて、帰りには同僚と酒を飲みにいくのが普通であるにもかかわらず、お義父さんは夕飯に間に合うように帰宅して妻や子どもたちといっしょに食べることにこだわっていたそうだ。そこまで堂々と仕事より家庭を選ぶことは、社内での出世にはいくぶん不利に働いたかもしれないが、彼は気にしなかった。そして今、タクのキャリアへの将来的な影響は時折気になるものの、タクが可能なかぎり父親の前例に従おうとしていることを私は称賛している。

食後に話を戻すと、お義父さんは少しテレビを観たあと、ガス湯沸かし器のスイッチを入れ、蛇口をひねって湯が出るまで待ち、念入りに一枚ずつ皿をこすり洗いする。そのうち脚が悪いせいで立っているのがつらくなると、代わりに私が洗った。洗いものは一番嫌いな仕事だが、それでも一週間に数回、お義父さんの淋しさや退屈を少しでも紛らわす手伝いをしていると思うと、温かい満足感が体内に湧き上がるのだった。

ある夜、タクとお義父さんがキッチンテーブルに座って私の淹れたお茶をゆっくり飲んでいる間に、私はリビングに行った。そして少し前に見つけていた家族の古いアルバムのページを、床の上にぺたりと座って次々めくっていった。たぶん運動会だろう。今日も行われている年恒例の学校行事で、幼稚園の小さな黄色い縁なし帽を被ったタクと妹が写っている。何らかのレースらしく、タクの足はポンプのように上下し、応援するケイの顔は上向きになっている。別のアルバムの写真はさらに古く、ケイが生まれる前のものだ。浜辺で赤ん坊のタクが立ったまま、体の半分くらいまで砂に埋まっている。ふっくらした腕がざらざらした白砂のやわらかい棚の上に載っている。あたかもタク自身がそんな悪戯を思いついた張本人でもあるかのように、満面に共犯者の笑みを浮かべている。次の写真もタク。赤いおもちゃの自動車に乗り、握りこぶしをギアチェンジでもしているかのように突き出している。ありえないほど真ん丸なその顔と頬が自己満足で輝いている。最後に、母親の腕に抱かれた、私の夫が新生児だったときの写真に手が止まると、しばらく目が離せなくなった。まなざしをタクの小さな弓型の口に注いだ母親の表情は、それまでに見たことがないほど清らかで満たされていた。

胸がキュンとなった。思いも寄らない飢餓感がおなかではなく、もっと上のほうにこみ上げてきて、心臓の鼓動は激しくなるよりむしろ締めつけられていた。赤ん坊のタクは今のタクにそっくりだ。ただもっと丸くて、静かな感じで、髪が薄い。太った頬はなめらかな石のような曲線を描いている。突然、タクが欲しくてたまらなくなった——大人のタクではなく、幼子のタクを。妻ではなく母として。

その切望は考えというより、むしろショックに似た感覚だった。あたかも彼のぷくぷくした手足をぎゅっと握りたいかのように、彼の赤ん坊らしい肌に嚙みつきたいかのように、腕がズキンとし、握りこぶしや歯がムズムズした。

そんなカニバリズム的反応より私がもっと衝撃を受けたのは、私の母性本能的な反応だった。それまでただの一度も本気で子どもを欲しいなどと思ったことはなかった。ボストンのアパートメントで一人目覚める場面を思い出した。ベッドに差し込む遅い朝の光、深い眠りのあとの怠惰な静寂という絶対的なラグジュアリー。または、大阪の畳の部屋でキャンドルの明かりが壁に揺らめくなか、九〇分ノンストップで行うヨガ。航空券の予約に次ぐジェットの絶え間ない白色雑音とワインと映画によりかろうじて耐えられる日本から東海岸への長い空の旅。

そのとき、「子どもは終身刑みたいなもんだよ」と言った父の声が、こだまのようによみがえってきた。加えて、真ん中の子どもを冷めた目で見つめていた母の記憶も。いつも私には母性本能が欠如しているのではないか、きっとそんなものは私の遺伝子には組み込まれていないのではないかと思っていた。親というものにかかる責任を考えるといつも恐怖と不安に背筋が震え上がり、私の強烈な自己防衛本能は、子どもをもつ夢ではなく、果たせ続ける保証などまったくない生涯の責務から逃れた自分自身の自由に照準を合わせていた。

その夜、お義父さんのリビングルームの床の上でも、その恐怖や不安は私から去ってはいなかった。けれども、それらは思いも寄らない〝赤ん坊のタク〟への思慕とない交ぜになっていた。私たちの子どもをこの腕に抱いて、私たちの肉体が作り出した丸々した顔をじっと見下ろしたかった。

子どもをもつことについて、タクと私はそれまで一度も差し迫った問題として話し合ったことはなく、ほんの話のついでに触れただけだった。それも、会話はいつも、私が赤ん坊を置いてボストンに帰らなくてはならなくなった場合や、定期的に二人でボストンに帰る経済的余裕がない場合に、タクのお父さんがどれだけの時間を子どもの世話にかけられるか、または大阪でタクとお義父さんだけで幼い子どもの面倒を見られるかといった部分に終始していた。しかし、その春と夏の間、私たちはもっと現実的に親になることを検討し始めた。タクは私が乗り気でないことを知っていたし、結婚する前から、それについてはよく理解していた。それに二人とも、私の年齢のせいで、そんなことを考えること自体が無駄である可能性にも気づいていた。彼は私たちの子どもを欲しいとは思っていたものの、どちらでも満足だと言っていた。「世界で一番愛してるのはきみだし、これからもずっとそうだから」と。

ある日、私たちは大阪の広大な地下街の一つにランチに立ち寄った。地下の大通りとカフェを隔てている大きな窓のそばに座って丼ものを食べていると、ガラスの向こうを人が波となって流れていった。その続きでカプチーノをちびちび飲みながら子ども時代に思いを馳せていると、思わず心の一番奥に眠っていた恐れを口に出していた。「もし赤ん坊ができて、その子に愛情が湧かなかったらどうしよう」

タクはしばらく首をかしげて考え込んでいた。そして、私と彼の間の子どもなのだから、間違いなく私は赤ん坊を愛すだろうと言った。「もし、きみの小さな頭（pea head）を受け継いでいたら特に！」日本人がたびたび私の小顔を褒めるのを思い出して、彼が言った。ときどき、彼は私の職業上のタイトルにある「博士（ＰｈＤ）」は pea head の略なのではないかとからかう。

私に似て頭の小さな赤ん坊のイメージには心を動かされなかったが、相変わらずお義父さんのマンションにあった写真の赤ん坊をさらって、ぎゅっと抱きしめたくて、手がむずむずしていた。チビのタク。私の小さなタク。熱い所有欲を感じた。すると、喜びにも似た何かが衝撃となってその熱流に乗ってやってきた。それが飲んでいるコーヒーのカフェインのせいなのか、カフェの窓の外をいく人々の、心を落ち着かせる流れのせいなのかはわからなかった。騒音の波は私たちを守る大きなガラスにより和らげられ、心地よいものにされていた。それとも、タクとの間に子どもを作るという前途に、私が心から喜びを感じ始めたせいなのだろうか。「でも私、今年四一になるのよ。それって子どもをもつにはかなり高齢よ。だから、たぶんすぐにでも始める必要があると思う」

「まだ時間はあるよ。きみが確信をもてるまで待つほうがいい」

タクはたとえ私がすでに四〇歳を数カ月過ぎていようが、もう三カ月から半年くらい待ってもたいした差はないと考えていた。「そりゃあ一年も待つのは長すぎるかもしれないけど」と。そして、ほんとうに子作りをトライする心の準備が整うまで、じっくり考えるよう促した。

その年は最後まで、定期的に心の動揺を経験した。私が一時的につけていた日本との折り合いは、新しい強迫観念に取って代わられていた。この砂上の楼閣――二大陸を股にかけた人生計画――はすべて、私たちが子どもを作ると崩れ落ちてしまうのだろうか。たとえ我が子に母親としての情をもてないのではないかという、私の心の奥底に根付いた恐怖を克服したとしても、他にも多くの疑問があった。いったい子どもをもつ経済的余裕はあるのか？　二大陸の間を行ったり来たりする飛行機代はともかく、サウスエンドのあの小さなワンルームに私と子どもが暮らせるスペースが果たしてあるだろうか？　タクと結婚する前に母に警告された言葉が頭によみがえった――あなたは半年は外国人に、残りの半年はシングルマザーになるのよ。

タクといっしょでも赤ん坊の世話をできる自信はなかった。まして一人でなど絶対に無理だ。しかも、私にはフリーランス・ライターのキャリアを維持しながら子育てをし、加えて毎月ボストンの家賃を払うか、または又貸しするテナントを見つける才覚も、まわりのサポートもない。

その点にはかなり確信があった。

その春、またＭＢＡ課程のビジネス・ライティングを教えるためにボストンに帰ったとき、旅は特別に長くて疲れるものに感じられた。サンフランシスコまでの一〇時間以上のフライトに加えてボストンまでの六時間を、ぶっ通しで狭いエコノミークラスの席で赤ん坊を膝の上に抱っこして過ごすことを想像してみた。大阪に戻るフライトはさらに長くなる。偏西風のせいで、西方向へは一、二時間余分にかかると何かで読んだことがある。また何度か、赤ん坊を連れたカップルが隔壁に向かい合わせのシートを与えられているのを見かけたが、そこには少し広めの足元空間に航空会社の提供するゆりかごが組み込まれていた。それとて、せいぜい最初の一年しか役に立たない。

サンフランシスコの手荷物引渡し所で、赤ん坊を連れたブロンドのカップルを見たことがある。父親にベビーキャリアで抱っこされている赤ん坊が、まるで中国のサーカス芸人がブリッジをするかのように、亜麻色の髪の頭をのけぞらせていた。次の瞬間、その頭が父親の胸に勢いよく戻ってぶつかると、赤ん坊は小さな悲鳴を上げ、足をばたつかせた。母親がやってきて、荷物回転台を指さした。赤ん坊がかわいかったかどうかなど覚えていない。私の目に映ったものはただ、両親の頬に影を落としていた純粋な疲労だった。

そのとき、私の目に涙があふれてきた。私自身、長くて窮屈なフライトですでに疲れ果てていたのに、二時間の乗り継ぎ時間のあとに、まだ大陸横断のフライトが待っていた。赤ん坊を引き連れての旅？　私一人で？　それは地獄のアイデアにしか思えなかった。

ボストンで過ごしたその春は、シングルライフの贅沢さを、親になれば間違いなく降りかかる猛烈な不自由さと比較していたせいか、過去にないほどのどかに感じられた。私の小さなアパートメントはまるでスペースが広がったかのように、ゆったりとして静かだった。一階にあるその部屋のガタがきた高い窓の外を走る車の音さえもが、均一に流れていた。でも、このやわらかな雑音はまもなく別のものに姿を変えるのだろうか？　眠っている赤ん坊を起こす騒音になるのだろうか？　そして、子どもの泣き声が夜の静寂《しじま》を引き裂くのだろうか？

それでもベッドに横たわって本を読んだりテレビを観たりしていると、つい頭を部屋の縦長の窓の横の壁に向け、前年の秋に飾った写真を見てしまうのだった。生まれたばかりのタクの手足はいつも私の指先に小さな火花を散らす。そして、それは腕をよじのぼり、胸に到達する。ときには私の歯までが切ない望みでうずくのだった。

そのうち、タクの赤ん坊が私のおなかの中で育っているのだと空想するようになった。ボストンのいつものスポーツクラブで、トレッドミルの上でいつもになく激しく走った。スピードを上げ、バックベイの中心街に視点を据えて腕と足を思い切り往復運動させていると、太陽がコープリー・プレイスの角を包み込んでいき、心拍が勢いよく上昇していった。走れば走るほど反対に私の安静時脈拍数は下がり、おなかの中の小さな生命が、私がその子のために作り出したゆったりした規則的なハムノイズを聴き、吸収していると感じた。

二〇〇九年の冬には大阪に戻っていた。その年の一〇月には私は四一歳になっていたので、タクも私も子作りするなら、もうあまり先延ばしにはできないとわかっていた。子どもをもつことに対する恐怖の瞬間は裏返って子どもが欲しくてたまらない切望になり、そしてまた恐怖へと逆戻りしていた。そんな二重性が私の胸にヒリヒリする擦り傷を負わせていた。誰もが子どもをもつことをこんなに怖がるのかしら？ 欲しがっていながらも？ それとも、私に何か問題があるの？

多くが私よりは若い人たちだけれども、知っている女性も何人か、子どもを作ることを考えていた。見たところ、ほとんど迷いはなさそうだ。私ほど怖がってない人たちって、どこかおかしいんじゃない？ 次にはこう考えた。少なくとも現実に目を見開いていれば、こんなにも大きく人生を変えてしまう何かに突入するのに、少しも怖くないなんてありえないでしょ？ 彼女たちより私は臆病なのか、それとも賢明なのかがわからなかった。

その年の二月、ボストンのワンルームと赤ん坊の両方を維持することが経済的に可能かどうかという苦悩は自然に解決した。エイリオを訪問するため東京に滞在していた間に、家主から連絡があった。私の借りている部屋を売りに出すことにしたそうだ。部屋は古くて、かなり手を入れなくてはならないため、サウスエンドにある物件にしては低い価格を付けるつもりだという。それでも、買うとすれば、大阪の家賃の半分をタクの会社が補助してくれているとはいえ、手付け金を払っただけで私たちはほぼ一文無しになってしまう。ボストンの不動産が高すぎて私の手には入らないであろうことは、以前からわかっていた。とはいえ、当時の不動産市場はあまりにも不安定だったため、何とか打つ手を考える時間はあると思っていた。たとえ低い値で売り出したとしても、すぐに売れることはないだろうと高をくくっていた。

数週間後に私の部屋が売れたというメッセージを受け取ったときも、私はまだ、そんな思い込みにしがみついていた。メールを開き、その言葉を読みながら衝撃を受けていた。そのうち、もっと由々しい考えが形を成してきた——数カ月前に、この二大陸を行き来する人生計画は単に崩壊する運命にある砂上の楼閣にすぎないのではないかと考えた私が、いかに正しかったか。

PART 5

自律期

第Ⅳ段階

THE AUTONOMY STAGE

客観的な第１段階、自己批判の第２段階、そして敵意の第３段階を通り抜けた人々は今、以前のアイデンティティと移り住んだ国の文化との間に新しい視野を築く段階にある……（だが）過去のどの段階でもそうだったように、時折、以前の段階に逆戻りすることは大いにありうる。

―― ポール・ピーダーセン著『カルチャーショックの５段階』より

微笑んで、プラス思考して、リラックスすれば、受胎の準備は万端です

―― 大阪＜ＩＶＦなんばクリニック＞のモットー

14

その冬の間中、私はボストンのワンルームを失ったことを嘆いた。そのころには大阪に戻ってきていたジョディは、賃貸の部屋がなくなったことはかえってよかったのだと、私を納得させようとした。エイリオは私が日本に帰るたびに又貸しの相手を探さなくてはならないことを、どんなにストレスに感じていたかを思い出させた。ある夜、インド料理を食べながらジョディは、それまでも部屋を借りていることで十分ストレスがあったのに、赤ん坊ができたら、それどころではなく大変になるだろうと言った。

「冗談抜きに」と言ってベジタブル・サモサにフォークを突き刺す。「まず妊娠できるかどうかを心配し、次には泣き叫ぶ赤ん坊のことを気にしながら、毎月、家主の住宅ローンの支払いを助けたり、もしくは自分の部屋を買うために必死でお金を掻き集めたりしたいの？」嘆くのはやめて、まず一年、ボストンに自分の部屋がないという状況がどんな感じかをみてみたらと、彼女は言った。「いざとなれば、友達やお母様やお姉さんたちのところに泊まれるでしょ」と。

正直、特に母が再婚相手とフロリダに滞在している間は、彼らのアパートメントに泊まらせてもらえるとは思えなかった。二人の間には計一〇人の成人した子どもがいる。もっとも、私以外は全員がアメリカに家をもっている。でも、母たちが方々に散らばっている次世代の子どもたちに自宅を開放するのに乗り気でないことは、容易に想像がついた。そんなことを打ち明けると、ジョディは鼻の穴を膨らませて、またもう一つのサモサにフォークを突き刺した。そして「あなたの家族って、絶対に理解できない」とつぶやいた。

むしろ、友達のルイーズがサウスエンドよりはラフなジャマイカ・プレーンに二寝室のアパートを借りていて、新米准教授の給料だけではいつも家賃の支払いに四苦八苦しているので、ボストンに帰ったときには彼女から部屋を又貸ししてもらえるだろうと思った。

数週間後、友達のジェナとマットが私の愛するアパートメントから私の私物を運び出して倉庫に預けてくれた。マットの仕事はフリーの建築業だったので、彼にとっては、その仕事はいくらかの現金を稼ぐチャンスだった。ジェナのほうは「お金なんていらないわ。ただトラックのレンタル料と倉庫代だけ払って！」などと言って、不当に安く引き受けようとした。私はマットにメールで建築現場での時給を尋ね、それに相当する額の小切手を送った。だが結局マットにも、不当に安い時給を言われた気がした。

次にボストンに行ったときに、サウスエンドほどは高級でない地区でもう少し安いアパートを見つければいいと言って慰めようとするタクに、私は「まあね。もし妊娠したりしなければ、そんなお金もあるかもしれないけど」などと言っていた。続く数カ月、自分のアパートメントを失ったことは悲しかったけれども、いろんな義務から解放されたおかげで、かつて心配事でいっぱいだった私の胸に、新しく空っぽのスペースが出現していた。

そのころにはタクと私は子作りの努力を始めていた、というより少なくとも避妊はやめていた。もしそれで妊娠しなければ、私たちは子どものいない人生を受け入れる気でいた。侵襲的治療も手品のような医療行為もしないことに決めていた。それでもなお、妊娠の経過を困難にする子宮頸癌などの病気がないか、一応検査を受けるべきだと思った。そこで、勇気を振り絞って、日本で初めて婦人科医院を訪れることにした。正確にいうと、英語を話せる医師がいる（看護師や受付係は別）といわれるウィメンズ・クリニックを見つけ、タクに予約を入れてもらった。

二月末に予約したクリニックに行くと、まず受付係に問診表を渡された。英語だわ！　ほっとした。受付係の女性は紺の制服姿で、膝丈のタイトスカートに白いブラウス、首回りには小さなブルーのスカーフをくくりつけていた。微笑みながらせっせとペーパーワークをしている他の二人の受付係と、襟に留めたクリニックのロゴ入りピンに至るまで、見分けがつかないほど同じに見える。まるで婦人科系の客ための客室乗務員のようだ。

「本日ご来院の理由は？」と問診表にある。そこには「不妊」「男女産み分け」「タイミング法（Timing intercourse）」「ＩＶＦ」「ＡＩＨ」「その他」の選択肢が与えられている。〝Timing intercourse〟が何を意味するのかは確信がないし、〝ＡＩＨ〟に至っては何のことか、さっぱりわからない。「その他」にチェックマークを入れた。問診表の上のほうには、私が一度も使ったことのないセンチメートルやキログラムで身長体重を記入する欄がある。ちょっとためらったあとに、ただ「五フィート五インチ」「一一八ポンド」と書き入れた。私の血液型は問われていないが、表の最後に「夫の名前」を書く欄があり、夫の職業と血液型が問われていた。

ついに検査室に呼ばれると、ピンクと白のユニフォームを着た看護師に身振り手振りでウェストから下の着衣をすべて取り、ピンクの布製スリッパに履き替えて、そこの小さなスペースをほとんど占めているパッド入りの大きなピンクの椅子に座るよう指示された。それはリクライニングチェアのような形をしていて、のちに脚を載せる台だったと判明した部分に、上から黄色いポリエステルのカーテンが下がっていた。私はおなかを小さなピンクのタオルで覆い、足指のまわりで湿っぽく不快な共用スリッパを引きずりながら、奇妙な装置のほうに向かっていった。いったんカーテンの向こうに脚を伸ばすと、へそから下で起きていることはすべて曖昧模糊になったが、眼前の黄色いカーテンの向こうの声は聞こえる。

「あのー」空間に向かって声をかけたが返事がない。カーテンから覗くと、看護師が背後の廊下のほうを見ていた。私の膝と向こうの廊下の間には、視界を妨げる壁もドアも何もない。私はあわててポリエステルのカーテンを横に引きながら、「オープン・ワ・ダイジョウブ？」という変なジャピングリッシュ〔日本語まじりの英語〕で、カーテンを開けてもいいか尋ねた。

するとと看護師はにこやかにうなずき、「イノウエ先生！」と廊下の先に声をかけた。白衣の女性が急いだ様子でピンクの椅子のある場所にやってきた。看護師がリクライニングチェアに近づいてきてレバーを足で踏む。すると突然、椅子の上半分は後ろに倒れ、脚を載せていた台は先のほうに伸びていきながら大きくVの字型に開いていって、同時に脚の載っている仕掛け全体は目の高さまで上がっていった。

「グッドモーニング、ミセス・トレイシー！」医師は広がって静止した部分に向かって挨拶した。次にゴム手袋をパチッとはめ、私の膝にかかった小さなタオルを引き寄せて、検査を開始した。その間もずっと、数人のピンクのユニフォーム姿の看護師がカルテを抱えて医師の背後の廊下を行ったり来たりし、私の裸足の足は彼女たちのほうに向いて、くったりと下がったままだった。

　検査結果を聞きにクリニックを再訪すると、イノウエ先生は私の身体は健康だと言ったが、年齢の欄を見るなり舌打ちした。もし妊娠を望むならホルモンのレベルを検査したほうがいいという。そのころには、避妊をやめてからすでに数カ月がたっていた。

「心配はしてないわ」と同じクリニックに通っている外国人の友達二人には言っていたものの、「念のため」さらなる検査に同意した。その結果を聞きにふたたびクリニックを訪れると、看護師に案内された部屋には機械仕掛けのピンクのリクライニングチェアがなかったのでほっとした。診察室の白い無地の壁にはさまれて座り、待った。

「残念ですが、ミセス・トレイシー」検査結果に目を落としながら、イノウエ先生は緑と白の欄がある紙を私のほうに差し出した。「残念です」なおも検査結果の紙を見つめながら、彼女は繰り返した。「ホルモンのレベルが、……範囲外で」

　明らかに卵子の供給が激減していると、イノウエ先生がブロークン・イングリッシュで説明した。「今となっては、ひと月ひと月がとても貴重です」彼女はすぐにでもＩＶＦ（体外受精）を始めるべきだとアドバイスした。たとえ不妊治療を行ったとしても、私が赤ん坊を授かる可能性はきわめて低いらしい。

　このニュースはこたえた。「不妊治療はしない」という線引きは、心の奥底で選択肢はあくまで私の側にあると思い込んでいたからだ。私は健康で、正しい食事をとり、毎日運動し、一度も喫煙したことがない。四〇歳の誕生日に、お酒を注文するのに身分証明書の提示を求められたのよ、両親といっしょにいるのに！　と心の中で言いながら、母の所属するシナゴーグでの婚姻祝福式に私が黒い服を着ていくかどうかで口論したボストンの夜のことを思い出していた。ウェイターが私に身分証明書の提示を求めたあのとき、母は私の服装の選択に対する不満を一時棚上げにして、誇らしげに微笑んでいた。四〇代に突入した日に飲酒年齢に達しているかどうかを問われるという皮肉な成り行きに、全員が笑った。でも今、それは私を種にした単なる悪いジョークに思えるのだった。私の若々しい顔と染めたブロンドは明らかにしなびつつある中身を覆い隠していたにすぎなかったのだ。

続く数週間、タクと私は不妊治療を受けるかどうかを、ああでもないこうでもないと検討した。クリニックのアドバイスに従い、彼も検査を受けることにした。私と違い、彼には完全な生殖能力があった。「きみのことが心配だよ」ＩＶＦでは女性側の身体に相当の負担がかかるという部分をもう一度読み返したとき、彼は言った。だが彼もまた、私たちが突然受けた情けない診断に衝撃を受けていた。

結局、春の半ばまで待つことにし、もしそれまでに妊娠しなければＩＶＦを試すという決断をした。

五月半ば、私は一連の不妊治療の第一回目を開始した。赤ん坊をもつことに対する混乱と恐怖が消散したわけではなかったが、どういうわけか、私の中で固まりつつあったＩＶＦを試そうという決断がそれにより揺らぐことはなかった。その矛盾は私自身も説明のつかないものだったが、まるで新規の決意が葛藤の中を突き進んでいっているかのように、脳が自動操縦にシフトしていた。時折、私たちの未来の赤ん坊が、私たちに取り上げられるのを、いや、少なくとも、到来するチャンスを与えられるのを待っているかのように感じた。あたかも伝書バトが私の胸の中に巣を作ったかのように、私の中の何かが私に続けることを強要していた。でも、それ以外のときは、ただ自分に当惑していた。

「母の日」に生理が始まった。その二日前に本物のハトがバルコニーにやってきたのだが、振り返ってみると、それは続いて起きたすべてのことの前触れだった。そのハトがエアコンの室外機の後ろでうろうろし始めたとき、最初のうちタクも私もただ用心深く見守っていた。ときどき、他のハトも加わって、おどけた動作でバタバタ動き回り始めると、私たちはガラスドアを叩いた。

「バカなハト」彼らが大慌てで飛び立つのを見て、タクがつぶやいた。

だが彼らは懲りずに戻ってきた。そのうち、つがいのハトがエアコン室外機の後ろに小枝や藪の破片を積み始めると、タクはいっそうイライラした。「あの頭の悪いハトは、最悪の場所に巣を作ってるってことに気がつかないのかな？」

メスが卵を産んでいたことに私たちがやっと気づいたのは、まさに「母の日」だった。お祝いカードの販促に利用されるその記念日に、生命の奇跡を象徴するために特別に選ばれたかのように、彼女は未来の子孫を、あろうことか私たちのバルコニーに産みつけたのだった。私はそれを、私個人に対する侮辱だと受け取った。

その当てつけがましい球状の物体を発見したとき、数時間前に生理を見たばかりの私は、生殖能力たっぷりのそのメス鳥の不敵さにあきれ果てた。私の地所内で子孫をもうけるとは！　よりによって、私が繁殖に苦労しているこんなときに！

「あんまりだ！」コンクリートの上にほっこり産み落とされた卵を見て、タクが叫んだ。

その朝早く、頭を振り振りトイレから出ると、タクは私の額にキスをした。そしてふたたび、私がもうＩＶＦをしたくないなら彼はそれでも全然かまわないと言った。一番重要なのは私たちがいっしょにいることなのだからと、冷静に、おだやかに、言い聞かせた。

ところが、そんな彼がハトの卵を見つけたときには、まさしくトップギアでアクションを開始した。

即座に検索し、一時間もしないうちに、①ハトの生殖周期について②バルコニーでハトが卵を孵化させようとしたらどうすればいいか、についてすべてを学んだ。

「二つの道がある」タクはラップトップを閉じながら、私のほうを見て言った。「何にもしないで放っておいたら、バカなハトはそこらじゅうを汚す。ヒナが生まれれば、歩き回ってよりいっそう汚くなる」

彼は私をはすかいに見た。「要するに……ぼくたちには卵を捨てるという選択肢もある。でも、またすぐに新しい卵を産むだろう。ハトは通常、複数の卵を産むそうだから」彼には私が説得されていないことがわかったようだ。「もう一つの方法は、ダンボール箱を置いて、その中に卵を移す。すると頭の悪いハトはその中で卵を抱く」

私はかつて一度も自然愛好家だったことはないが、未来のひよこをポイ捨てするというアイデアはあまりに意地悪く感じられたし、よりによって「母の日」にそんなことをするのはあまりに不吉だった。「少なくとも命を救う努力はしないと。たとえあの性悪な鳥が私の卵を盗んだのだとしても」

「それでも、ハトは一度人間が触れた卵は無視するかもしれないよ」タクが一応警告した。

私の気持ちは変わらなかった。

「そうか、オッケー」ついにタクがため息をついた。「卵を救いたいなら、一か八《ばち》か、そうしてみるしかないね」

タクは収納に使用している押し入れからサンヨーとパナソニックの古いダンボール箱を引っ張り出し、仮の巣箱を組み立てた。それからゴム手袋とマスクをした。

「鳥インフルエンザをうつされないで!」彼がバルコニーに足を踏み出したとたん、数羽のハトが羽を派手にまき散らしながら飛び立ったので、私は愚かしくも叫んだ。タクは卵と何本かの小枝をつかみ、箱の中に配置した。

「バカなハトめ」部屋の中に足を踏み入れながら、タクはまたもやブツブツ言った。ゴム手袋を捨て、清潔なジーンズにはき替え、こっそり鳥の帰還を見守ろうとガラスドアのところに戻っていく。「ふむ」数分間、空っぽのバルコニーを見つめ続けたあと、彼が言った。私も近寄って、カーテンのそばをうろついた。空を見上げたが、何もいなかった。

タクはソファに沈み込んで雑誌を取り上げ、私は不妊がテーマの「四〇歳以上で妊活中」という新しいチャットルームに登録しようと、インターネットに接続した。他の女性たち、それも特にアメリカ人女性が、ＩＶＦの間にどんな体験をしているかを知りたかった。私の治療のあまりに多くの部分が日本語で行われたので、わけがわからないままでいることが怖かったのだ。

タクと私はリビングルームからひんぱんに顔を上げて窓のほうをチェックしては、何くわぬ顔で元の仕事に戻っていた。一〇分もしたころ、タクはついに演技をやめ、外がよく見えるようレースのカーテンを引き開けた。

「戻ってきた？」私は飛び上がって彼に加わった。

ついに一羽のハト（母鳥だと、私たちは決めつけた）が戻ってきて、エアコン室外機の後ろをしばらく歩き回り、箱を見つけ、ハト独特の変な声を発した。それから箱の中にぴょんと跳んで入り、卵の上に座った。私はタクを見て微笑んだ。

「バカなハト」タクが言った。「あきれるほどバカ。自分がダンボール箱の中にいることさえ、わかってないんだよ。ぼくが卵を手に取ったことも」彼は怒ってかぶりを振ったが、その顔にはどこかほっとした表情があった。

私自身がクリニックの助けによる排卵を開始する前には、まず結婚証明書のコピーを提出しなくてはならなかった。次に、私たちが離婚した場合、こちらの希望に関係なくクリニックが自動的に未使用の受精卵を破棄することに対する承諾書にもタクと私の両方がサインしなくてはならなかった。私はまた、日本の産婦人科学会がドナーの卵子の使用を禁じていることも知った。代理出産も、相続や血筋に関してきわめて保守的なこの国においては絶対に許されない。

けれども、クリニックにより、使用しなかった受精卵を幹細胞研究に利用することに対する受諾書にサインを求められたときには進んで応じた。タクはまったく無宗教なのでなおさら、科学の新発見に寄与したいという私の気持ちを共有してくれるものと思いきや、首を横に振った。

「どうしてだめなの？」

「いやだ」と容赦ない。「それはプライベートなものだから」

彼のこの答えには頭をひねったが、最終的にこの反応は、日本人によく見られる、神聖にして犯すべからざる境界を超えて公と私を混同することに対する不快感から生じているのだとわかってきた。したがって、確かにそれは宗教的な理由ゆえの拒絶ではないものの、現世的な文化の中で生きる無神論者の私が常にちょっと不意を突かれる種類の、イデオロギーに根差した理由だった。アメリカでは伝統はほぼ常に信仰から生じている。だからか、こんなにも長く日本で過ごした今なお、宗教とは無縁な教養の存在に私は驚かされるのだ。あたかもキッチンにソファを見かけたかのように、または、いつも赤だと思っていたものが、一瞬、グリーンに見えたかのように。

かくして、私たちの受精卵の将来が安全に成文化され書類になったので、続く二週間、毎朝の注射をしてもらうため、クリニックに通うことになった。それは看護師が注射することにクリニックが固執したからだ。インターネットの情報によると、アメリカでは、そういったホルモン注射は自宅で自分ですることが許されている。きっと日本では不妊症の女性に先の尖ったものをもたせるのは危険だと思われてるのね、と私はぶうたれた。

毎日、注射が終わると家に帰ってリビングに座り、カレンダーに印をつけた――卵がうまく育つか、またどのくらいの速さで育つかにより、この日に取り出してもらって、この日に移植してもらって……などと。それが済んで、やっと私は落ち着いて仕事にかかれた。

そのころ、例のハトと私は隣り合って時間を過ごしていた。彼女はガラスドアのすぐ先の小さなダンボール箱の中に座り、二つの卵を温めていた（タクは正しかった。彼女は最初の卵を産んでから二四時間以内に二つ目を産んだ）。私はそのすぐ内側のソファに座り、パソコンのキーを叩いていた。しばしばラップトップを膝から下ろしてガラスドアを引き開け、ひょっとして彼女の体の下で何が起きているかが見えないかなと外を覗いた。すると時折、彼女は首をかしげ、ビーズのような目を瞬きして、私をじっと見つめ返すのだった。

私たち二人とも、なんだか不自然な生き物よね。ある午後、私は彼女に言った。彼女がすぐにでも飛び立たないといけないほど危険なことをされそうかどうかを量りかねてソワソワしているので、声には出さず、心の中で語りかけた。

あなたは汚染された巨大都市のエアコン室外機の後ろで、それも日本人サラリーマンが捨てた段ボール箱の中でヒナを孵《かえ》そうとしている、ただのおバカなハト。そして私は、英語がほとんど話せない医師団とペトリ皿の助けで妊娠しようとしている、卵巣の反応が悪い四一歳の女。

彼女は小首を私と反対のほうにかしげ、エアコンの内部をじっと見つめ、私から略奪した卵の上でかすかに体を揺すった。

注射を始めてから約五日後、超音波検査のためにまたもやピンクの機械仕掛けの椅子に登ると、女医は私の卵胞は平均より発育が遅いと言った。「でも、いくつかは大きくなっていますね。私は大きくなる見込みはないと思ってたんです……あなたの年齢からいって。それにホルモンのレベルがあまりにも範囲外だったので。だから、これはうれしいことです」女医は首を縦に振り、安心させようとするよりむしろ、ためらっているような表情で、微笑みながら私をドアの外に見送った。

「あのね、私の卵は成長してるの、ゆっくりとだけど」その午後、私はいつものように、ハトに一人語りで報告した。「でも、ドクターたちが思ってたよりはましみたい」急いでそう付け加えた。彼女は私のほうを見てぽかんとし、瞬きした。のちに、餌か小枝を取りにいくためか、何かしらハトなりの用事を済ませるためかは知らないけれど、とにかく飛んでいったときに、箱の中を覗いてみた。つるつるした末頼もしい白い卵がちゃんとあった。それは、私に対する卵形のあざけりだった。

「バカなハト」私はつぶやいた。

注射を一四日続けたあとになんとか育った五個の卵子を、一つずつ針を卵巣に突き刺して吸い出す採卵施術の数日前に、必要な準備の説明書きを看護師から手渡された。ほとんどが日本語で書かれてあったが、看護師は英語に翻訳された部分をもったいぶって指さした。その一枚には「お化粧はしないでください。クリニックに来るときにネイルポリッシュ（と書かれていたけど、マニキュアのこと?）や香水はつけないでください」とあった。「爪は切っておいてください」「四日間、毎食後に抗生物質を服用してください」「私たちはご主人の付き添いを歓迎します」とも。また他のページには「受精卵の数の制限」とのタイトルがあり、「多数の受精卵を移植すれば、妊娠の可能性は高まりますが、多胎妊娠を引き起こしかねません。多胎妊娠は母体と胎児の両方に大きなリスクとなります」と説明されていた。これもまた、IVFに関して日本とアメリカが違う点だった。日本人の医師たちは一度に一つの受精卵しか移植したがらない。この国には八つ子のママはいない。

いよいよ採卵の日の朝、ガラスドアを開けてハトの様子をチェックした。箱の中には割れた卵の殻が一つ転がり、もう一つの卵はハトの体の下に隠されていた。あの卵がいい卵ではないことを察知した親バトが壊したのかしら？　そうでなかったら、ヒナはどこ？　私はバルコニーから顔をそむけ、それまで一度たりとも縁起の良し悪しなど気にしたことはなかったじゃないか、と自分に言い聞かせた。もし小さなヒナが孵る前に終焉を迎えたのだとしても――母ハトが動物的叡智により、あの卵はたとえ孵っても生き延びないことを知って壊したのだとしても――、それは私の人生に何の象徴的な意味ももたない。

その日の午後、私は地下鉄のプラットホームでタクと待ち合わせた。彼は私に付き添えるよう、会社を早引きしていた。「あのバカなハトの様子、見た？」即座に彼が尋ねた。「卵は見えた？」

私は彼の手を握った。すると、中年女性一人とタクと同じようなダークスーツ姿のサラリーマン数人がほんの少し私たちから身体を離した。それは、日本のマナー集においてひどく不作法だとされる他人をジロジロ見るといったことはせずとも、公の場での愛情表現に気づいたぞと、こちらに知らしめるためだ。

「ええ！　彼女どうしたのかしら？　自分で卵を割っちゃったのかな？」私は内心、少し慰められていた。結局、彼女は私よりいい母親じゃなかったってことになりそう。

「違うね」タクは笑った。「ヒナが孵ったんだよ。彼女、ヒナの上に座ってるんだ」

「えーっ」私はほっとしながらも、がっかりしていた。「ふん、生まれたての赤ん坊の上に座るなんて、あまりいい母親じゃないわね」

「それってヒナを温めるためにハトが普通にやることだよ、卵のときと同じように」タクは私の手のひらを親指でこすった。「父鳥もヒナの上に座るんだ」

　そのとき、電車の接近を告げる音が鳴り、続いて行き先の案内か、それとも注意喚起かは知らないけれど、スピーカーを通した女性の声で快活なアナウンスがあった。


　卵を採取した二日後に、医師は培養した受精卵を一つ、私の体内に戻した。それは私が生み出すことのできた中ではたった一つ、生存が見込まれる胚《はい》だった。移植後はクリニックで数時間安静にしたのちに、タクに肘を支えられて地下鉄で家まで帰ったが、頭はまだ麻酔の影響で圧縮された綿のようだった。それからが、チャットルームが名づけた悪名高い「二週間待ち（Two Week Wait）」だった。私は新たにそれに「暗すぎる待ち時間（Too Bleak Wait）」と命名した。私たちの受精卵が着床したかどうかがわかるまで、あまり動き回らないよう気をつけながら、ただ家のまわりでおとなしくしていた。

　数日もしない間にハトの二番目の卵が孵った。すると毎朝、タクが仕事に出かける前にバルコニーのガラスドアのところに立つ音が聞こえ始めた。私はベッドの中から、パリッとしたスーツに身を包んだハンサムなタクがリビングルームのカーテンを引いてガラスドアを引き開けると、彼の黒い髪が早朝の日差しを受けて輝く――と、そんな場面を想像した。彼は私がまだ眠っていると思い込んでいたが、私の耳には彼がちょうど親鳥のどちらかの下から顔をのぞかし始めていた赤ん坊のハトたちに、やさしくチッチッと舌を鳴らしている音が届いていた。

ある日、母鳥が――父鳥かもしれないけど――何かを探しに飛んでいく羽ばたきが聞こえた。おかげでガラスドアのそばに立つと、さえぎるものなしに箱の中のヒナが見えた。速い呼吸のたびに小さな体がぷっと膨らみ、ピンクがかった灰色の皮膚に生えたまばらな黄色い毛が揺れるのを見守った。

数週間後にヒナたちは飛ぶことを学んだ。ヒナがまだ飛ぶ練習をしている間だったが、私は受精卵の移植から一二日目、市販の妊娠検査薬に薄いブルーの二重線が浮かび上がるのを見た。

翌朝、クリニックで行った血液検査でも妊娠が確認され、「おめでとうございます、ミセス・トレイシー！」と医師にブロークン・イングリッシュで言われた。看護師たちは皆、有頂天だった。彼女たちは英語を話せないけれども、その喜びようから、こう言っていることが察せられた――四一歳よ！　一回目のIVFで妊娠するとはびっくり！　それも自分の卵子で！　うれしそうに微笑み、熱狂的におじぎをし、その後も毎週、超音波検査を受けにクリニックに行くたびにその熱い反応は繰り返された。彼女たちは「イイネ！」と言って、ポリエステルの鮮やかなピンクのユニフォームの前で両手を組み合わせて目を輝かせた。

最初のうち、どういうわけか私は自分のおなかの中に生命が芽生えつつあるということがピンと来なかった。半分私で半分タクの小さな生き物が自分のおなかの中にいるという事実には魅了されたものの、折々、一種静かなショックに圧倒されて、心が少し麻痺した状態にあった。子どもを作ろうと決意するところからＩＶＦの開始を経て妊娠するまでがあまりに速く展開したせいか、さながら東京に向かう新幹線の窓から外を眺めているかのように、まわりの世界がぼやけていた。しかも、この期に及んでもまだ私は、母親になることが私のアイデンティティやボストンとのつながりに及ぼす影響を恐れていた。とはいえ、ＩＶＦを始めたときにもそうだったように、毎日の注射と錠剤の服用――妊娠前とは違う種類のホルモンの混合――を続けるという務めは実行していたし、私の中で揺らめく小さな炎を消さないでいるための、クリニックからのありとあらゆる指示にも忠実に従っていた。超音波検査ごとに続く一週間を、手渡された白黒の写真を眺め、指でアウトラインをなぞって過ごした。最初はただの小さな点だったものが、胎児の心拍が現れると、中に白い点滅のある大きな点になった。それから、ぼんやりした暗い背景の中でカーブした小さな豆の形になった。

そんなふうに、いろんなことが起きているのはすべて私の体内だったにもかかわらず、タクは私ほど無感覚でもなければ、ショックを受けてもいなかった。口の両端に誇らしげな笑みを浮かべ、私の腰に手を添えて店の間を誘導していた。

「ゆっくり休んで、体を冷やさないように」と彼は繰り返し言った。夜にはベッドの中で私の上に身を乗り出し、私のおなかの皮膚に日本語で何やらささやきかけていた。

九週目に私たちの胎児の心拍が停止したときには、バルコニーのヒナたちはとうにどこかに飛び立っていた。週に一度の超音波検査で、医師——今回は男性——にそのニュースを告げられた。七日前には力強く育っているように見えたものが、今では画面上で静止していた。医師は、実のところ、そんなことは何一つ説明しなかった。ただ彼の途切れ途切れの英語と、日本人の常に徹底した礼儀正しさでもって、私に理解させようとしていた。彼は実際、「残念ですが、あなたの赤ちゃんは亡くなりました」とは一度も言わなかった。ただ頭を振り、ため息をつき、息を大きく吸い込んでは棒状スキャナーを私の体内で動かし続けた。スクリーンの下には胎児の週齢——八週と五日——が見えるが、真ん中にある月の形をした影には、もう点滅する中心部はない。医師は私の視線を画像に広がった静けさに引きつけようとでもしているかのように、スクリーンを前へ後ろへと動かしながら、私が何か言うのを待っていた。

でも、何も言えなかった。自制力のどんなに小さなかけらが残っていたにしろ、それにしがみつく気力は残ってなかった。私は口を固く閉じ続けた。

次の一週間、私の中の胎児は心拍を失ったにもかかわらず、そこに留まっていた。きっと私の体が、私たちの始まったばかりの子どもの終焉を受け入れられず、手放すことを拒絶していたのだろう。だが私のおなかは霊廟のように感じられた。タクが私の手をずっと握ったまま、ふたたびクリニックに連れていった日は暑くて晴れていた。医師たちは、私には理解できない自分たちの話し声が耳に入らないよう私を完全に眠らせてから、胎児を掻き出した。

妊娠に対する以前の私の感情的距離は一挙に崩れ、相変わらず麻痺したような感覚はあるものの、それは以前とは違った、もっと悲しい色合いを帯びていた。かつては痛ましい失恋ソングだと思っていた歌が、突然いなくなった胎児を思い起こさせ、私は思春期に夢見ていた未来が失われたときのように泣きじゃくった。ただベッドに横たわり、窓越しに暑いグレーの空や、大阪のくすんだ色調の調和のないビル群を眺め続けた。

そう、あなたは去っていくのね
行かなければならないなら
どうぞ行って
でも、私のハートはあなたについていく

イギリスのポップソングの歌詞が心に染み入り、私の中で生命を得てやがて衰えていった一塊の細胞を想った。妊娠していたときには、親になることの意味についてあんなにも複雑な気持ちだったし、そのときもまだ、多くの部分について頭が混乱したままだった。けれども、一つだけわかったことがあった――母性はまったく新しい種類の胸の痛みを引き起こす。

15

流産の体験はまた、私に想像もしていなかった変化を引き起こした。七月のあの日、クリニックの医師が私のおなかから死んだ胎児を取り出す手術の前、私は手術準備室のベッドに横たわり、日本人の看護師が点滴をしながら言っていることを必死で理解しようとしていた。そのときの私は例の「束の間、心が体から遊離して、自らが体験していることを離れたところから見守る」という状態にあった。こんなことが起きてるなんて信じられない！　と思った。それは、流産の可能性があることを知らなかったからでも、また、自分に起きたことが他の誰の体験より悲しいものだと思ったからでもなかった。毎年、何百万もの女性が、私よりはるかに悲惨な状況で流産をする。むしろ、その経験のすべてが現実離れしていたのだ。準備室の殺風景な壁も、私の中に一度は存在した命も、ベッドの両側にぐるりと引かれた粗織のブルーのカーテンも、ほとんど聞き取れない看護師からの注意事項も。その日の朝、医師が子宮口を広げるためにラミナリア桿《かん》という海藻でできたスティックを私の中に挿入していた。その後はいったん自宅に帰って休み、スティックが体内で痛みを引き起こしながら十分に膨張した午後に、また戻ってくるよう言われていた。医師たちは今、隣の部屋で、鋭い器具の載ったトレイを並べ、私が眠りに落ちるのを待っている、と想像した。

すると、また別の考えが頭の中に滑り込み、と同時に私の心は完全に体の中に戻っていた。これが私たちが赤ちゃんに出会うために経験しなくてはならないことなら、ここが私のいるべき場所。その確信は清らかで、力強く、純粋だった。

その後の数週間、私は流産を嘆きはしたが、その思いは変わらず、ひと月ひと月たつごとにますます揺るぎないものになっていった。一周期ごとに自分の体は自分でどうにでもできるという自信が薄れ、妊娠する能力がどんどん減退していくと、私の意識は反対に自分でコントロールできる部分を見つけることに集中していった。タクに気分転換にボストンに帰りたいかと尋ねられたときも、私は「ノー」と言った。そのころには不妊治療の間は日本にいようと決めていて、医師にたとえばその月は治療ができない――その場合もきっとほんの数週間だが――と言われでもしないかぎり、ボストンに帰る気にはなれなかった。

ＩＶＦは日本の健康保険ではカバーされていないものの、その値段はアメリカの三分の一ほどだ。したがって、私たちは自分たちの経済状態を検討した結果、もう四回ＩＶＦにチャレンジするか、もしくは三年ちょっとで私が四五歳を過ぎるか、そのどちらか早いほうで不妊治療をやめようと決めていた。私は救命胴衣を着けて、元に戻れない潮流の中にでもいるかのように、そのプランにしがみついていた。胎児の心拍が止まったことを知った夜、タクは母親の事故を知ったとき以来初めて身体を震わせ、悲しみにくれた。だがその後は「どんなことがあろうと、二人いっしょに乗り越えよう」と私に言い聞かせた。

母性が私にとっては手に負えないもので、そのせいで子どもとうまく絆が結べないのではないかという恐怖はまだ消滅したわけではなかった。それでいて、レース中のランナーさながら究極的に私を先に先にと進ませていたものは、私たちの赤ん坊がどこかに存在していて、私たちを待っているかもしれないという感覚だった。そんなフィーリングが何を意味しているのかもわからなければ、運命もスピリチュアルなものもまったくと言っていいほど信じない私が、なぜそんな衝動に衝《つ》き動かされているのかも理解できなかった。でも、私は結局、今の人生とは似ても似つかぬ人生を手に入れようと長年奮闘した末に、まったく共通点のない二人がどうしてこんなにうまくいくのかを頭で理解することなくタクと結婚した。だから、たぶん理解する必要などないのだ。ただ流れに任せればいいのだ。なぜなら、そうしないよりはましだから。

不妊は直感より理論を好む私の性向に疑問を突きつけたが、同時にそれは日本にいることについての私の気持ちも変えていた。初めて大阪は、タクの仕事や家族の義務ゆえではなく、私が自分自身の理由で選んだ場所になった。ボストンではＩＶＦに五回も挑戦することが経済的に不可能なことはわかっていた。とりわけ私の年齢と見込み薄な医学的所見では、医療保険が一回分すらカバーしてくれるとは思えなかった。私がフルに働かなくてもすむようタクがしっかり稼ぎ、私は自宅でフリーランス・ライターの仕事をパートタイムで行うという大阪での私たちのライフスタイルは、不妊治療の肉体的疲労と付き合うのにも適していた。

不妊クリニックでは、もう一度受精卵を移植するには私の子宮内膜は薄すぎると医師に言われていた。それには鍼《はり》が効くと聞いていたので、私たちのマンションのすぐ近くに日本人の漢方医を見つけた。彼も受付係も英語は話せなかったが、私はなんとか状況を伝えようとした。まず受付の殺風景な高いデスクに着いているホイペット犬〔イギリスの小型競走犬〕に似た若い女性に私の窮状を説明した。彼女の後ろの壁には、前向きと後ろ向きの男の身体図が掛かっていた。その四肢と胴体と頭部のあらゆるところに赤とブルーの点がうねうねと連なって打たれ、それらのツボがすべて蜘蛛の巣のような黒い線でつながれていた。

「鍼をしてもらいたいんです。赤ん坊がおなかの中にいましたが、九週目に死にました。もうすぐ私は四二歳になります」妊娠をわかってもらおうと手をアーチ型にしておなかに当ててブロークンな日本語で訴えると、受付嬢はうなずいては微笑み、またうなずいては目を細めて、「アー、ソウデスカ」と言った。私は「子宮」を表す日本語を知らなかったし、「薄い」に当たる日本語も思い出せなかったが、「セマイ」または「スキニー」でなんとか間に合うだろうと思い、さらにブロークンな日本語で説明を続けた。「IVFをやっています。でも、ドクターは私のおなかがあまりにスキニーだと言うんです」

受付嬢は私のおなかのあたりを見つめた。眉を吊り上げさえしていたかもしれない。「チョット・マッテ！」と言い、それから「センセイ！」と声を上げた。長身で筋肉質の日本人男性がカーテンの奥から姿を現し、デスクの傍らに立った。症状についての私の説明は、繰り返し手でおなかのほうを差し、「薄い」を表そうと親指と人差し指の間に数ミリの隙間を作ったにもかかわらず、彼に対しても同じくらい通じなかった。いったいどうすればジェスチャーで「子宮内膜」を表せるの？　顔が真っ赤になるのを感じた。

だがついに、どうにかこうにか翌週に予約を取ることができた。妊娠したいこと、IVFをしていること、そして私は四一歳であること――その三つをわかってもらうことができたので、少なくともそこから始められると考えた。

家に帰ると、タクが日本語でメモを書いてくれた。それを鍼灸師に見せると、彼は読みながらうなずき、それから新しい針のパックを取り出した。だがその前に、私の「あまりにスキニー」という言葉を何度か繰り返しては、頭を振って笑った。

ついにクリニックでまた一連のＩＶＦ治療を始められると言われたときには、あまり希望を大きくしないよう努めた。タクは寝る前にいつも「おなかを冷やさないように」と言い、「足を冷やさないように」と付け加えることもあった。タクのお父さんには、ふたたびＩＶＦを試していること、おなかの中の新しい受精卵がうまく着床してくれるよう祈っていることを話した。すると彼は毎晩、夕食をとりながら、そっと私の顔を覗き込み、英語で「赤ちゃんは元気？」と尋ねるのだった。

＊＊＊

二〇一〇年、私は四二歳になり、三度目のＩＶＦも不成功に終わっていた。夜遅く、眠っているタクの隣で、サイドテーブルの照明のぼんやりした光溜りの中、私は涙のにじんだ目で不妊に対するホリスティック医学的アプローチについての本、それも特に出産年齢を超えた女性のためのものを求めて、インターネットの掲示板に質問を投稿していた。そして日中は、他の女性たちから何かアドバイスが来ていないかとチャットルームをサーチした。それまでとは異なる妊活食事療法をスタートし、走るのをやめて、毎日七キロメートルのウォーキングに切り替えた。エネルギーを蓄え、「血液に栄養を与える」という意味不明の理由のために。

でも私が「そこまではやらない」と線引きしていたのは、というより、正確にいえば、曖昧に敗北を認めていたのは「ポジティヴ・シンキング」だった。私が読んだ多くの本と、「四〇歳以上でＩＶＦ」というチャットルームの多くの女性たちが、実際に心に像を描く「視覚化」とハッピーな考えの重要性を強調していた。「あなたのエンビーを愛しなさい。その子が九カ月、あなたの中に気持ちよく横たわる場面を想像しなさい！」と、そんなコメントの一つにあった。私には私のエンブリオ（胚芽）をエンビーと呼ぶなんてことは耐えられない。それらは目に見えない細胞であって、漫画のキャラクターではない。それに、たとえ私がそれらの中にある将来的な可能性を切望していたとしても、それらが二分割または四分割のちっぽけな塊《かたまり》にしかすぎないときに、正直、「愛している」とは言えない。そんな私のほうが問題？　と思うこともあった。もしかしてポジティヴ・シンキングをできないことが、妊娠を妨げているのだろうか？　それとも、相変わらず母性に対して相反する感情をもっていることが原因なの？　一方でそういった不安が非論理的で、ばかげていることもわかっていた。でも、もう一方で罪悪感を覚え、ひょっとしてそれが真実ではないかと恐れてもいた。

ホルモンのパッチ剤をおなかに六つ貼り付けて、大阪城公園でいつものルートをウォーキングしながら、私はチャットルームの投稿のいくつかに頭から湯気が出るほど怒っていた。四三歳になったばかりの妊娠中のある女性は、妊活中の女性たちに、散歩したり店に行ったりするたびに、未来の赤ん坊をベビーカーに乗せて押していると想像すべきだと言っていた。「どんなことがあろうと、けっしてポジティヴ・シンキングをやめたらダメ！」と諭す。勝ち誇った笑みを浮かべて膨らみつつあるおなかをさすっている女の姿が目に浮かんだ。そりゃそう言うでしょうよ。あなたは妊娠してるんだから！　怒り心頭に発し、腕を脇で激しく往復させると、おなかのパッチ剤がショーツをこすった。頭上には大阪城が小高い丘の上にそびえている。真っ白な壁、ホタテ貝のような畝《うね》のある灰緑色の屋根、金メッキをした装飾用の金鯱《きんこ》が一番高いところで遅い午後の日差しを跳ね返していた。だが、私はほとんど気づいていなかった。

四三歳の誕生日が来て、四回目のＩＶＦも不成功に終わったとき、気がつくと私は自分をまた、もう一つのシャボン玉の中に閉じ込めていた。大阪に住む外国人であるという疎外に加え、私は新しい種類の煉獄に幽閉されていた。知るかぎり、日本で何年もＩＶＦを試しては失敗を繰り返しているのは私だけだった。私のまわりでは誰もが前に進んでいた。ロシアの素朴なマトリョーシカ人形のように、入れ子になったガラスの人形にでもなった気分だった。私は外を眺められるし、外からも中が覗ける。それでいて、一つひとつの重なりが私をさらに外界から切り離していた。

そのころにはジョディは完全にアメリカに帰国し、日本で私が知っていた人たちのほとんどが小さな子どもを抱えていた。ボストンの友達の大半はまだ子なしか、まったく子どもを欲しがっていなかったので、ときどき彼女たちとはスカイプをしたが、あまりに遠かった。その間も大阪の外国人の友人たちは小さな子どもを揺すったり、口を拭いてやったり、オムツをチェックしたりしていて、私は彼女たちの赤ん坊の話題を中心とした会話に退屈すると同時に、グループ全体から切り離されていると感じていた。エネルギーが枯渇し、アメリカと日本両方の〈フォー・ストーリーズ〉をやめた。私の毎日は、「今、月のサイクルのどのあたりにいるのか」という計算や、進行中または次の治療に対する期待や、自分の身体の知りようのないメカニズムに良い影響を与えるための試みで占められていた。あたかも私の体内には卵子を供給するベルトコンベアがあり、私が調整しようとするたびに流れを滞らせているかのようだった。私の想像の中で、私の臓器の中にしまい込まれているそれらの卵子は、かつては清潔な白い球形だったのに、今では汚れて不活発になりつつあった。

その間、いつかは子どもができるのかどうかも、私の人生がどこに向かっているのかもわからないフラストレーションに心が痛み、新しい恐怖につきまとわれ始めた。人生の最盛期の四年間をただ妊娠することに費やしたあげく、結局、敗北感と失われた時間だけが残るのだろうか？私の宙ぶらりんな感覚について何か文章を書こうとしたが、そんなことをする意味を見出すことができなかった。フリーランスの仕事をもっとしようとしたが、エネルギーがなかった。

タクは受精卵の移植が不成功に終わるたびに悲しんだが、私よりは簡単に立ち直った。外での彼の生活は以前とほとんど変わらなかった。やはり毎朝早く起きてバターを塗ったトーストとミルクティーの朝食をとり、スーツを着て、電車で仕事場に行き、彼がほぼ予測していたとおりのスピードでゆっくり昇進していた。その間、私の人生は、どの瞬間をとっても、おなかの中に絡みついている臓器の中で起きていることの幻想にとらわれ、他には何も見ることができない状態にはまり込んでいた。どんなときにも、頭の中には静かなサウンドトラックが鳴り続けていた――どうして、卵巣のことで頭がいっぱいのこんな人間になってしまったの？

ある夜、タクがサンディエゴに転勤になるかもしれないと言った。サンディエゴにはタクの部署があるという。私は新しい場所で二人の生活を一から始めることを想像してみた。もしなんとか十分な保険に入ることができたら、〝ホーム〟で――たとえボストンから数千マイル離れていようとも――不妊治療をする安心感がある。

「でも、オトウサンはどうなるの？」

前年を通して、お義父さんの動作はますます不安定になり、そのころには歩くのにも杖《つえ》が必要になっていた。また時折、言葉がいつものルートをたどる前に舌の上で一瞬つまずくかのように、ほんのかすかだが、話すときに言葉につまるようになっていた。さながら流れの中に小さな石のある小川のようだった。医者に診《み》てもらうよう私たちがいくら説得しても、ただ肩をすくめたり、黙って抵抗したりしていたが、数カ月後にとうとう折れた。何度かの診察と頭部スキャンにより、診断が下された。パーキンソン症候群。筋肉と神経の不具合を症状とする一種の変性疾患だ。パーキンソン病に似ているが、薬物治療の効果はより低く、一般的に病状の進行はより速い。

タクからサンディエゴの件を聞いたとき、もしお義父さんが私たちといっしょに移住したなら、特にアメリカでは義理の父親との同居が奇妙に映ることに思い至った。だが、お義父さんを大阪に一人残していくわけにはいかない。彼がサンディエゴのリビングルームのソファに座って、ちょうど私が大阪でCNNや「LAW & ORDER：性犯罪特捜班」を観ているように、衛星中継で日本のテレビ番組を観ている姿や、薄地のウールのベストで小粋にきめて、近くのコンビニエンス・ストアに行く姿が目に浮かんだ。輝くカリフォルニアの空の下、ふらつく一歩ごとに杖を叩いていきながら、スケートボードで通りすぎる近所のティーンエイジャーに丁寧に少しだけ頭を下げる姿も。「もし、私たちが頼んだら、オトウサンはいっしょに来ると思う?」

タクは私の手を取った。「ありがとう」彼は静かに言った。

数日後の夜、お義父さんが夕食にやってきた。

「サンディエゴのこと、訊いてみる?」キッチンの奥でささやいた。タクはビールを取りにきていて、私は炒め物の仕上げをしていた。でも、タクは食事中には転勤の可能性があることについては一言も触れなかった。お茶を出したあと、ついに私が眉を上げて合図すると、タクがうなずいた。つまり、この件をもち出すのは私ってことよね?　と受け取った。それで、ブロークンな日本語でなんとか「オトウサン、タクがサンディエゴに転勤になるかもしれないんですって。もし私たちがアメリカに移ることになったら、オトウサンもいっしょに来たいですか?」といった感じのことを言った。

タクのお父さんは私の滅茶苦茶の構文を建て直しているかのように、しばらく私をおだやかに見つめていた。お茶をすすり、湯飲み茶わんを置き、静かな一続きの言葉とともに息子のほうを向いた。それが質問であることは、語尾が上がったのでわかった。彼らの話し合いは少なくとも数分は続くものと予測していた。それに、特に驚きのニュースを受け取る側のお義父さんからは、少なくともちょっとくらいは感情的な表現が聞こえてくるものと思っていた。涙やハグや質問の嵐を期待していたわけではない。だが、ほんの数分もしないうちにお義父さんが一度だけうなずき、ゆっくりもう一口お茶を飲み、それから、相変わらず完全に平静さを保ったままこちらに向き直ったとき、私は心底驚いた。彼は椅子を引き、いつもどおり「ゴチソウサマデシタ」と言い、杖をつかんでドアのほうに足を引きずりながら向かっていった。

タクは見送るために立ち上がったが、私はあまりに頭が混乱して動けなかった。「キッテ・クダサッテ・アリガト」と弱々しく感謝の言葉をかけるのがやっとだった。

「どうなってるの！」戻ってきたタクに訊いた。「あれ、どういうこと？　オトウサンは何て言った？」

「何も」煎茶のお代わりをしようと急須に手を伸ばしながら、タクが言った。

「何も？　何もって、どういうこと？　私が言おうとしていたこと、説明してくれた？　転勤のこと、オトウサンに話したの？」

「ああ、話したよ」

「だったら、オトウサンの反応はどうだったの？　もし私たちが行くことになったら、いっしょに来るって？　ショックを受けてた？　それともワクワクしてた？」

「いや、べつに反応はない」タクは湯飲みを手にしたまま、ソファのほうに向きを変えた。

「反応がないって、どういう意味？　それって、すごーくショックを受けてたから？　それで反応できなかったの？」

「いや、ショックなんか受けてないよ。ただ反応しなかっただけ、まだ」

タクは私のほうを見た。私は頭を振って両手のひらを上に向け、目を細めた。そうすれば、見えざる説明がクリアーにでもなるかのように。タクはため息をついた。

「まだ転勤になるかどうか、わからないんだよ」彼はシンプルに言った。「だから、どんなプランも立てる必要はないんだ。そう説明したよ。おやじはぼくたちが誘ったことを喜んでいた」でも、すべてが空論にすぎない今の段階では、お義父さんがそれほど真剣に考える必要はないのだとタクは言う。「実際的なことを心配するのはもっと先でいい」

それから数日間というもの、私は頭の中でそのシーンを再生し、私の受けたショックを共有してもらおうと、ボストンや大阪の友達に電話した。

「つまり、彼のお父さんはそこでただ椅子を後ろに引いて、立ち上がり、私に食事のお礼を言って、その件については一言もなしに帰っていったの！」私はあの場面を再現した。「それで『トフ、どうなってるの？』って噛みついたわけ」

だが、大阪城公園の終わりのないループコースをウォーキングしながらじっくり考えてみると、「実際的なことを心配するのはもっと先でいい」という考え方は、ある意味、素晴らしいと思えてきた。想像してみて、と私は自分に言った。未来の「もし、……したら」の問題を、それが現在の現実になるまで解決しようとしないでいたらどうなるか。私にはタクやお義父さんの平静さを手に入れることはけっしてできない。私はそんなふうには配線されていない。彼らが転勤の件について徹底的に話し合わないからといって――転勤が現実になる前に、そうなった場合の問題を解決しようとしないからといって――必ずしも彼らがその件に関し何の感情も抱いていないわけではないのだ。所詮、彼らも人間で、悟りを開いたな仏陀《ブッダ》ではないのだから。でも実際に問題を扱える前に、仮の状況をすべての角度からあらかじめ解決しておく必要はない。

それは四年間も子作りに努めた末に何も得られないのではないかという私の恐怖に対する、いい教訓になった。結局、どんな結末になるかは知りようもなく、その真実について苦しんだところで何も変えはしないし、何の解決にもならない。最終的に誰も自分の体に子どもを作る能力があるかどうかはわからないし、妊活をしている間に失ったものをのちに後悔するかどうかもわからない。だから、今はただ体を大切にして、可能なかぎり健康を保ちながら、努力し続けるしかないのだ。

私には未来の赤ん坊をイメージしながら唱えるポジティヴなマントラは必要ない。私に必要なのは、今の生活をできるかぎり充実させること。そして将来どんな結果になろうと、振り返って、自分に与えられた時間内にできるかぎりのことはしたと思えること。だから今はベストを尽くそう。実際的なことを心配するのはもっと先でいい。

その秋、私たちはＩＶＦを行う場所をマンションの近くにあるクリニックに替えた。値段はそちらのほうが高かったが、最初の幸運のあとに何年もの不成功が続いた前のクリニックに通うことに疲れてしまったのだ。

新しいクリニックには広々とした明るいカフェがあり、待ち時間にラップトップをもち込んで「ルーーボス・ティー」を飲むことができる。ときには診察や血液検査で私の番が来るまでに、午前か午後を丸々待たなければならなかった。英語が話せる院長のオカモト先生はいつも完全に同じ服装をしていた。医療用の白衣にくるぶし丈のポリエステルの白いズボン、厚手の白いソックス、やわらかそうな黒い靴。薄くなりつつある髪の毛は頭の上で横分けにされている。タクと私は彼に会うたびに、その服装についてこっそり笑みを交わした。

そのクリニックでは最重要視しているモットーとして、ストレスの除去が呼びかけられていた。それはIVFを行っている女性にとっては虚しい目標だ。オカモト先生からは初期の面接で、クリニックの推奨する「受精卵移植後の行動規範」と、「不安のない不妊治療」についての説明を受けた。移植後は常におだやかに過ごすべきだと言われた。「無論、料理や軽い掃除はかまいません。でも、おとなしく家にいるべきです。混み合ったデパートのセールに走っていくなんてのはもってのほかです!」

クリニックは瞑想のためのCDを販売し、独自の鍼治療センターも併設し、壁一面に映し出された静かな海中シーンに面して大きなリクライニングチェアが並んだ、海がテーマの relaxation room も提供していた。タクと私は一度もそこには行かなかったが、中を覗き、ドアの上の「リラクゼーション・ルーム」という変な日本語の音訳を笑い、どちらがそこの強制的な静穏さに最も不適切な映像を思い付けるかという競争をするのが好きだった。タクは『チャイルド・プレイ:チャッキーの種』を、私は反イルカ漁映画『ザ・コーヴ』を提案し、そこの音響映像システムにハッキングする企てに笑い転げた。そんな待ち時間が終わると、医師たちは私のカルテを手に息を吸い込み、「サテ、ドウシマショウ?」とつぶやくのだった。

多くの女性が夫とではなく母親といっしょにクリニックに来ていたが、その想像もつかない組み合わせは、見慣れるまで、私の目には非常に奇妙なシーンとして映った。ある日、ピンヒールにピチピチのジーンズ、黒いプレイボーイのうさぎが背中に大きくプリントされた白いTシャツといったいでたちの女性を見かけた。彼女を褒めるべきか、それとも勘違いしていると考えるべきか迷った。その両方が少しずつ、という結論に達した。

クリニックが提供するプログラムで一番人気があったのは、毎月曜午前にオカモト先生自身が主導する〈受胎ストレッチ〉のクラスだった。月曜の午後には、クラスを終えた女性たちが、ゆったりしたヨガ・ウェア姿でカフェに集まっていた。長いテーブルをくっつけ、それぞれ弁当を取り出し、おにぎりを食べながら噂話や情報交換に興じていた――たぶん何時間も。私は彼女たちの近くに座り、キーボードを叩いてフリーランスの執筆仕事をこなしながら、彼女たちについてあれこれ考えた。日本では子どもがいようがいまいが、結婚後も働いている女性は半数をはるかに下回ることを知っていた。それにしても、診察を待っているわけでもないのに丸々一日をIVFクリニックで過ごすという考えには驚いた。でもそのうち、私も彼女たちと少しも変わらないことに気づいた。要するに、それが私たちの生活なのだ――妊娠検査薬に二本のブルーのラインが現れるのをひたすら待ちながらクリニックに座っている。彼女たちはただそれを、おにぎりを食べながら仲間とともにやっているだけのこと。

ある午後、治療の準備のための薬を取りにいった。クリニックの薬局の窓口で、白とブルーのユニフォームを着た女性にピンクの封筒を渡された。その上端には、筆記体の英語で「Smile, think positive, let yourself relax and ready for conception」（微笑んで、プラス思考をして、リラックスすれば、受胎の準備は万端です）とあった。

　その春の半ば、新しいクリニックで治療を始めて半年たったころ、タクのサンディエゴ転勤の話は流れた。その間に私はなんとか卵子を一つ発育させることができ、それを医師が採取し、培養し、凍結した。検査や準備サイクルや排卵誘発剤の注射にもかかわらず、普通の女性がひと月に排卵する個数しか排卵できなかった。しかも、半年もしないうちに四四歳になろうとしていた。

　クリニックでその卵を移植してもらう少し前のある朝、焼けつくような胃痛とともに目覚めた。その後も一週間、繰り返し胃が熱くなる感覚に襲われると、タクが消化器の専門医に予約を入れた。医師は看護師に「ガイジンサン」を入室させるよう指示し、内視鏡検査を行った。胃カメラを鼻孔から喉へと通していきながら、医師は私の「外国人の狭い鼻」のせいでどんなにカメラを押し進めるのが難しいかを、タクと看護師にとくとくと説明した。その間、タクは私の頭をなで続け、私は窒息しそうになりながらも何とか吐かないでいようとするがあまり、頬に涙を流していた。医師は胃の中に二つの潰瘍が隣り合わせにあるのを見つけると、英語で「kissing ulcers!」（キスしてる潰瘍たちだ！）と、自分の言葉に満足げな表情で言った。そして胃の粘膜を少し採取し、検査に回し、一週間後にはバクテリア感染のせいで胃腸に潰瘍が起きやすくなっている状態にあると診断を下した。治療法は、抗生物質を含む数種の薬の二カ月間服用。それらの薬は妊娠や、その延長上の卵子移植には禁忌だ。またもや不妊治療に長期の遅れが出る。

「きみのことが心配だよ」タクは頭を振りながら、ふたたび言った。潰瘍ができやすくなっているのがバクテリアのせいであることは確かだが、彼は不妊治療によるストレスも一因ではないかと心配していた。

不妊治療の期限と定めた四五歳の誕生日が刻一刻と迫っているときに、またもや治療の途中で足踏みせざるをえない不運が悲しくてならなかった。私は航空会社に電話して、短い一時帰国のためのフライトを予約した。すでに一年以上もアメリカに帰っていなかった。ボストンでもやはり喪失感で心は麻痺したままだったが、胃潰瘍にもかかわらずワインを飲み、ステーキとフレンチフライを食べ、親しい友人に会った。

数週間後に日本に戻った私は、密かに新しいプランを抱いていた。この数年間の不妊治療の結果が自分にコントロールできるものでなかったことはわかっていた。でも少なくとも、四五歳になったときに振り返って、妊娠するために毎月、もっとできることがあったのではないかと後悔するのを防ぐことはできる。

私はまっすぐ大阪のクリニックに向かった。

「今月は自然な方法を試してみたいんです。もう数週間、抗生物質を飲まなくてはならないので、その間に」と医師に訴えた。そのときはノグチ先生という女性の医師だった。オカモト先生より若く、そのぶんだけ威厳はないが、彼女もまた少し英語が話せた。

「卵子が育っているか、超音波で調べていただけませんか？」私は頼んだ。ノグチ先生がゆっくりとうなずくと、顎までの長さの黒いストレートヘアが、頭の動きに合わせて揺れた。彼女は隣の部屋を指さした。私は例の機械仕掛けの椅子——今回はブルー——のある部屋に入り、引き上げられ、脚を広げられ、棒状スキャナーを突っ込まれる準備をした。

それから一週間ほどのちに、ノグチ先生は排卵誘発剤の注射の処方をした。その後、白くて長いカウンターで支払いを待った。その午後、クリニックは混んでいて、看護師からホルモン注射を受けた腹部をさすっている私の後ろにも患者の列ができていた。やっと私の番になると、受付係が私の治療シートを取り出し、ノグチ先生が書き加えた手書きの一行について説明を試みた。

「エッ？」私は何度も言った。「モウイッカイ・オネガイシマス」

受付係の顔がしだいに赤くなり、彼女が伝えたいことを繰り返すにつれ、私の後ろの患者たちがソワソワし始めた。ついに彼女は「タイミングゥ！　タイミングゥ！」という言葉を吐き出すように言った。それが何を意味するのかは想像もつかなかった。最終的には私のほうが、そのころにはどういう意味かを完全に理解していた日本語を口にするほかなかった。「シュジンハ・ニホンジンデス。アト・シュジンワ・ワタシニ・オシエマス！」

受付係はまるでスウェット・ロッジ〔発汗小屋：もともとはインディアンの儀式で、高温の小屋の中で大量の汗をかいて心身の浄化をめざす〕の最後にジャグ一杯の水を渡されたかのような表情でうなずいた。そしてクレジットカードの支払いを処理し、治療シートを手渡すと、いそいそとおじぎをして私を送り出した。

その夜、タクに例の紙を見せると、笑った。

「何？　何て書いてあるの？」

「今夜、ファックしろってさ！」

受付係が言おうとしていたのはタイムド・インターコース（適時の性交）という意味での「タイミング」だったのだ。無論、ノグチ先生はタクの言葉よりもっと専門的な表現を使っていた。けれども、私の後ろで長い列を作っていた患者たちや、説明しようとして次第にパニックの度を増していった受付係の姿を想像すると、その日の午後にクリニックで使われた言葉の効果は、タクのものと変わらないほどあからさまだったのだろう。

やっと抗生物質の治療を終えた数日後――ノグチ先生に会ってから二週間後――の早朝五時ごろに、おなかの重たい感覚とともに目覚めた。トイレに行き、出血がないか確かめた。次にクローゼットに行き、プラスチックケースにごちゃ混ぜになっているタンポンや剃刀《かみそり》、化粧品、ピルなどの中を躍起になって探った。

五分後、早期妊娠検査薬を手にトイレに駆け込んだ。陽性反応が出ていた。

同日、タクはクリニックに予約を入れた。オカモト先生もノグチ先生もいなかったが、もう一人、なんとか少し英語を話せるヤマモト先生という医師がいた。彼女はノグチ先生より年上で、態度はより率直だった。「妊娠が……リアルであることを確かめるために」とたどたどしく言って、私を血液検査に回した。

結果待ちの一時間半をカフェで過ごしたが、先生の「リアル」という言葉についてあれこれ考えまいとすればするほど、何も手につかなかった。ガラスドアが開いたり閉まったりし、紅茶やコーヒーの載った小さなトレイを手にした女性たちがするりと出たり入ったりしていたが、すべてが水中で起きているかのようだった。何一つ、私の口の中のもやもやした感覚や胸の中で掻き鳴らされる音を突き抜けてはこなかった。

ヤマモト先生は私を診察室に呼び戻すと、おくれ毛を耳の後ろになでつけて微笑み、検査結果の紙を私のほうに押し出した。そして予定日は三月九日だと言った。四四歳の誕生日のほぼ四カ月後だ。

続く数日間、私の頭は相変わらず水中にあるように感じられた。もう母親になることについての迷いはいっさいなかった。ただ幸せなショックがあるだけだった。タクは静かな笑みを浮かべて歩き回りながらも、「あまり興奮しないようにしないと」とも言っていた。その週末、私たちは大阪の中心にある梅田の巨大な地下街の匿名の群衆の間を、あたかも速く歩くと私のおなかの中で育っている小さな細胞が振い落とされでもするかのように、ゆっくりした動作でぶらついた。私は畏怖を帯びた喜びで、気分が高揚していた。私たち、今ここを、三人いっしょに歩き回っているのね！

一日か二日、軽い吐き気を覚え、その間は朝のコーヒーの香りに思わずハンカチを口に当てなくてはならなかった。だが、その後、そんな感覚が徐々に弱まっていった。家に帰り、もう一度、妊娠検査薬でチェックした。きっちり三分がたつまでスティックを見ないようにしている間も、耳の中で脈の大きな音がし、心臓はバクバクしていた。ついにスティックを見ると、まだブルーの線は二本あった。でも一本の色が前より薄い気がしないでもない？　どちらとも言えなかった。

クリニックから流産防止のためと胃潰瘍を悪化させないために大量の薬を処方されたので、お義父さんに妊娠の事実を伝えざるをえなくなった。ある夜、食事のあとに私が薬を取り出して並べている間に、タクがお義父さんに話し、今回は冷凍した受精卵ではなく、自然の妊娠であると説明した。お義父さんは目を見開いて相好を崩しはしたが、一転して考え込んだ様子で、タクに日本語で何か質問した。

「オトウサンは何て言ったの？」私は知りたかった。

タクがこちらを向いて首を振ったので、またもやお義父さんにイライラさせられたことがわかった。お義父さんは私たちがＩＶＦを行っていることをけっして非難しているわけではないが、それが何を意味するのかが、わかってはいなかった。タクはちょうどお義父さんがコンピューターの立ち上げ方がわからなかったときのように、あきれて目を回した。「どっちの赤ん坊が欲しいのかってさ。今おなかに入っているほうか、それともフリーザーに入ってるほうか」

翌朝、吐き気はさらに弱まる傾向にあった。数日後にはふたたび血液検査を受けにクリニックに行く予定になっていたが、仕事中のタクに「クリニックに行くべきだと思う、できるだけ早く」と携帯メールを送った。彼が電話してきたので言った。「今朝、また妊娠検査薬を使ってみたの。やっぱり線の色が薄くなっている気がする。あることはあるの。でも、ぼやけてる」

今回もヤマモト先生だった。二度目の血液検査に回された。カフェで一時間ほど、泣くのをこらえながら待った。備品の日本の雑誌を物憂げにただパラパラとめくったが、目には何も映っていなかった。ヤマモト先生に診察室に呼び戻されると、彼女の前にはまた、検査結果の紙が置かれていた。彼女はふたたびそれを私のほうに押し出したが、今回は私と目を合わせなかった。

「残念ですが、ミセス・トレイシー、赤ちゃんは育っていません」

懸命に涙をこらえ、声をできるかぎり平静に保とうとしながら、殺風景な壁を見回したあとに、やっと視線を医師の顔の近くにもっていく勇気を奮い起こした。最後になんとか震える声で、流産してしまうのは避けられないのだろうが、今後どうすればいいかを尋ねた。

「あの、まだ冷凍された受精卵がありますよね」しゃがれた声を絞り出した。「でも、もし……もし、それもダメだったら、もう一度自然な方法をトライできますか?」

ヤマモト先生はふたたび髪を耳の後ろにかけ、まっすぐに私を見た。「今回、自然に妊娠したのだって奇跡なんですよ」この一回に限って、彼女の英語はパーフェクトだった。

その流産から六週間後、最後の受精卵を移植してもらった。それも不成功に終わった。


「トレイシー、はっきり言って、あなた、妊娠するのは無理ね」

数カ月後、もともと遠回しな言い方をする人間ではない母は、スカイプで私に真実を告げようとした。母は私たち夫婦が貴重な時間を無駄にしているのではないかと心配していた。IVF治療こそやめていたものの、私はまだクリニックに月一のホルモン補充と超音波検査を続けるようお願いしていたし、加えて、早期流産の原因かもしれないとの診断を受けていた凝固障害のために、血液を薄くする注射も一日に二度受けていた。数々の注射のせいで、おなかは赤や紫のみみず腫れだらけだったが、私の決意は揺るがなかった。

「養子を取ればいいだけじゃないの」母が主張する。一番上の姉は私のために泣いたと言ってくれた。私がタクとの間に子どもをもてないでいることがとても悲しいと。でも、姉もまた、なぜ私たちが「ただ養子を取る」という選択をしないのかが理解できなかった。「あくまで」と姉は付け足した。「あなたがまだ卵子提供を受けるのに乗り気でないならだけど」と。姉も母も、養子を取るにしても急がなくてはならないことを指摘した。多くの養子縁組あっせん機関が申込者に年齢制限を設けているからだ。

さらに母は、友人の娘が代理母を利用したという話をするに及んだ。

「マム、私はまともな卵子を作ることさえできないのに」私は怒りでジリジリしていた。「代理母を雇ってどうなるというの？」

いつものように誰かを雇いさえすれば問題は片付くと思っている母に対する鬱憤《うっぷん》を、狭量にも私はタクにぶつけた。「そもそも、代理母を雇うことがどんなに高くつくかってことにすら気づいてないみたいなの！」母に向けるべき苛立ちを含んだ目で、タクをじっと見据えた。

「かわいそうなシャーロット」母についての不満をぶつけられるたびに、彼はそう言った。そして、「きみもかわいそう」と付け加えるのだった。

私はタクが自身の悲しみやフラストレーションを抑え込んでいるのではないかと心配だったが、それについて話そうとすると、いつも彼は「大丈夫だ」と言い張った。それでも私が引き下がらず、不妊治療の間には男はしばしば女性のパートナーのために自分は強くあらねばならないと考えているとどこかで読んだことがあると話すと、やっと彼は「ときどき、ちょっと悲しいけど」

と認めた。それで私は「いつもあなたのほうが強い人でなくちゃならないのは不公平だわ」と言った。

けれども、母親の死のあと、タクが母親については断じて話したがらないことを思い出した。私は感情の抑圧を危険だとする欧米の精神分析を信じているが、タクにとっては痛ましい事柄について話すことは沈黙を保つよりつらいのだろうと思うに至った。日本人には、愛や支援を言葉ではなく、相互依存を強める行動で示す傾向がある。私はタクのお父さんが大好きだが、私たちの絆の大部分が会話により築かれたものではない。私は彼のために料理をし、彼は私のために新しい言葉を教えたり、標識を読んだり、私には読めない書類を埋めたりして日本語を教えてくれる。タクに対しても、私は彼の好物を料理し、毎晩、彼のために風呂を用意し、不妊治療が不成功に終わったあとや、お義父さんの足が特別にふらついていた夜には指圧に行くよう勧める。最後にはそんなシンプルで日常的な行動の中に、私は安らぎを見出していた。私はタクが私のために心を痛めていることを知っていたし、タクも私が彼のために心を痛めていることをわかっていたので、言葉により何かが解決するふりなどしなくてよかったのだ。

母や姉の「ただ養子を取ればいい」というアドバイスについては、私はＩＶＦのチャットルームや、友達や、友達の友達から得た情報により、それが遅延や間違いや落胆の連続で、不妊治療と同じくらいか、しばしばそれ以上に悲痛な状況を作り出すことを知っていた。たとえ善意からだとしても、人々に明らかな「プランＢ」（第二の手段）としてそれを促されるたびに、私は怒りを覚えていた。そんなに養子を取ることに大賛成なら、たとえ自分の血を分けた子どもがいようと、さっさと養子を取ればいいじゃないのっ、と不機嫌になった。加えて、この「プランB」という考え方にも釈然としなかった。それは、養父母と養子の両方を軽んじることになりかねないのではないか。私の知るかぎり、養父母になる人の多くが、すでに生まれてきた命と家族になりたくて、心から望んで養子を取っている。次善の策としてではなく。

とはいえ、IVFチャットルームには、不妊治療を一度か二度しただけで踏ん切りをつけ、養子を取る決断をする人たちがいる。その一方で、親になるためになら結婚自体を危険にさらすこともいとわない女性たちがいる。不妊治療にありったけの貯金を使い、夫やパートナーが卵子や精子の提供または養子縁組といった選択に同意してくれないと別れてしまう。

私の所属する四〇歳以上のチャットルームに、ある女性がこんな投稿をしていた。

「セラピストに一度言われたけれど、もし私にとってこの世で一番欲しいものが母親になることなら、きっと母親になれるだろうって。どんなことがあろうと、きっとその方法を見つけ出すだろうと」

この女性はこの真実に深い慰めを見出していたが、このコメントを読んだとき、私は彼女に感心はしたものの、これが私に当てはまらないことはわかっていた。

それは、私がこの世で一番欲しいものはタクといっしょにいることで、彼の生物学的な子どもを産むことは、その次だからだ。結婚前の、赤ん坊が私にとっては個人の自由に対する脅威以外の何ものでもなかったときには、いつも、ぼんやりとだが、養子縁組――もう一人の小さな人間と家族なること――は、およそ人間が下す決断の中で最も温かいものだと思っていた。私はそれまで一度だって、血のつながりを重視したことはなかった。結局、姉のローレンは養父母との間に、DNAを共有する実の両親には見出せなかった慰めと安らぎを見出したのだ。男の子を養子にした友達のジェナから、養子を取る人を理想化するのは「完全にナンセンス」で、養子を取るのはただ自分たちが子どもを欲しいからであって、生来の利他主義から来るものではないと言われても、まだ私は心の底で、大きな開かれた世界から一人ぼっちの小さな子どもを喜んで迎え入れる親たちを称賛していた。

だが、タクが卵子提供にも養子縁組にも抵抗があると言ったとき、私は意外にもほっとした。養子を取ることは日本では非常にめずらしいので、彼のそのスタンスに驚きはしなかった。でも数年前に不妊治療を始めたときにすでに、私たちの血を分けた子どもの親になりたいという当時私の中で大きくなりつつあった切望は、必ずしも一般的に親になりたいという願望と同じではないことに気づいていた。自分の生物学上の赤ん坊を欲する気持ちは、ただ子どもが欲しいという気持ちと同じではないのだ。

そのころには長年の不妊治療の経験から、もう一つ、驚くべき真実を発見し確信していた。それは、いくら自分がただ机上の空論として何か――たとえば養子縁組――を受け入れていると思っていても、現実に長い影響をおよぼす選択肢としてそれに直面するまでは自分の許容限界は絶対にわからないということだ。理性的であろうがなかろうが、私は半分がタクである赤ん坊が一番安心できると直感的に感じていた。すべての細胞が彼を半分含んでいる子どものほうが、そうでない子どもより、絆や愛を感じないでいることはより難しいだろうという確信があった。そして、もしタクとの間に子どもを作れないなら、私はむしろ子どもがいない夫婦としてタクとともに生きたい。タクと関係のない子どもの母親としてよりも。

そんなことを考える私は、他の人たちより親になるに値しないのだろうか？　子どもができないことを嘆く資格がないのだろうか？　答えはわからない。でも、この不妊の問題が、四五歳の誕生日がその年の秋にまで迫っていたからには、まもなく過去のものとなることだけははっきりしていた。主要な研究のほとんどにおいて、自身の卵子による赤ん坊を産める可能性が一パーセント以下まで落ちる四五歳以上の女性の出産は対象外だった。アメリカの国立健康統計センターの最近の報告では、女性の妊娠可能年齢は一五歳から四四歳までと規定されていた。私はすでに統計外のテリトリーに突入していた。

数カ月後、四五歳の誕生日のほんの数日前の深夜過ぎ、私はベッドに丸まり、身体を震わせて泣きじゃくっていた。タクは傍らに横たわり、私の頰から涙で濡れた髪の毛を払いのけていた。「ねえ」と、彼はしっかりしたまなざしを私の涙目に据えながら言った。「もしぼくたちに赤ちゃんができたら、それは素晴らしい奇跡だよ。でも、それってデザートにしかすぎないんだ。だって、いつだってきみがメインコースだから」

私たちがこの先、永遠に自分たちの赤ん坊に会えないなんて信じられなかった。それは当然のことのようにも、想像もつかないことのようにも思えた。一度も手にしたことすらないものを、どうして悼むことができるのだろう？　一度も存在したことのないものの喪失を、どうして哀しむことができるのだろう？　親になることの恐怖とタクの赤ん坊を産みたいという切望の軋轢が、今では新しい感情的ねじれ――渦巻く喪失感と空虚感、無感覚、ノスタルジー――へと変容し始めていた。

けれども、誕生日が来て、そして去っていくと、他の点での永続的な幸運を思い出し、そんな事実を忘れないでいることがどんなに大切であるかに気づいた。その前の一月、タクと私は結婚五周年を祝った。私が当初の不安を乗り越えると同時に忘れ去られた「三年の期限付き結婚」というオリジナルプランを思い出して、二人して笑った。記念日の夜、お気に入りのイタリアン・ワインバーで、シャンパンの泡の立ち上るクリアーなフルートグラスで乾杯すると、タクが一瞬、神妙な顔つきになった。

「この五年間、ぼくと結婚していてくれてありがとう」

私はあらためて、二つの文化を、二つの大陸を、地球の半分の大きなカーブをまたいで、私たちが互いを発見した幸運が信じられなかった。赤ん坊こそ手にしていないけれど、それでも私は人生最高の贈り物を与えられていた。すでに私が一番欲しいものは手に入れていた。それは、タクと家族になること。

「どんなことがあっても二人でいっしょに乗り越えよう」と言ったタクの言葉を思い出した。自分が自分の人生のどこにいるのかも、実現しなかった夢にかけていた自分の存在を修正してどうやって再構築し始めるのかも、過去四年間の辺獄からどうやって抜け出すのかも、私にはまったくわからなかった。だが、それらの年月がけっして無駄にはならないことはわかっていたし、もし結果がわかっていたとしても、同じことをしただろうと思った。なぜなら、それはたとえ私たちの赤ん坊にこの先も会えなくても、私たちのその子に対する愛の証拠に他ならないからだ。それは不成功に終わりはしたが、私にはとても貴重なものに思われた。そして、胸の中の悲しみにもかかわらず、私はどんなときもタクといっしょだった今までいた場所、そして今なおいる場所より幸せな場所などないと、心からわかっていた。

PART 6

受容期

第Ⅴ段階

THE ACCEPTANCE STAGE

最後の段階で……人は心理的離反から新しいアイデンティティへと移行し、二文化または多文化のアイデンティティというゴールを目指す……そこに至る４段階の感情は溶け合ってこの新しいアイデンティティに合成されるが、この新しい自分自身の発達と出現には、各段階が独自の本質的視野を提供している……ただし、この第５段階は発達の終点でも最高到達点でもなく、自分自身と新しい視野を開く文化の動的な緊張関係の一形態にすぎない。

――ポール・ピーダーセン著『カルチャーショックの５段階』より

「まあ、それも悪くないかな。それでいいかな。それなら、きみを送れるから」

――タク

(16)

来る月も来る月も、私の身体が新しい命の発育を拒むのを観察している間に、タクと私はもう一つの命が揺らぎ始めるのを見守ることになった。私の四五歳の誕生日の前の春のある朝、タクのお父さんは自宅のマンションで床から何かを拾い上げようと前かがみになった拍子に、滑って床に倒れた。そしてそのままリビングの擦り切れたカーペットの上に無言で横たわる羽目になった。頭をソファの足にねじ曲げてぶつけ、私たちが懇願して常時首にぶら下げてもらっていた携帯電話は手の届くところにはなかった。その間、太陽はゆっくりとアーチを描き、バルコニーの床からリビングの壁へと移動し、やがて色褪せ始めた。

いつもどおり、私は電話でいつでも駆けつけられるスタンバイの状態にあった。ケイも偶然その夜、東京から来ることになっていた。でも彼女が到着したときには、お義父さんは床に倒れたまま、すでに九時間が経過していた。体が折りたたまれる形で倒れてから永遠とも思われる長い時間を仰向けのまま天井を眺めながら過ごしたことになる。見たところ、腰骨を折ったか、または強く打撲していたが、そのどちらであるかを発見するため病院に行くのを、彼は拒んだ。

数日もしない間に車椅子が必要になり、その後、それから完全に解放されることはなかった。少なくとも一年後に、病院の固くて白いシーツの上でふたたび仰向けになることを強いられるまでは。

お義父さんが倒れたあと、タクと私は彼ができるかぎり長く自宅で暮らせる方法を模索した。もし私たちのマンションの予備室から本棚と洗濯物干しロープと小さな机を放り出して病院用のベッドを押し込めば、どんな感じだろうと夜も更けるまで話し合った。ひょっとして車椅子も入らない？

「それはどうかな」とタクは言った。

でも結局、ほとんどの提案に彼は首を横に振った。「そんなことするとプライバシーも何も一切なくなって、きみはフルタイムの介護人になってしまう。そんなことにきみが耐えられるとは思えない」

彼は私より進んで現実に直面していた。すでに紙オムツが必要になっているものの、お義父さんはめったに着けることを受け入れない。着替えさせ、抱え上げ、ダイニングテーブルの前に座らせる。彼が一日中そこで車椅子に座ったままテレビを観ている横で、私はなんとか仕事をしなくてはならないだろう。私がお義父さんを引き取るための何かを提案をするたびに、タクの後ろめたい気持ちがよりいっそう深まることに気づいていた。それは彼に私を守ることを強い、私が罪悪感ゆえに認めたくない自身の限界を、正直に私に認めさせた。

午前中に国の提供する「ヘルパーサン」がお義父さんのマンションにやってきて、着替えを手伝い、タクがオーダーした病院用ベッドから車椅子に移動させ、キッチンに連れていき、前夜に私が用意していた朝食を温めて食べさせ、それが済むとリビングに連れ戻す。お義父さんはそこに座ってひたすらテレビを観ることで、誰もいない部屋で精いっぱい、自身の尊厳にしがみつく。

その後は、午後に私が散歩や夕食の用意のために訪問するまで、ずっと一人で過ごす。もっとも、週に三、四日は散歩に間に合うようには行けないので、そんな日には、私が食事の支度に到着するまで黙ってそこに座り続けることになる。

お義父さんがヘルパーさんを渋々ながらも家に受け入れるのは早朝のみだ。それも、毎朝六時半に起きて自転車で彼のマンションまで行くのは私には負担が大きすぎると、タクがお義父さんを説得したからだった。タクがお義父さんにその話をしている間、私は赤面して下を向いていたが、それから顔を上げて「ゴメンナサイ、オトウサン」と言い、「でも毎晩、それに午後にも何回か来ます。大阪城公園をいっしょに散歩しましょう！」と付け加えた。毎朝、赤の他人に身の回りの世話をさせ、その後はただ一人、自分では何もできないまま一日を過ごさねばならない彼の苦痛がそんなことで解消しでもするかのように。

散歩に出たときには、私は車椅子を押し、お義父さんは葉っぱを眺め、ほとんど話はしなかった。だが、車椅子のタイヤの回転する音や、お義父さんの静かな呼吸や、太陽のほうに向けられた顔に、私は思いがけなく癒しを見出した。公園に向かう途中や、ちょっとした用事をしに寄り道をしたときなどに人々にジロジロ見られると、私たちはそのことを笑った。ヨガ・パンツにスニーカーのブロンド女性が、ウールのベストを着て膝に毛布をかけた白髪交じりの日本人男性の車椅子を押している光景に、人々は好奇心丸出しで大きく目を見開いたものだ。

私の家族は電話のたびに、いつアメリカに帰ってくるのかと訊いた。私は一〇月に四五歳の誕生日が過ぎるやいなや、少し長めに帰りたいと思っていた。でも秋ごろにはお義父さんの病状があまりに進んで常時の介護が必要になっていたため、私が日本を離れるのは難しくなった。タクもケイも、たとえ二週間程度でも私を帰国させるのに必要な休みを取ることができなかったのだ。

日々の家事と仕事とお義父さん宅への訪問に加え、なんとか自分たちだけの時間をもとうとする努力の合間に、タクと私はクリニックの助けなしに私の身体のサイクルの判断を試みていた。タクは注射や医者や不妊治療をすべてやめても、まだ私たちに子どもが授かるチャンスはあると考えていた（可能性が非常に薄いことはわかっていると認めてはいたが）。でも、私はさまざまな研究や統計を読み、私の惨憺たる検査結果を思い出した結果、彼は間違っていると思っていた。

とはいえ、私はまたもや緻密な計画を立てていた。いわば喪失を悼むために妊娠期間と同じ九カ月という時間［アメリカでは妊娠期間を九カ月としている］を自分自身に与えることにしていた。大阪城公園をめぐるパワーウォークをしながら、アメリカ人の友達リサ（子なし、独身、だから安心）に、喪失悲嘆と折り合うための完璧な計画を細かく話した。

めちゃめちゃになる最初の三カ月――妊娠なら、ちょうどつわりに苦しむ時期。私の場合はただの二日酔いだろうけど！　悲しみの泥沼から抜け出す次の三カ月、そして最後に、子どものいない結婚生活に本気で備える三カ月。その後は新しいゴールと希望をもつ正常な存在としての私と、一年の一定期間をボストンで暮らす生活が、ふたたび華々しく再開する？　というわけ。

「そしたら私たち、いっしょに旅行もできるわね！」リサが言った。

銀杏《いちょう》の木陰で腕を大きく振りながら、私たちは未来の旅行計画を立てた。

ある晩秋の朝、リビングで、それまでも定期的にスカイプを利用してカウンセリングを受けていたケンブリッジのセラピストと話していたとき、いつもの癒し系の平静な声で、これまでのような徹底した妊活プランに――生活の白黒はっきりした組み立てに――従うのをやめたら、この先どうなると思うかと質問された。大阪の朝の光を見つめていると、パソコンのヘッドセットを通して、セントラル・スクエアの夜の救急車のサイレンが私のほうに向かってくるように聞こえた。彼女の質問について考えてみた。

私は私のすっきりした、まとまりのいい、クリスタルのように明確な意図が好きだ。四五歳の誕生日は私が立ち直って前進するための、きちんとした出発点を提供してくれた。九カ月後には（なんという予想外のシンメトリー！　なんという明快な道筋！）私は悼むのをやめ、全生活を日本での医学の力を借りた子作り一本にかけていた時期に放棄したすべてをふたたび構築し直すという大事業をスタートさせるつもりだ。

だが一方で、もちろんタクと私はすべての不妊治療をやめたからといって、セックスするのをやめたわけではなかった。私たちの間にはまだ互いに対する強烈な思いやりと絆があり、私たちがともに望み、そして失ったもののせいで、それは以前にも増して強固なものになっていた。加えて、月の中ごろにはできるかぎりセックスをしようという取り決めが、私たちの欲求をほどよく満たしていた。しかも、私は思いがけない安らぎすら発見していた。それはスケジュールから解放された愛情行為という、驚くほど懐かしい感覚だった。四年以上も不妊クリニックにより私たちの結合がモニターされ、命じられ、制限されてきたあとに、突然、相手といっしょになりたいという本能的な欲望をどうやって掻き立てればいいかを考える必要がなくなったのだ。

とはいえ、そんなことはセラピーでは説明しきれないと感じていた。お金を払って話を聴いてもらう相手にセックスについて話すのはいつも抵抗があった。

「ええ」長い沈黙の最後の最後についに言った。「たぶんまだ私たち、トライし続けられると思います。つまり、ただセックスをするとかして」これは不妊治療のあとに、徐々に元の生活に戻っていく道筋なのかもしれない。タクはまだ彼らしく楽観主義にしがみつき、私は偽りの希望をもち続けることなく、また私の受胎能力が統計的には期限切れになったことに気づいていないふりをすることなく、それでもタクと結ばれたいと感じることができた。

私がタクの父親のことに話題を移すと、セラピストはそれ以上その問題を追及しなかった。変わらぬ癒し系の声で、二一世紀のカウンセリングにおいて、アメリカ北東部の女性精神科医がこれまた過剰に教育を受けた女性患者相手にいかにもしそうな（たとえ意識を失っていても想像できたと思う）質問をした——義理の父親の世話をしながら、同時に私自身の面倒を見て、私自身のニーズを優先させるために何をしているか？

数日後の夜、継母（父の再婚相手）とのスカイプで、お義父さんがいやがることはわかっていたが、私たちが日本で「ケアハウス」と呼ばれる介護施設を探し始めていることを話した。「考えもしなかったわ、オムツを替えることになるなんて。ましてその相手が赤ん坊ではなくて義理の父親になるとは」と言うと、またもや継母は私たちに子どもができなかったことを残念がった。「でもね、ハニー」彼女のテキサス訛りの鼻声の後ろで、スカイプの接続がバチバチと音を立てた。「人生で起きるどんなことにも、ちゃんと理由があるのよ」

私は目をぎゅっと細めた。悪意に満ちた目でパソコンの画面を穴が開くほど見つめた。継母はただ私を慰めようとしている。でも、そんなことは関係ない。大急ぎで会話を終えた。

理由などない。私たちに子どもができないことには、どんな救いのメッセージも含まれてはいない。相手が誰であれ、私の苦しみが必ず何か良いことで報われるといった善意のアドバイスには我慢ならない。ええ、私はタクと私が子どもはいなくてもいい人生を送れると信じている。タクと私が何を行い、どう感じ、子どものいない結婚生活に喜びを見つける方法をどう学んだかについて、私はいつか本を書くだろう。もちろん、それは贈り物だ。だがどんな贈り物も、それに先立って起きた喪失を正当化するために存在するわけではない。なぜ大急ぎでそんなふうに見せなくてはならないのだろう？　私たちが体験したことは私たちの存在しなかった赤ん坊に対する愛の証しではあったけれども、だからといって、それが正しい結末であることにはならない。

何年も続いた失敗のあとに見つけなくてはならないものは、救いや意味ではなく、そういった失敗を乗り越える決意だと信じるに至った。失敗があったからではなく、失敗にもかかわらず、充実した意義深い人生を構築する決意。友達や家族に、赤ん坊の代わりに本や他の何かを〝懐胎〟してはどうかと勧められるたびに、私は歯ぎしりした。私の辛辣な頭で、彼らの子どもの数を数えた。悲しみをきれいな物語に作り替えたがる彼らの浅薄な欲求に非難を浴びせた（彼らのきちんとした物語が、悲しみから立ち直るための各段階を細かく計画しようとした私自身の決意とどんなに似ているかは、少なくとも最初のうち、無視していた）。

私たちの悲しみは他の多くの人々のそれに比べると小さい。私たちが失ったものは胚であって、子どもではない。チャンスであり、命ではない。だが、それは私に喪失について一つの控えめな教訓を与えてくれた。たいてい、それはその航跡に何の意味も残さない。ただその先に人生を築く責任のほかにには。

その秋、ウィークデーには毎晩、お義父さんの夕食を用意したあと、タクと私はレストランで食事をし、それからタクか私のどちらかがお義父さんにシャワーを浴びさせてベッドに寝かせていた。私はトイレの床にひざまずき、お義父さんの胴まわりにタオルを巻きつけてオムツパンツを上げ下げする間は視線を下げておくことや、お義父さんを腕の下で抱え、そのやせ細った肩越しに壁を見つめながらいっしょに蟹《かに》歩きをして浴室に入り、体を下ろしてプラスチック製スツールの上に座らせる方法を学んだ。浴室ではそれが永久に興味をそそられる何かでもあるかのようにシャワーの蛇口を見つめ続け、それから蛇口をひねってシャワーの角度をお義父さんのスツールの方向に調節し、排水口の近くでうろうろしながら、今度はスツールの脚を見つめた。シャワーが済むと、更衣室の固い床にふたたびひざまずいてタオルをお義父さんの胴まわりに当て、繰り返し「スミマセン！」と言いながら頭を下げた。そのとき初めて私は日本の作法に感謝した。それは年長者としてのお義父さんの不変の尊厳と、息子の妻という永遠に卑下される立場に則した姿勢と丁寧な謝罪の言葉を与えてくれていた。伝統が、浴室の中の危うい現実を和らげる手伝いをしていた。

私が訪問した午後には、お義父さんは何分もかけて車椅子から立ち上がろうとしたり、自分でソックスを履こうとしたりした。でも、うまくいかなくて何度もやり直した。ついに頭を上げて私に向かってうなずくまで私は待ち続け、それから手を貸す。彼はいつも可能なかぎりの礼儀正しさで「どうもありがとうございます、トォレイシィー」と礼を言う。そんなとき、私は時がもたらす過酷な破壊の只中《ただなか》での彼の静かな粘り強さがどんなに強さとインスピレーションを与えてくれているかを、そして彼が人生の数々の教訓の中でもどんなに最も希少なものを与えてくれているかを、伝えたくてたまらなくなった。それは、加齢による避けられない衰退にどう対峙するか、そして、どうすれば尊厳を保つ闘いを放棄することなく身体を手放していけるかについての教訓だった。だが、一度も伝えなかった。

私とタクの小さな喪失のすぐあとに起きた彼の大きな喪失について考えた。彼の身体が老化の最終段階での衰退を始めたとき、どんなふうに最初の兆候をさらけ出したか。彼の身体が彼の心に対し理解しにくい異邦人のように振る舞い、彼の足が握りしめたソックスに対し外国のように感じられたときも、彼の顔は一度たりとも緊張や怒りでゆがむことはなかった。ただトライし続けた。その挑戦に完全に没頭して。

私はまた、お義父さんを世話するチャンスを与えられたことに――彼はけっしてそれを欲してはいなかったが――、私が説明のつかない癒しを発見し始めていたことも伝えなかった。シャワーのあとで彼の華奢《きゃしゃ》な身体や冬の樹木のような脚をタオルで軽く叩くようにして拭いていると、こまごまと世話をするはずだった他の身体――赤ん坊の身体――の喪失に対する私の悲しみの幾分かがどんなに和らいだか。でも、そのたびに罪悪感を覚えた。お義父さんの苦しみからどんな種類であれ慰めを引き出すことは、あまりにひどい、卑劣な罪だ。

夜中の三時か四時に電話が鳴ったことも何度かあった。お義父さんはタクに転んだと言った。でも自分がどこにいるのかがよくわからないという――たぶん家ではない。タクが子どものころに行ったことのある家族ぐるみの友人の別荘かもしれない。いや、家の中だけど、すぐに会社に行かなくてはならないんじゃないか？

暗闇の中、病院用ベッドの足元にくずおれて、彼はいろんな可能性を考えていた。タクと私は身体を引きずるようにして自転車に乗り、空っぽの都市の街路でペダルを漕いだ。マンションに着くと、タクはパジャマを着替えさせたり、もう一度シャワーを浴びさせたりしてお義父さんの気を紛らせ、その間、私はお義父さんに気づかれないことを祈りながらカーペットをゴシゴシこすり洗いした。そんな夜には、私は少しも慰めを感じなかった。ただ打ちのめされ、タクがいつも感じている哀しみと後ろめたさを感じていた。

ある朝、タクが会社に行った直後の七時半に電話が鳴った。

「トォレイシィー」お義父さんの声だ。「ＳＯＳ！」

ヘルパーさんが電話を代わった。早口の日本語で何を言われているのかがさっぱりわからない。いったん電話を切ってタクに連絡すると、彼は電車に乗っていた。次の駅で降り、お義父さんに電話して、私にかけ直してくれた。ヘルパーさんが到着したときお義父さんは床の上に倒れていたが、抱え上げることができないでいるのだそうだ。

私が駆けつけて間もなく、別のヘルパーさんがケアマネージャーとともにやってきた。彼らがお義父さんの身体を洗って着替えをさせている間に、私はお義父さんが夜中に転倒したキッチンの床を拭いた。きっと早めの朝食が欲しかったか、またはただ自分がどこにいるのかがわからなくなって、車椅子に転げ込むようにして乗り、苦労して少しずつ進んでいるうちに転倒したのだろう。

ふたたびタクに電話した。「ヘルパーさんに対してどう振る舞えばいいの？」私はパニック寸前だった。「あの人たちの仕事を私がしたら失礼なんでしょ。そんなことをしたら、あの人たちが仕事をちゃんとしていないって言ってることになるから。でも、ただここに突っ立って何にもしないで、彼女たちに掃除させるのもすごく失礼だって感じるの！　それに、私が掃除やお義父さんの世話を嫌がってるって思われるのもいや！」

こんなときにエチケットなんかに気を揉んでいる自分が信じられなかった。頭の半分は日本の文化に合わせようとし、もう半分はお義父さんに対する心配で茫然となっていた。

「ただ朝食を温めてやれば？」タクが提案した。「ヘルパーさんたちが親父を洗うのを手伝う必要はないよ」

私は顔を火照らせ、神経をぴりぴりさせながら、キッチンを飛び回ってコーヒーポットのスイッチを入れ、トーストを焼き、まるで食器の向きに完璧な正確さが求められてでもいるかのように、バターをあっちに置いたりこっちに置いたりした。

数日後、散歩に連れ出すために訪問すると、お義父さんはキッチンで車椅子に座っていた。「トォレイシィー」と言って額を指先でとんとんと叩いた。それから英語で「頭のどこかがおかしくなってるみたいだ」と言った。

　秋も終わりに近づいたころ、タクがついに介護施設に入るようお義父さんを説得し、正月過ぎに、私たちは彼を近くの私立の施設に移した。費用の一部は健康保険で、残りはお義父さんの老後の蓄えから支払われることになった。

「どのくらいの期間、お義父さんのお金と、その先は私たちのお金でまかなえる？」タクに尋ねると、計算したのちに一〇年という答えが返ってきた。お義父さんの部屋が個室であることに感謝した。近くの公立の施設にはどこにも個室はない。そしてお義父さんと私たちの預金を合わせれば、おそらく彼が生きている間ずっとそこにいられることにも感謝した。すると私は七三歳の男が八〇代初めまでには死ぬと計算していることに、またもや後ろめたさ感じ、悲しくなった。

　お義父さんが施設に移る日の朝、私はそこの無菌に見えるほど清潔な部屋の壁に、一〇枚ほどの家族写真を貼った。それらが家庭を失ったことから彼の気持ちをそらせてくれることを祈った。タクは安心すると同時に深い罪悪感を覚えていたが、私にとっては、日々の訪問がはるかにシンプルになった。掃除の必要もなく、マンションの傾斜台の上を、お義父さんの部屋まで車椅子を押し上げる必要もなくなった。ケアハウスでは、飾り気のない清潔なロビーを車椅子を押して通り抜け、デスクの後ろに並んでいる受付係に頭を下げる。するとカウンターの後ろのスイッチが押され、外に出るガラスドアが開く。それから心斎橋筋を散歩して、私たちをジロジロ見る人々を見たり、ショーウィンドウを覗いたりする。レストランのディスプレイでは、通りのほうに向けられたうどんやカレーのプラスチック製サンプルが、どれもセラックニスでつやつやしていた。

ときには、夜、お義父さんがケアハウスのダイニングルームで食事をとるのに付き添うこともあった。その施設はまだ新しく、お義父さんのいる階にはまだ空きがあり、私たちのまわりには四、五人の男性がそれぞれ一人で整然としたテーブルについていた。白やピンクの制服を着たヘルパーさんが魚と野菜とご飯の食事を運んでくると、彼らはほんのかすかにおじぎをした。彼らは食べながらワイドスクリーンのテレビを眺め、私はどのくらいの頻度でお義父さんがスプーンを口にもっていくのを手伝うべきか、または、そもそも手伝うべきかどうかもわからなくて、ナーバスになりながら傍らに座っていた。お義父さんに恥ずかしい思いはさせたくないものの、スタッフに私のことを冷たい人間だと思われたくもなく、また彼らが日本語で話しかけたりしませんようにと祈ってもいた。

食事が終わると、ヘルパーさんが薬をもってくる。小さな透明の袋にはお義父さんの名前が黒でプリントされていて、その下には絵があり、口のないピンクのキティちゃんが、大きな目で私たちにウインクしていた。

ある寒い日の午後、お義父さんの部屋の壁と天井の間に設置されたエアコンの暖房をオンにしようとした。「電源が切られている」に相当する日本語を忘れたので、「ドウシテ・コレ、シマッテルノ？」と訊いた。お義父さんはただ首を横に振った。私はリモコンをつかみ、一つずつすべてに漢字の表示があるボタンを見つめた。それには冷房、暖房、送風、タイマーなどのオプションがあるはずだが、どのボタンがどれなのかがわからなかったので、ただいろんなボタンを押してみて、お義父さんと二人、頭を上げて意味のわからないビーという音を聞き、何らかかを指し示すライトが変わるのを眺めた。私は「ゴメン、オトウサン」と日本語で言い、それからつい英語になって「ごめんなさい、私、頭が混乱して！」と言った。
「Me too、トォレイシィー」と、お義父さんは答えた。

四五歳の誕生日から四カ月が過ぎた二月、お義父さんがケアハウスに落ち着いたので、ついにボストンに三週間の里帰りを果たした。初めの計画ではもっと長くいるつもりだったが、お義父さんを毎日の家族の訪問もなしに過ごさせるのはしのびなく、だからといって、面会時間が終わる午後八時までにタクが仕事を終えるのは難しかった。しかし、その夏には東京で仕事をしているケイが休暇を取り大阪に来ることになっていたので、また七月か八月に、少なくとも六週間は帰国できるはずだ。

アメリカでは、もう子どもは生まれないとわかったからには、ふたたびボストン近辺のどこかに小さなワンルームでも買えないかと考え始めていた。毎朝コーヒーを飲み、毎晩ワインを飲み、ホット・ヨガのクラスに行けば心臓の鼓動があまりに速く耳に響いたが、そのどれ一つ、まったく気にしないでいられる解放感に浸った。母のアパートメントの向かいにある溜め池のまわりを走っていると、週に三回走っていた数年前より筋力こそ落ちたものの、絶え間ないホルモン治療をやめたせいか、分厚い靄《もや》が燃やされ始めたかのように身体はより軽く、より引きしまって感じられた。

〈フォー・ストーリーズ〉も復活させ、再出発記念のイベントを行った。オープニング・ナイトのために、グレーがかったブルーのスエードのブーツを買い、髪をカットし、ハイライトを入れてブロウしてもらった。そしてカクテルを飲み、笑い、マイクに向かってぐだぐだしゃべり、ふたたびたくさんの人が来てくれたことに感謝した。身体のどこか奥深くにはまだ、私とタクが子どもをもてないことに対する驚きと悲しみの空洞があった。でも同時に、昔の自分が戻ってきていると感じていた。

ボストンでは、例のセラピストと顔を合わせてカウンセリングを受けた。彼女はこの先も子どもができないことについて私がどう感じているかを話し合おうとした。しかし、私は具体的に言うべきことを何も思いつかなかった。きっと私がいたのは、会話が必ずしも役に立たない場所だったのだ。彼女は眉を吊り上げた。私にはべつにその話題を避けている気はなかった。

口にはしなかったが、私の完璧なプランが予定どおりには進んでいないことを悟っていた。予定では慟哭の三カ月に突入するはずだったが、代わりに私が感じていたのは、何よりも心の麻痺だった――その縁にはいつも物哀しさが付きまとってはいたが。一方で、私の人生は以前と少しも変わっていないことを説明しようとしていた。一度も子どもをもったことはないし、今ももっていないのだから。だが、その一方で、私はまだ悲しみを感じ、ショックを受けていた。何かを失ったかのように……でも、いったい何を？　そのすべてが、また新たな感情の綱引きだった。かつての矛盾は、悪い母親になるのではないかという恐怖と、赤ん坊ができないのではないかという不安の間にあった。その前の矛盾は、タクといっしょにいたいという気持ちと、はたして私が日本での生活を――いや結婚さえも――乗り越えられるかという疑問の間にあった。そして今、轢轢はすべてが同じであると同時に違っているという点にあった。でも、それが人生ではないのか？　二つの矛盾する真実を抱え、そして抱え続けていくことこそが？

お義父さんは結局、ケアハウスには数カ月しかいられなかった。私が大阪に帰って間もないある日の早朝に、看護師から電話があった。タクは香港に出張中。私はベッドサイドテーブルから電話を取り上げ、細めた目で時計を見つめた。六時半過ぎ。看護師の早口の日本語を聞く前にすでに、何かが起きたに違いないとわかっていた。彼女の説明の中でなんとか聞き取れたのはほんの数語だった。ビョウイン、ネツ（それとも、彼女が言っていたのはナツ？　いえ、それだと意味をなさないでしょ？）、それに一連の鋭い音節が続いたが、彼女の声に切迫した感じがある以外、ほとんど何もわからなかった。

私から電話を受けたタクがケアハウスに電話し、それから東京の妹に連絡して、折り返し私に電話するころには、お義父さんは救急車に乗せられていた。自転車で病院に急行する私の肌に、三月の空気は湿って冷たかった。病院のロビーのオレンジ色のビニール製ソファで小一時間待った。その間、タクは私とケアハウスの間の電話をリレーし、私は四角い案内窓口の向こうにいる男性職員に、義理の父親を探していることを説明しようとした。私の携帯電話を押し付けて、タクと話してくれるよう必死で頼むと、くだんの職員は興奮した外国人によって顔の真ん前に突きつけられた電話から身をそらせた。

やっとわかったのは、お義父さんが搬送されたのは別の病院だということだった。私が待っていたのはお義父さんの主治医がいる病院だった。でも、どうやらそこは午後八時から午前八時の間は、救急患者を受け入れないらしい。お義父さんを乗せた救急車の隊員は、重病患者を常時受け入れ、かつ空きベッドのある病院を探さなくてはならなかった。のちにタクがこういったことのすべてを説明している間、私は電話に向かって頭を振り続けるのを止められなかった。ええっ、この国では救急患者を決められた時間内しか受け入れないの？　私が誤解しているのが文化なのか、それともタクの説明なのかがわからなかった。のちに、べつにめずらしくもないが、前者のほうだったということがわかった。

救急隊員が見つけることができた空きベッドは、一〇人の男性患者のいる大部屋にあり、彼らの羊皮紙のような皮膚から発散するにおい溜りの中から、さまざまな病気が立ちのぼっていた。医師は三九度以上あった熱を点滴で下げ、肺炎の診断を下した。お義父さんは目を開けたとき、まるで別の国に着陸したかのようにあたりを見回した。衰弱がひどく、話すことはできなかった。次の一カ月、重い病気にかかったこと、今はケアハウスから一・五キロメートルほど先の病院にいること、でもまだ自宅マンションから遠くはないことなどを、繰り返し説明した。しかし何度言ってもすぐに自分がどこにいるのかがわからなくなるのだった。

同室の男たちの何人かはうめき声をあげ、別の何人かはミトンをはめられた手でベッドの枠を叩いていた。足首や脚や前腕はかさぶたやジュクジュクした斑点で覆われていた。二人は意識がなく、ビーという音をたてるモニターにつながれていた。多くがカテーテルにより採尿バッグを装着されていて、誰かがバケツをもってきて中身を空けるまで、透明なプラスチック袋の中で黄色い液体が跳ねていた。採尿バッグを着けていない男たちはオムツをしていて、一日に二回、看護師が私を含む訪問者を部屋から追い出し、重い金属の扉を閉めて、中途半端なプライバシーの中でオムツ交換をした。窓にかかった紙のような薄いブラインドからは弱々しい光が流れ込み、天井で揺れて、男たちの手や脚にあるようなひび割れやシミのある斑点模様を作っていた。

「ここって公立の病院？」翌日に香港から帰国し、お義父さんのベッドサイドにいる私とケイに加わったタクに尋ねた。

「公立じゃない。ただ古いんだ」寒々とした目をしてタクが答えた。

空きベッドがあったのも当然だ。誰がわざわざこんな病室を選ぶだろう？　でも医師たちはお義父さんをすぐさま転院させることを渋った。

次の一カ月というもの、私は面会時間の始まりとともに病室のにおいと音に耐える覚悟を決めなくてはならなかった。タクは毎日そんなに長くいる必要はないと言ってくれたけれど、自分がどこにいるのかもわからないまま、毎朝目覚めるたびにたった一人で汚い戦前の天井を見つめて当惑しているお義父さんの姿を想像すると、私は胸の中で紙がつぶされて小さなくしゃくしゃのボールになるような感覚を覚えるのだった。

看護師たちは心臓のモニターにつながれた患者がいるという理由で、病室内でのパソコンはおろかタブレットの使用すら許してくれなかった。インターネットの接続は切ると言ってもだめだった。でも大部分において彼らは親切だったため、彼らを下手に怒らせてお義父さんの世話がおざなりになっても困るので、言いなりになるしかなかった。本を持参してベッドのそばに座り、タクが仕事から駆けつけて最後の一時間ほどに加わるまで、お茶や遅めのランチで中断しながら六時間の面会時間を過ごした。外に出るなり、新鮮な空気を思いきり吸い込んだ。

病院では、ときどき、お義父さんの手を握ったりさすったりし、お義父さんが少し回復すると、脚の筋肉が萎えるのを防ごうとする虚しい試みで、骨だけになった脚を伸ばす手伝いをした。手で足をつかんで「押して！」と言うと、お義父さんは足の指で私の手のひらにためらいがちの軽い圧力をかけた。私はそれを押し返して、次にスピードをＯＦＦのわずか上に設定した手製のリカンベント自転車〔仰向けで乗る自転車〕さながら、脚全体を曲げたり伸ばしたりした。

「サンキュー、トォレイシィー」終わると、お義父さんはいつもささやいた。

毎晩、病院を出るころにはタクも私も疲れ果て、服には病院のにおいや陰鬱さが染みついていた。ただ夕食をとり、家に帰り、シャワーを浴び、ベッドに倒れ込む毎日だった。それまでの半年にしてきたように、相変わらず毎月いつが排卵日か、もしくは排卵しそうかどうかを判断しようと努めてはいたが、その月には二度セックスするのがやっとで、しかもそれが排卵日かどうかさえほとんど気づいていなかった。

ついに退院の許可が下りたのは入院から五週間たった曇り空の日曜だった。ケアハウスに向かう車中、私は楽観主義が波のように押し寄せてくるのを感じていた。お義父さんは私とタクが初めて手に入れた車――後部座席の代わりに身障者用の傾斜台が装備された小型のバン――の後部傾斜台の上で、自分の車椅子に座っていた。その車は数カ月前に、お義父さんが外に出るには寒くなりすぎたときに、週末の夕食に連れてくるために買っていたのだが、お義父さんが入院する前にはほとんど使う機会がなかった。

ケアハウスに到着すると、スタッフがずらりと並んでおじぎをし、声を揃えて「オカエリ」と言ってくれた。お義父さんは疲れて少し頭が混乱した様子で、ほんの少しうなずいただけだった。

部屋ではお義父さんの身体をチェックしたケアハウスの看護師たちが、臀部《でんぶ》の少し上の骨の飛び出たところから広がる生々しい大きな床ずれを発見した。かぶりを振り、病院の手抜きに舌打ちし、それからお義父さんを横向けにして、傷の消毒と手当をした。その間、お義父さんは壁に顔を向けて少し震えていた。私はベッドに背を向けてドアのほうを見つめていた。看護師たちが手当を終えたので振り返ると、タクの顔はショックで蒼白になっていた。

ケアハウスの医師がやってきてふたたび抗生物質を処方すると、スタッフはお義父さんがゆっくり休めるよう、私たちに帰宅するよう勧めた。私はタクに、翌朝ラップトップをもって戻ってきて、お義父さんが病院からの移動に適応できるよう、一日中付き添うと約束した。家に帰るとまたもや二人とも疲れ果てていた。少し前の楽天的な気持ちは灰色に変わっていたが、完全に消えてはいなかった。

翌朝、また八時ちょっと過ぎに電話が鳴った。通勤途中のタクからだった。

「親父がまた熱を出したんだ」また病院に戻らなくてはならない。

今回、タクはケアハウスの人たちに、お義父さんの主治医がいる、正しい介護をしてくれることがわかっている病院に直接運んでくれるよう言い張った。そこなら個室に入れる可能性もあった。

その病院のロビーで待っていると、ケアハウスの看護師と助手がお義父さんを乗せてタクシーで到着した。私は外に飛び出したが、お義父さんは私のことがわからない様子で、口から白い泡を出していた。看護師が入院申込書を埋めている間にできるだけそっとお義父さんの顎を拭こうとすると、ぜいぜいという苦しそうな呼吸の音が聞こえた。数時間後にタクが到着するころには、救急病棟の医師がふたたび急性肺炎の診断を下した。熱は三九度を超えていた。

数日後、新たな診断が加わった。夕方、医師は私たちをお義父さんのいる階のナースステーションに呼び出し、数枚の画像をスクリーン上に引き出した。そのころには看護師は一人残らず私の顔を覚えていた。なぜなら、ここでもまた私は毎日やってきて、面会時間の初めから終わりまでずっと付き添っていたからだ（週末はタクとケイが代わった）。もっとも、今回、私はラップトップをもち込み、お義父さんが寝ている間は仕事をした。その病院は前の病院に比べ段違いに清潔でモダンだったので、訪問はほとんど苦にならなかった。

お義父さんの部屋に点滴やバイタル（脈拍、呼吸、血圧、体温）のチェックで初めて入ってきた看護師たちは、外国人女性が小さなビニール製ソファに腰かけて膝にパソコンを開いて載せているのを見ると一様に驚いてハッとしていた。でもそのたびに私が「ヨメ」だと説明すると、彼女たちはうなずくか「ソウデスカ」と言って、温かく微笑んだ。なかには病室に外国人がいることを喜ぶ人もいた。ベッドのそばに来たとき、彼女は自分の鼻を指さして「I・love・English talking!」とうれしそうに言い、それからお義父さんの脚のまわりのシーツをやさしく整えていた。

でも今、タクとともにナースステーションに座っていると、白いスカートの制服を着た看護師たちは一人残らず目をそらしている。医師――やはり女性だが、パンツの上に長い白衣を着ている――はスクリーン上の白黒の画像を指さし、低いおだやかな声でタクに話している。彼女の言葉はほとんど聞き取れなかったが、数日前に行われた腹部のCTスキャンで何らかの塊が発見されたことはわかった。しかも、彼女の声の調子と、他の部分よりグレーの色が濃い臓器と思われるものの中の白い影により、それが悪いニュースであることもわかった。タクが話を飲み込み、医師の声に合わせるように声を低く保とうとしている様子からもそれは察せられた。

のちにタクと廊下に出て、お義父さんの部屋のドアの前でささやくような声で話をした。癌だと、タクは自分のおなかを指さして言った。私がすかさず胃なのかと訊くと、彼は首を横に振った。次に推測した臓器の名を挙げると、彼は最初ゆっくりと、だが膵臓に当たる英単語を頭の中で検索し確認すると、やがてしっかりとうなずいた。末期だった。治療ができないくらい進行していた。

「普通の人なら三カ月か半年くらいはもつかもしれない」タクは医師の診断を繰り返した。でも、パーキンソン症候群と認知症、繰り返す肺炎もあるお義父さんの場合、予後ははるかに悪かった。

(17)

その病院での最初の一カ月の中ごろ、私はほんの少量の出血を見た。「またもや予定より早い、ばかばかしいほど少ない生理」だとタクに報告した。私たちのどちらも、その話題を長く続けようとはしなかった。私たちの心のスペースの大部分が、お義父さんのことで占められていたからだ。がっかりはしたものの、生理が来たからといって、以前のように胸がつぶれるような思いをしないですむことに安堵してもいた。一週間ほどのちに胃の調子が悪くなったときも、早めの更年期に近づきつつあるのではという考えを押しのけようとしていた。更年期に見られるホルモンの変調が吐き気を引き起こすこともあると聞いたことがあった。

「きっと病院でウイルスにでも感染したんだわ」とタクに言った。ほんの一瞬、もっと悪いものかもしれないという考えもよぎったが、それもまた押しのけた。

吐き気はあったものの、お義父さんの面会を続けられないほどではなかった。お義父さんは実際、医師の絶望的な見立てにもかかわらず、少し元気になっているように見えた。ほとんど日中は覚醒していて、しばしば看護師が車椅子に乗せてくれたので、病院の屋上に連れ出すことができた。遠くに大阪城が見え、いろいろなビルについて尋ねると、お義父さんはそれらが何かを思い出すこともあった。時は六月初め、空気は暖かく、まだ蒸し暑くはなく、まもなく梅雨入りし、続いて地獄のように暑くてむしむしする大阪の八月が訪れる前の、束の間の温和な初夏の日々だった。私はルーフデッキの隅まで車椅子を押していった。部分的に陽の当たるその場所で、お義父さんがやがて疲れて「部屋に帰りましょうか」という私の言葉にうなずくまで、光と微風の中に座り続けた。末期癌であるにもかかわらず、また点滴痕で手足が傷のついた枕のようにみみず腫れだらけになっているにもかかわらず、医師たちはお義父さんがケアハウスに戻れるかもしれないとさえ考えていた。

ある午後、胃の感染症がなかなか治らないので、リサに電話して、体調がすぐれないのでパワーウォークには行けないと言った。そのころ、私たちは大阪城公園をいっしょに回るため、週に何度か病院の近くで待ち合わせていた。「でも、夕食をいっしょにどう?」と提案した。「午後はずっと病院だったから何か食べなくちゃ。スープくらいどう?」

リサのことは大阪にほんの数人残っている命綱のように感じていた。私はリサとなら不妊治療の失敗についていっしょに嘆いて笑うことすらできたし、リサはリサで、年に数回しか日本に来ないイギリス人パイロットの恋人について愚痴をこぼせた。リサは一度も子どもを欲しがったことがないので、子どもについてウキウキとしゃべりまくられる心配も、生まれたての赤ん坊とのひとときを過ごすために招かれる心配もなかった。

その夜、うどん屋で落ち合ったとき、リサはまずお義父さんの容態を尋ね、次に私の顔を覗き込んで言った。「それで、あなたの具合はどうなの?」

「私たちはお義父さんが早くケアハウスに戻れることを祈ってるの。私は大丈夫よ。ちょっと胃がムカムカしてるけど。きっと単なるストレスだわ」

私は胃にやさしいかけうどんを注文し、リサは天ぷらうどんを注文した。

「信じられる？　このところ、お酒も飲んでないのよ」冗談を言った。「不妊治療が終わったからには九カ月飲んだくれてやるという誓いを、自ら破ってるの」

リサは自分のビールを私のほうに掲げた。

「きっと週末までにはよくなると思うわ」私は別のレストランで赤ワインのボトルを二人で空けている場面を想像した。

「かわいそうなおチビちゃん」それは外国人の友達の中で一番背の低い私にリサが付けたニックネームだ。

うどんが運ばれてきたとき、リサの天ぷらを思わず見つめてしまった。ビールにはまったく魅かれなかった。でも突然、衣に覆われたその海老に猛然と食欲が湧き上がった。

「わあ、不思議。お願い、その天ぷら一つくれない？　なんだかもう治ってるみたい」

海老の天ぷらとうどんを平らげると、胃の具合が少しましになった。

「さすが私だわ、ウイルス性胃腸炎にかかっていても天ぷらが食べたくなるとは」

「もしかして妊娠じゃない？」

「まさか！」と言い、「それって、おばあちゃんが妊娠するようなものよ。ありえない。もう半年で四六歳の誕生日なんだから。ただ食いしん坊なだけ。ともかくついこの間、一〇日ほど前だったかしら、生理があったばかりだし」と付け足した。

「かわいそうなおチビちゃん！」残りのビールを流し込んで、またリサが言った。

子どものいる人が、私が突然妊娠するなんてことを冗談にしたら、イラッとしたたと思う。でもそのとき、私たちはただ笑った。

数日後の朝、面会時間に病院に行く前に、畳の部屋でゆったりとしたヨガを一時間ほどした。相変わらず胃は少しムカムカしていたが熱はなかった。最後のストレッチを終え、やわらかい畳の上に横たわっていると手足の力が抜け、リラックスしていると感じた。楽に息をしながら、もうしばらく横になっていると、リサの「もしかして妊娠じゃない？」という言葉がひょいと頭に浮かんだ。次に「かわいそうなおチビちゃん」という言葉と私たちの笑い声がよみがえった。

数分後、バスルームに行ってライクラのトップスを脱いで給湯スイッチを入れた。クローゼットの扉を開けてタオルをつかむ。手を伸ばしたとき、古い妊娠検査薬が目に入った。もう何カ月も検査薬は使っていなかった。ひっくり返してそのつやつやした箱の裏にスタンプされた有効期限をチェックした。まだ、切れてない。でもギリギリ。

シャワーを出して湯気が立つのを待っていると、いつもながらジャージャーと打ちつけられる水の音に膀胱がきゅっとなった。手の中の箱を眺めた。シャワーの隣にある小さなトイレに駆け込む間も、私の手にはその箱がしっかり握られていた。使ってしまったほうがいいかも、だってもうすぐ……期限切れの日付をふたたび見た。更年期に近づいた女性が早期妊娠検査薬を使うと、ホルモンが狂っているせいでかすかな陽性反応を見る場合があると聞いたことがあった。もしかしたら更年期の最初の確証を得るかもしれない。

数分後、シャワーは出しっぱなしのままで、すでに湯気が立ち始めてからしばらく時間がたっていた。私は素っ裸でぶるぶる震えていた。腕がまるで関節からはずれているかのように感じられた。携帯電話をつかんで職場のタクにメールを送った。妊娠検査薬に陽性反応が出た。かすかな反応ではない。今まで見た中で一番濃い線だ。「どうすればいい？」気でもふれたようにキーを押した。

震えながらタクからの返事を待った。

「落ち着いて」と最初のメールにあった。続いて「おなかを冷やさないで」

ＩＶＦなどを始める以前に行ったことのあるクリニックに向かった。尿サンプルをトイレの壁に開いた小さな白い窓口に差し出したあと、看護師にクローゼットのように狭い部屋に通された。まったく英語が話せない看護師に向かって、私はその朝の妊娠検査薬ではっきりした陽性反応が出たこと、でも一〇日前に生理があったので、これはどういうことだろうか、早めの更年期なのだろうか、といったことを説明しようとした。すると、隣の少し広めの部屋に移るよう身振りで示された。そこで初対面の医師に先ほどの支離滅裂な話を繰り返した。医師が目の前に置かれていたスティックを私のほうに傾けて見せた。そのテストでも、二本目の線はインクのように濃かった。

前々回の生理が始まったのがいつだったかを尋ねられ、私は頭をひねった。あれは六週間くらい前？　たぶんそう。血液検査を勧められるだろうと思っていたが、代わりに数部屋先の検査室に入るよう手招きされた。数分後、医師は超音波の画面を私のほうに向け、画面上の黒っぽい塊を囲むように指を回して、それを私の子宮だと説明した。そしてその中心で小さな白い光が素早く脈打っているのを、ともに見守った。

医師はその点滅している点の大きさを計り、妊娠七週くらいだと推定した。少し前に見たごく少量の血は妊娠初期に見られる出血で、今、私の中の胎児はすでに安定した強い鼓動を打っていた。

クリニックの外に立ち、ふたたび震えながらタクに電話し、私たちはどんなにそれが信じられないことか、どんなに衝撃的なニュースかといった言葉を、互いに何度も何度も繰り返した。

「よく言われる、ただリラックスするかトライするのをやめたら妊娠するっていう話は嘘ね」と私は言った。なぜなら、厳密にいえば、医学的介入はやめたものの私たちは相変わらずトライし続けていたし、タクも私もお義父さんの病気のことでストレスいっぱいだったからだ。

それから、流産した過去と私の年齢にもかかわらず、お義父さんに妊娠したことを知らせるかどうかについて話し合った。状況がまだ不安定であることはわかっていた。

「でも、ひょっとしたらお義父さんに喜びや希望を与えられるかもしれないわ」私の説得にタクも同意した。数日もすれば妊娠の話を忘れているかもしれないから、もし流産しても言う必要はないだろう。それでも、おめでたいニュースを聞いた残響が心のどこかに留まって、初孫の成長とともに自分の残す何かが後世に永続していくことに思いを馳せるかもしれない。

「オトウサン」その日の午後、お義父さんのベッドのそばで、波のように押し寄せてくるかすかな吐き気を飲み下しながら言った。「秘密があるんです」

お義父さんは私を見上げ、瞬きした。身体はシーツと毛布に巻かれ、点滴のコードが下のほうにくねっている。もう頭を上げる力も残っていない。

「ニンシンデス！　アカチャン・ワ・ナカニ！」ブロークン・ジャパニーズを補うためにおなかを軽く叩き、それから内緒というしるしに指を唇に当てた。お義父さんの目が大きく見開いた。咳払いをしようとし、少しの間そのニュースについて考えたのちに英語でささやいた。「タクは知ってるの？」

私は笑った。「もちろん！」

ふたたび日本語に戻して一連の出来事の説明を試みた。胃がムカムカしたこと。それで病院に行き、医師が検査をすると、おなかの中に胎児が見えたこと。タクと私がどんなに驚いたかも。そういった細かい情報について、お義父さんはふたたびしばらく考え込んでいた。「イツ？」と質問した。

一月、と答えると、お義父さんは私の手をつかみ、キスをし、そして号泣した。

妊娠一〇週に入るころ、産科医を割り当ててもらって分娩の予約をするために、産院を見つけるようクリニックに促された。さらに私の年齢が高く、また母親が三五歳以上の場合、生まれてくる子どもに遺伝子異常の発生するリスクが高まるので、スクリーニング検査も受けるようアドバイスされた。妊娠一三週に第一回のスクリーニングとして高画質の超音波検査を受けた。胎児の首の後ろ厚みを計ることにより、ダウン症や、脊髄や心臓の異常の可能性がわかる。赤ちゃんの心臓と脊髄は大丈夫ですね、と医師は言った。だが首のまわりの液体がほんの少し普通より多い。その測定値に私の年齢を加えると、生まれてくる子どもがダウン症である可能性は五分の一だと推定された。

その日、検査のあとにお義父さんの病院まで運転するタクは相変わらず陽気だった。そのころには、お義父さんはささやき声で話すことさえほとんどできなくなっていた。血管があまりにボロボロで点滴も難しく、看護師が可能な場所に管を差し込もうとしては諦めた痕で手首も腕も足首も傷だらけで、病院はタクにホスピスを探すよう勧めていた。

でも赤ん坊については、彼は確信していた。

「絶対に大丈夫だって気がする」ハンドルを軽く握って、車の流れの間をターンしていく。「むしろ、きみのほうが心配だよ」診察室で私がわっと泣き出したあとに、彼は言った。壁にピンで留められた超音波の検査結果を前に、看護師が医師の話をもう一度伝え、タクがそれを英語に通訳した。いつもどおりタクは私より楽天的だった。でもそのとき、私はただ恐れていたのではない。心が二つに引き裂かれていたのだ。

五年前に子どもを作ろうとし始めたとき、もし胎児に重い遺伝性の異常が見つかった場合は中絶しようということで、私たちは意見が一致していた。タクは、自分たちの年齢からいって、自立できない成人した子どもの世話を最後までし続けるのは無理だろうと言った。障害のある子どもどころか、健康な赤ん坊すら愛せるかどうかが心の底では不安だった私も同感だった。

でも今、車に座って腑抜けたようにダッシュボードを見つめる私の目には、フロントガラスの外の迷路はほとんど映っていない。今が妊娠を中絶するか、もしくは中絶しない代わりに生涯にわたる介護契約書にサインするかどうかを話し合うのにふさわしい時期でないことはわかっていた。なぜなら、お義父さんの身体が日一日と衰弱していくにつれ、そのベッドサイドに行くことがますますつらく、心が疲れ果てていたからだ。でも同時に、私にはもはや五年前に決めていたことを貫ける自信はなかった。タクがどう感じているかはわからなかったが、私たちの赤ん坊がどんな形で私たちのもとにやってこようと、ついにその子を腕に抱くためにできるかぎりのことをしないでいるというのは、私にはとうてい考えられなかった。とりわけお義父さんが私たちのもとから去ろうとしている今。

病院に着くと、そのころにはお義父さんが赤ん坊に会えないであろうことは、みんなわかっていたが、タクはお義父さんに名前を考えてほしいと言った。数日後、お義父さんはささやくこともできなくなって完全に無言になり、どんな名前を選んでくれていたにせよ、それはモルヒネの靄の中に埋もれてしまった。

胎児が誕生まで生き延びられることがほぼ確実になる妊娠四カ月に入ったころ、お義父さんは亡くなった。それは七月末の土曜の午後で、タクとケイは病院のベッドに横たわるお義父さんの遺体に服を着せた。二人の看護師が彼らの傍らで手伝い、ガウンを脱がせてボタンダウンのシャツとズボンを着せた。お義父さんはその姿で火葬に付される。

数日後、私たちは火葬場に集まり、お義父さんの遺体に最後の別れを告げた。制服を着た職員が金属のトレイを炉に続くエレベーターから引き出し、お義父さんの骨が現れたとき、私は本能的に手をおなかに当てていた。お義父さんの全身の骨が衝撃的なほど形を崩さず白い灰の層に横たわっていた。タクと私、ケイとフナキさん、ミチコさんとハマタニさん、さらにお義父さんのたった一人生存している兄弟とその妻が、順番に箸を使って骨のかけらを拾っては壺に入れていき、最後に職員がそれを白い箱に入れて白い布で包んだ。最終的にそれはタクのお母さんの傍らに埋葬される。

それからまもなく、私自身と胎児両方のDNAが含まれている私の血液を使った最終的なスクリーニング検査があった。結果が出るのは三週間後。私のまわりの空気はタクのお父さんが突然いなくなったために真空が生じ、不快な無重力状態に突入したかのように、より軽く、より灰色に感じられた。スクリーニングの結果によっては中絶するかどうかをタクと話し合うべきだとはわかっていたが、あえてその話題はもち出さなかった。身内を亡くした悲しみで、まるで空気のない沼にいるかのような状態にあるのに、どうしてそんな話を切り出せるだろう。どっちみち、結果がわかるころにはほとんど妊娠一二週目に入っているんだもの。中絶するには遅すぎるわ。赤ん坊は大丈夫だというタクの揺るぎない楽観を共有していたわけではなかったけれども、時間が私たちのために何らかの決断をしてくれることを祈っていた。

八月半ばのある朝、例のスカイプを使ったケンブリッジのセラピストによるカウンセリングで、スクリーニングの結果、もし赤ん坊にダウン症や重度の染色体異常があることがわかったらどうするかという話題をもち出された。私が父親を亡くしたばかりのタクにその話を切り出したくない気持ちは彼女も理解していたが、話し合いを避けていることで生じる結果について考えてみるよう促された。もし検査結果が返ってきたときに赤ん坊が健常でないとわかったら、共同で意思決定をするのに十分な時間が残されていないのではないか？　特に遺伝子異常がある子どもを育てるかどうかについては同意しているという前提のもとに過去何年間も過ごしてきたならば。

　私は最終のスクリーニングを受けた日のことを思い出していた。その病院では採血の前に遺伝カウンセラーと会うことになっていた。カウンセラーは染色体異常と出産年齢の関係を示す統計グラフを私たちに見せた。グラフは四四歳のところで終わっていた。

「出産するときには四四歳になっているのですね？」カウンセラーが日本語で質問した。

「四六歳です、プラス半年」目を凝らしてグラフを見ながら答えた。

「まさか、すごくお若く見えますよ！」彼女は断言し、それから笑い、目の前の不吉きわまりない統計など気にしなくていいといわんばかりにグラフの上で手を振った。

　セラピストが正しいことはわかっていた。もし検査の結果が陰性なら、それは赤ん坊が九九パーセントの確率でダウン症でないだけでなく、さらに二つの重度の先天性異常についてもほぼ大丈夫という保証となり、大いに安心することができる。だが陽性反応は判断が難しく、さらなる検査が必要になる。最終的には羊水穿刺《せんし》という、流産を引き起こす可能性もある、より侵襲的な診断方法の結果を待たなくてはならなくなる。そのころには、二四週に限りなく近くなるが、それを過ぎると日本では人工妊娠中絶が違法となる〔現在では妊娠中絶が法的に可能なのは二一週と六日まで〕。

「絶対に中絶しないと決めているわけではないんです」説明を試みた。「もっとも、（中絶は）きっとできないと思ってますけど」急いでそう付け加えた。手がふたたびおなかにいく。長年不妊治療をするうちに理解したことを思い出していた。難しい選択を迫られたときに自分がどんな決断をするかは、それまでどんなに想像の中では確信していたとしても、現実として目の前に迫るまでけっしてわからない。だから、たとえ今は中絶することなどできないと思っていても、私たちの赤ん坊が私たちがいつも夢に描いていた姿とはまったく異なることを知ったときに、私が実際にどう感じるかはけっしてわからないのだ。もし突然、私たちの残りの人生を永久に自立できない子どもの世話に捧げるよう頼まれたら？　またはダウン症よりも重い障害があり、生まれても数日しか生きられないとしたら？

「もし非常に重い遺伝子異常があり、赤ん坊にひどい苦しみや痛みを引き起こし、しかも生後間もなく死ぬ運命にあるなら、ええ、たぶん中絶を受け入れなくてはならないと思います。もっとも、そのようなケースなら、きっと首の後ろの超音波検査でなんらかの兆候が見えたでしょうから、その可能性は低いと思いますけど」

「でも、ダウン症は……」少し間をおいて続けた。「ここにきて急に、私にはダウン症についての決断が難しくなったんです。もっとも、いざとなったときにどう考え、何を選ぶかはまったくわかりません」できるかぎり正確に説明をしようとして、そう言い足した。するとお義父さんのことが頭に浮かんだ。お義父さんを失ってこんなにすぐにまた、今度は赤ん坊を失う決断をしなくてはならなくなるかもしれないなんて……。声がつまるのを感じた。

「続けて」短い沈黙のあとで、カウンセラーが言った。

パソコンにつながれたヘッドセットのコードを人差し指に巻きつけながらリビングを見回し、声の調子を整えた。

「ただ……ダウン症の赤ん坊にはいい人生を、充実した人生を、送れる可能性があるかもしれないって気がするんです。たとえ染色体は異常でも」ふたたび少し沈黙した。視線を天井に移して、目が普通よりかすかに朦朧とした半分日本人で半分西洋人の赤ん坊の姿を想像しようとした。大阪の近所の歩道を右に左によちよち歩く、黒髪のおとなしい幼児が心に浮かんだ。人々が最初に気づくのは何だろう？　西洋人の特徴だろうか、それともほんの少し変わった表情だろうか？

次に想像したのは、ダウン症について書かれたあらゆるものを読み、そのすべてのバリエーションについて学び、その遺伝子的特徴をもつ子どもの人生を可能なかぎり充実した楽しいものにするための理論に没頭する自分自身の姿だった。その中に私はどんな隠れた喜びを見出すだろう？　その経験が私に限界を設けると同時に成長させ、どんなふうに私を変えるだろう？　どのように同様の子どもを抱えた家族のコミュニティをまわりに引きつけるだろう？　そんなことが頭に浮かんだ。

話を続けた。「それに、たぶん、私はダウン症の子どものいい母親になれるっていう気がします」

カウンセラーは沈黙している。

一呼吸あったあと、彼女は小さく「わぉ」という言葉を漏らした。

「えっ？」

「わぉ」またその一言。「ただ、あなたがそんなことを言うのを一度も聞いたことがなかったものだから。トレィシー、子どもを作ろうとしていたこの何年もの間、あなたの口から、いい母親になれそうだなんて言葉、一度だって聞いたことはなかった……どんな子どもに対しても。でも今、聞いたわ。この耳ではっきり、あなたがそう言うのを聞きました」彼女はしばらく話すのをやめ、それから付け加えた。「それって、すごいことよ」

「ふうん」自分では考えたことがなかったけれど、そう言われると彼女が正しいとわかる。私の中の何かがすでに変わっていた。それは、ただ生きていくためだけでなく、際限ない愛の要求に応える自分自身の能力に対する信頼だ。私にはわかる――それはお義父さんが私に授けてくれたものだと。

スカイプを切断したあと、衰弱していくお義父さんの世話をし、同時にタクを支えていたときに私が受けたあらゆる挑戦と重労働について考えた。オムツを交換し、深夜にシャワーを浴びさせ、こっそりカーペットをこすり洗いし、病院で何時間も不安な時を過ごした（ここでも私の言葉を話さない人たちに囲まれて）。ストレスや悪臭や極度の疲労もだが、そういったすべてのことが、ただ私が扱えるものになっただけでなく、とても貴重なものになったのだ。なぜなら、それはタクとお義父さん両方と私の絆の大事な一部だったからだ。

振り返ると、病気という私たちの手に負えない存在に縛られたのは、ほんの一年程度だった。無論、それは一日二四時間週七日休みのない子育ての大変さにはとうてい及ばない。とはいえ、完全に圧倒される毎日だった。でもそれが終わったとき、私はもっと時間があればよかったのにと思った。もし、もっと時間を与えられたなら、迷わずあのすべてを行っただろう。きっと、それこそが愛を耐えられるものにするのね、と思った。絆、親密さ、相互依存、相手の苦痛を和らげ、世話をして、一日でも長くいっしょにいたいと願う熱い想い。だからといって、介護や子育て――どんな子でも――の巨大なストレスがなくなるわけではない。ただ、それを価値あるものにしてくれるだけ。愛はあらゆる手段で私たちを自分自身から引き離し、最後にはまた自分を取り戻させる。そして、それは私たちにより大きな人間になるチャンスを与えてくれる。

エピローグ　着　陸

タクと私はベッドに横たわっている。もうすぐ妊娠二四週。一カ月足らず前に赤ん坊の検査結果がすべて陰性だと知らされたとき、私は飛び上がって喜んだ。医師によると、一月末に健康な女の子が生まれるだろうとのこと。私の夫はそのニュースを聞いたとき、はい、またもやぼくの変わらぬ楽観主義の正しさが証明されました、とばかりに首を縦に振っていた。

数日後にはボストンに飛び、おなかが大きくなりすぎて長旅が困難になる前に、三週間を故郷で過ごす予定だ。アメリカに戻り、家族や友達に会って、食べたくてたまらないアメリカの食べ物をすべて食べることが楽しみでたまらない。私の両親がこの先どれくらい長く健康でいられるかはわからない。そして今の私は、彼らを失うことがどういうことなのか、感覚的に少しわかっている。

でも、私は不安にもなっている。前回ボストンを去るときには、まさか一年もしないうちにまた戻ってくるとは夢にも思っていなかった。しかも今回はおそらく子どもを連れないで帰る最後の帰省になる。子どもが生まれたあと、ボストンとの関係をどうやって維持していけばいいのだろう？　面倒を見なくてはならないお義父さんがいなくなった今、少なくとも最終的にだけれども、タクと私は以前より楽にアメリカに移住できるのだろうか？　そもそも赤ん坊がいながら同時に二つの国と密接につながっていることなんて、経済的に可能なのだろうか？

この先も日本はけっしてホームだとは感じられないだろう。でも、この国が私の永遠の一部分になったことは否めない。私の夫がいつも一番しっかりと地に足が着いていると感じる国。お義父さんの遺骨が永遠に眠る国。私の赤ん坊が生まれ、その出生地になる国。ある意味、この国とその文化は、今では私の身体の取り除けない一部になっている。私の肉体の中に組み込まれた、異質の世界に起源をもつ肉体。どうすれば、人はこんなパラドックスと折り合えるだろう？

そして、赤ん坊は私とタクの関係をどう変えるのだろう？　小さな子どもがいる人で夫やパートナーを一瞬でも憎んだことがないと言う人を、私は一人も知らない。新生児のもたらすストレスは現代の結婚生活の最大の試練の一つだ。タクと私は今までのところ、稀にみる相性の良さで幸福に暮らしてきたが、裏を返せば、喧嘩をしなければ上手な喧嘩の仕方も学ばない。私はこの新しい挑戦を私たちがどう扱うかが心配だ。二人の間に距離が生じた際、それをうまく扱える手腕をはたして私たちは磨いてきただろうか？（この不安をタクに打ち明けたところ、彼は自信満々で「大丈夫だよ！　きみのご機嫌が悪くなっても、もちろん、ぼくはちゃんと扱えるよ」と言ったが、それでは論点がずれている！）

幸運にも妊娠を無事乗り切り、硬膜外麻酔〔無痛分娩用〕なしでの分娩を生き延び、なんとか出産を終えて私たちの赤ん坊に会えたあとについては、私の中に何の答えも、定まったプロットもない。日本人の産前担当看護師は、当病院では無痛分娩は行っていませんときっぱり断言し、にこやかな笑みとともに「ジャ・ガンバッテネ！」と言った。彼女には私の体重が増えすぎだと叱責された。が、妊娠に関するアメリカの本によると、私の体重の増え方はまったく正常の範囲内だ。出産をすることに決めたその病院に、夏に初めて行って以来、その看護師は私の身体の

〝脂肪〟について気を揉み続けている。

「アメリカ人はジュースが好きですからね！　でもジュースはやめなくてはいけません！」と命ずる。タクが妻は確かにアメリカ人だが特にジュースを好んではいないといくら説明しても、聴く耳をもたない。そのころの私はしょっちゅうムカムカして、氷のかけらくらいしか口にできない状態だったというのに。

おまけに八月に入ると、彼女は早くも一二月の食事の危険性について警告し始めた。厳格さと喜びの混ざり合った表情を顔に張り付かせて私を見据え、意気込んで「クリスマス休暇がやってきます。でも、楽しんではだめ！」と説く。彼女は少し英語が話せたが、私はユダヤ人なのでクリスマスは祝わないし、一二月に普段よりたくさん食べたりもしないという私の説明をタクが通訳しなくてはならなかった。タクがその点をはっきりさせようとすると、彼女は一瞬口を閉じたが、ユダヤ系とはどういう意味か、また彼らの冬の休暇はなんと呼ばれているのかと日本語で質問した。タクが「ハヌカー」について説明を試みると、私はそれに、事実ハヌカーは子どものためのお祭りなので、大人の私はそれも祝わないと付け加えなくてはならなかった。この新しい耳慣れない情報を取り込もうと、看護師は先ほどより少し長く沈黙し、丸い顔を傾けて考え込んでいた。だがついに背筋を伸ばすと、ふたたび目で私をしっかりとらえ、にこやかに微笑んだ。

「そうですか。でも、いずれにしろ一二月にはすでに体重が増えすぎていると思います！」

それからタクのほうを向き、さらに通訳の必要な注意事項を付け加えた。太りすぎていることを忘れないために「毎日、朝に一度と夜にもう一度、体重を計る」という提案だった。それにはタクも私も、つい吹き出してしまった。

そのうち、まだ妊娠六カ月に差しかかったばかりにもかかわらず、近所の人たちからウキウキした口調でおなかの子は双子かと質問され始めた。ある隣人は私のおなかを指さして指を二本立てたので、私は笑って「いいえ」と言いながら指を一本立てた。自身も三人の子の母親であるその人が会うたびに同じ質問をするので、最近では私の微笑は少し引きつっている。この人、妊娠二四週で突然二つ目の受精卵が育っていることが発見されるとでも思っているのかしら？

別の隣人は、私たちのマンションのすぐ近くの、よくスムージーを買う小さな店で私を呼び止めた。彼女は、私の赤ん坊のように、日本人でありながら同時に外国人でもある子どもは何と呼ぶかという難問に対する答えを授けてくれた。私の子どもはどうやら〝両方〟ではなく、〝半分〟を意味する「ハーフ」らしい。明らかに両方の何かでもなく、ダブルでもなく、完全な一人でさえなく、半分日本人――あたかも残りの半分は存在しないか、名前を付ける必要すらないかのように。彼女は興奮ぎみに私のおなかを指さし、二人の店員に向かって、私の夫は「ニホンジン」だから、おなかの子どもは「ハーフ」なのだと言った。彼女たち三人は感嘆の声を上げ、微笑み、どんなにハーフの子どもがかわいいかというおしゃべりに夢中になった。私は赤ん坊が生まれたら、お披露目しに連れてこなくてはと思った。また、その通りの先にあるカフェでは、レジ係が私のおなかをうれしそうに見て「スグ？」と尋ねた。

私とおなかの子どもが健康であるかぎり、私は体重の増え方は気にならない。でも、生まれたあとのことを考えると、奇跡のような何かが私に起きようとしていると感じながらも、依然として母親になることに対する恐怖はある。落ち着かなくて、ときには、いいえ、しょっちゅう怖いと思うけれども、今ではこの不快さ、この狼狽、それこそが人生だと知っている。計画が失敗したわけではない。選択した目的や下した決断の間違いでもない。人生はただ、現実がひっきりなしに何度も何度も私たちを連れていく、避けることのできない到着ロビーなのだ――もし私たちが幸運ならば。

私は成年早期のあまりに長い年月を、自分を見失うことを恐れ、人生に対する確固としたコントロールや揺るぎないシナリオを手にしているという幻想にしがみつきながら過ごした。でも今、日本や、お義父さんの病気と死や、現代の結婚という窮境に自らをどっぷり沈めたあとに、しだいに理解し始めている。まず何かに自分を見失わせないかぎり、自分自身を正しく発見することはできないのだと。

＊＊＊

ベッドの上で私は大きくなったおなかに手を当てて、仰向けの姿勢から寝返りを打った。ものの本によると、長く仰向けでいることは胎児の成長や胎盤への血流に悪影響があるそうだ。私はタクの傍らで手足を伸ばした。タクが赤ん坊に話しかけるために身を乗り出してくる。毎晩、彼はそんなふうにして日本語でわけのわからないことをささやいている（きっと「外国人の言うことなんか聞くなよ」とでも言ってるんだわと、私は友達に冗談を言う）。私のおへそに唇を当て、あたかもそれが子宮につながる電話線の、過去から現在そして未来へとジェネレーションをつなぐ入り口ででもあるかのように会話をしている。それから顔をおなかに乗せてくる。皮膚に無精ひげがチクチクする。すると赤ん坊が内側からおなかを蹴り、タクは頭を上げてにっこりする。

「Is it lovely?」（ほんわかと幸せ？）彼が尋ねる。Lovely の音がアクセントのせいでちょっとrubbery（ゴムのような）にも聞こえるので、彼の言っていることがわかるまでに少し時間がかかる。「おなかの中に赤ん坊がいるって」と彼が付け加えた。

「うーん、ほんとうのことを言うと、ちょっと妙な感じ。でも、そうね、ほんわかと幸せよ」

今と同じように二人でベッドに横たわっていた何年も前のある夜に思いを馳せた。あのときは結婚直後で、まだ誕生も死もこんなに重みのある現実的な話題にはなっていなかった。あの夜、タクは少し酔っていて、めずらしく寝つきが悪く、何度も寝返りを打っていた。日本の企業文化の普遍的な一部である、仕事のあとの「ノミカイ」と呼ばれる、妻やパートナー抜きの酒宴から帰宅したばかりだった。

すると突然、彼はパーフェクトな睡眠姿勢の探求をやめ、頭を上げ、私を見て、目を細めた。そして、その夜も私がちゃんと消毒剤入りうがい薬でうがいしたかどうかという、厳粛な話題をもち出した。それはおなかを冷やさないことと並ぶ、日本人が愛し執着する健康維持法の一つなのだ。

私がその日もまた〈ベタディン〉〔ヨードチンキに似た消毒液〕のような液体を喉に流し込むことができなかったと認めると、彼は「身体に気をつけないと」と、頭を枕の上に勢いよく戻しながら言った。「そうすれば、一二〇歳までだって生きられるんだから。あの沖縄の老人みたいに」

彼はしばらく考えていたが、ふたたび眠りに向かったようだった。だが、そのうち「ぼくはきみより若いから」とボソッと言った。「おまけにぼくは日本人だから、きっとぼくのほうが長生きする」

「あら、私は女よ。女のほうが男より長生きなのよ」

「でも、二人とも一二〇歳まで生きたら」声が消えかかる。「結局、ぼくのほうがあとに残ることになる。きみのほうが先に一二〇になるからね」

「まあ、それも悪くないかな。それでいいかな」夢まじりのうつろな声になっている。「それなら、きみを送れるから」小声でつぶやいて、ついに眠りに落ちていった。

今、四六歳で妊娠している私は、その夜のことを思い出しながら、私の肘の上に重い頭を乗せているタクを見つめている。すると彼がゆったりと寝返りを打って仰向けになった。手をしばらく私のおなかの上に乗せたままだったが、やがて引っ込め、やさしく彼を引きずり込む睡眠に身を任せた。

これがみじんの疑いもなく、私がこの世で最も困難で恐ろしい旅——死に至る最後の行路——を終える日までずっと、私をそばで支え続けようとしてくれている男、と心の中で言った。すると私は、少なくとも人生の最も本質的な意味の一つにおいて、今ほんとうにホームにいるのだと感じた。まだ自分が正確にどこにいるのかも、また、ある場所がホームであることをどう証明できるのかもわからないままに。

するとほんの一瞬、私の中で今なお自分でも認めたがらない部分が、かすかに頭をもたげた。それは私があまりに誰かに依存した、あまりに月並みな存在――自身の人生が「家庭」「日常生活」「愛」「夫」そしてたぶん今は「子ども」もだけれど、そういったものの支え合いで成り立っていることに気づいた女、そして自らの世界や人生設計をたった一人の男のために手放した女――になってしまったことだ。

けれども、そうすることで私は地にしっかり足が着いた感覚や、自分の中の強さに対する新しい種類の信頼や、地図上に表すことができない、より私的で、より私のものである恒久不変な内なる場所を育てたのだ。それを知った今、私はより深い真実に気づき始めている――小さな腕を地球の上に広げ、いくつもの計画を手放したあげくに、私が〝私バージョン〟の月並みな女になったことは、信じられないくらい幸運なことだったのだ、と。

謝辞

私は家族に大変感謝しています。私的な会話や思い出を公にすることには乗り気でなかったにもかかわらず、惜しみない寛容さでもって本書の執筆を応援してくれた両親と長姉。絶え間なく励まし続けてくれた兄のスコット。そして、どんなときにも私が本を書くことを後押ししてやまなかった次姉のローレン――彼女の書く散文の純粋な美しさにはいつも驚嘆させられると同時に、目標とするものを与えられました。また私を温かく受け入れてくださり、日本についてだけでなく、家族というものの意味についても教えてくださった夫の親族のすべての方々に心からの感謝を捧げます。

この本が存在しているのは、ひとえに編集者のセーラ・ミンニヒ・ブラックバーン（以下敬称略）のおかげです。彼女の洞察力と叡智、助けと励ましがあったればこそ、私はこの回想録を最後まで書き続けることができましたし、また暗く苦しい時期には、希望をもって努力する何かを与えられました。ですから私はライターとしてだけでなく、一個人として彼女に深く感謝しています。彼女といっしょに仕事をすることになった幸運が、私は今でも信じられません。同じく、パトナム社で本書の制作、デザイン、後方支援に携わってくださった方たち全員――とりわけ、広報に尽力し、さまざまなアドバイスをくださったステファニー・ハーガドン――にも感謝の気持ちでいっぱいです。さらに、私の出版エージェントであり、ホッケーママ！でもあるレイチェル・サスマン。彼女とともに仕事ができたことはこの上なくラッキーだったと感じています。彼女は出版業界に漕ぎ出していく新米作家の私を支えてくれただけでなく、折々の会話でも楽しませてくれました。そしてレイチェルを見つけることができたのはイブ・ブリッドバーグのおかげです。ドリアン・カーチマーには、出版エージェントを探していたときに授けてくださったアドバイスと親切にお礼を申し上げます。また、本書のいくつかの部分について公に語るチャンスを初めて与えてくださった「ニューヨーク・タイムズ」紙のブログ「マザーロード」のK・J・デル・アントニアにもお礼を申し上げます。

この本の執筆にあたっては多くの友人から力を借りました。ジェニファー・アイヴァース、マーク・カウフマン、サリ・ボーレンは素晴らしい編集者であると同時に、言葉で表せないほど寛容な読者でもありました。以下の友人たちも同様です。ミーガン・サリヴァン、ジェシカ・グッドブフェロー・ウエノ、ジョディ・ハーモン、ピーター・クレイグ、リサ・スィーセン、コリーン・シールズ、スーザン・ブランバーグ＝ケイソン、ポール・モリソン、メアリー・ヒリス、ゾーウィ・ジェンキンス、サスティ・ラヴィニア、トレイシー・ニシザワ、そして〈グラブ・ストリート・ボストン〉のアレクサンドリア・マーザノ＝レスニヴィッチ。ティム・ハギンスには友人としてだけでなく、出版、広報、書籍販売についてのアドバイスでも計り知れないほど助けられました。マイケル・ロウェンタル、ジェニファー・ヘイ、エリーサ・イースト、キートリン・ソリマイン、エリザベス・マッケンジー、エリザベス・サール、ドン・リー、ブレット・アントニー・ジョンストン、イーサン・ギルスドーフ、リーザ・ローウィッツ、アリスン・ロブロン、リンダ・ショスバーグ、ハイジ・ダロウも同様です。

長年にわたり〈フォー・ストーリーズ〉で朗読してくださった作家の方たちには、作品を参加者たちと分かち合う寛容さだけでなく、読者を夢中にさせる執筆や朗読の方法について教えてくださったことに対し、心からの感謝を捧げます。いずれの場合も感動し、創作意欲を掻き立てられ、驚嘆させられました。

また、私の参加した〈メディアビストロ〉コースのインストラクターや学生たちからのサポートにも大いに感謝しています。ジル・ローゼンバーグとケリー・マックマスターズ、あなたたちの助言なくしては、私は採用される企画書を書くことはできなかったでしょう！　ミーガン・パークス、スコット・ロドブロ、ロバート・ヘンダーソン、カーラ・ブラニング、マーリン・ハインリッツ、ジョン・ディロン、イザベル・マリノフ、ピート・イヴァナウほか、〈メディアビストロ〉のすべての方たち、あなたたちとともにこの本で作家としてのスタートを切れたことを大変うれしく思います。

最後に、あまりに多くの意味でとても言葉では言い表せませんが、私の夫に、そして、想像すらできなかったほどのハッピーエンドをもたらしてくれた私の娘に、心からの感謝を捧げます。

訳者あとがき

英米文学で博士号を取得し、ボストンの大学院で教鞭を執っていた著者のトレイシー・スレイターは、結婚相手の国である日本では、心ならずもレトロな〝主婦〟という存在に甘んじるしかなかった。——となれば、この本は彼女が日本という特異な国の、とりわけ大阪の濃い文化に直面したときの驚きや当惑をユーモラスに描いた比較文化系ノンフィクションだと思われるかもしれない。もしくは、彼女が数々の恥ずかしい失敗や困難を乗り越えながら、しだいに異文化に適応していき、最後には日本を愛するようになったというハッピーエンドの〝乗り越え本〟、または読者を元気にする人生指南本ではないかと……。もちろん、そのどちらもこの本の重要な一面ではある。けれども、それだけではない。ここで語られるのは、アメリカ北東部の典型的知性派キャリアウーマンのトレイシーが、この世の何にも増して価値を置き、長年注意深く守り続けてきた「自由と自立」を、苦しみ迷いながら少しずつ手放し、別のもっと貴重な何かと置き換えていく感動的なストーリーだ。

トレイシーはボストンのきわめて裕福なユダヤ系アメリカ人の両親のもとに生まれ、まるでハリウッドスターの家のような豪邸で使用人に囲まれて育った。しかしその家庭は彼女がわずか一〇歳のときに、両親の突然の離婚により崩壊してしまう。寄宿学校に送られ、姉兄とも会えなくなり、思春期には平凡な苦悩をもてあそんだ（本文より）ものの、最終的には博士号を取得して大学院の講師という誇れるキャリアを手に入れた。けれども、幼い日の悲痛な体験は、彼女の人生観や価値観に大きな傷痕を残していた。

二度とふたたびあのような大きな悲しみを外から押しつけられないよう、二度とあんなに無力な存在にはならないよう、彼女は自分自身と固い約束を交わしていた。それは「今後、私は誰にも依存しない」「誰のためにも、何のためにも、けっして多くのものを犠牲にしない」という誓いだった。そして、経済的にも、精神的にも、またライフスタイル的にも頑ななまでに自立した自由な存在――しがらみのない羽のように軽い存在――をめざし、それを完璧に実現していた。

そんな自分に大満足していた彼女だったが、三〇代も終わり近くになって、突然、交通事故にでも遭うように、MBA課程の研修旅行で教え子になったタクという日本人サラリーマンと恋に落ちる。それにより、彼女の人生は急転直下、思いもしなかった方向へと進んでいった。

タクが与えてくれたものは、過去に経験したことがなかった温かい愛であり、それまでの自身のポリシーや生き方とは相克する「守られている心地よさ」や「誰かに面倒を見てもらう安心感」だった。でも、それを切実に欲していたわけでも、またその真の価値に気づいていたわけでもなかった彼女は、まるで足でもすくわれたかのような不安を抱くのだった。

その上、タクと人生を共にしようとすれば、言葉も文化もまったく未知の、大阪という驚くほど非コスモポリタン的な街に移り住まなくてはならない。それは奇しくも、けっして手放さないと誓っていた自分自身の居場所やキャリアのみならず、自由や自立も手放し、それを奪おうと侵入してくるものから身を守るために長年堅固に築いていた防護壁を切り崩していくことを意味した。人生で何かを得るために、大切な別の何かを諦めなくてはならない、究極の二者択一。

最終的に、二大陸に身を引き裂かれるような苦悶の末、彼女にタクとの日本での暮らしを試みようと決意させたのは、本文中にも語られ、また彼女自身が雑誌のインタビューでも答えているように、それを試みもしないで手放したなら、将来「後悔するかもしれない」という恐怖だった。この「後悔したくない」「いつか人生を振り返ったときに、そのときどきで少なくともできるだけのことはやったと思いたい」という強い思いが、やがて六年以上にもおよぶつらく苦しく孤独な不妊治療においても大きな推進力になる（不妊治療中の人に対するまわり人たちの、あくまで善意から出た安易な慰めや励ましが、どんなに当人たちを激しく怒らせ、孤独にするかを、彼女は包み隠すことなく吐露してくれた）。

アメリカの博士号などなんの役にも立たない大阪での生活では〝主婦〟という身分に甘んじるしかなく、高学歴の学究派キャリアウーマンという彼女のアイデンティティは根底から揺らぐ。その点については、たとえ日本での生活がどんなに長くなろうが、またどれほど日常に幸せを感じていようが、けっして折り合いをつけることはできなかった。祖国にいたなら手に入れていたはずの成功や、手放した多くのものへの未練が、繰り返し波のように襲ってきて、折に触れ彼女の心をちくちくと苛《さいな》むのだった。

けれども気がつけば、かつて「自分の人生にはいらない」とあれほどまで強硬に拒絶し、「けっして作らない」と誓っていた核家族を築いていただけでなく、夫の親族という究極のしがらみにも組み込まれていた。アメリカでは一度も料理をしたことがなかった彼女が、日本のマンションの狭小キッチンで舅《しゅうと》のために定期的に夕食を作り、舅が病に倒れたあとは昼夜を問わず心のこもった介護をする。けっして楽しんでやれたわけではない。けれどもその大変さ、その狼狽、そういった重いしがらみこそが、人生を生きる意味のあるものにする「愛の貴重な一つの形」なのだと気づかされる。そして、人生の重さと軽さ、それに伴う地に足が着いた感覚について、私たちはあらためて考えさせられる。人生の先に何があるかは生きてみないとわからない。人生は、まさしく彼女が言うように、現実がひっきりなしに何度も何度も私たちを連れていく、避けることのできない到着ロビーなのだ。

本書を訳していた間に幾度となく思い出されたのは、二〇年以上も前に読んだミラン・クンデラの名著『存在の耐えられない軽さ』だった。

両親を、夫を、愛人を、祖国を裏切り、面倒な関係をことごとく切り捨ててきたサビナが、あるとき突然、異国の地で感じた空虚さ、存在の耐えられない軽さ。

——人生のドラマというものはいつも重さというメタファーで表現できる——

——人間がそこを目指して進む目的地はいつも隠されている——（千野栄一訳）

クンデラのそんな言葉が繰り返し心によみがえってきた。

末筆になりましたが、本書を訳す機会を与えてくださり、編集段階では大変お世話になった亜紀書房の高尾豪氏に、この場を借りて心よりのお礼を申し上げます。

二〇一六年晩夏　　高月園子

トレイシー・スレイター
作家。アメリカ・ボストン出身。ブランダイス大学で英米文学の博士号を取得。自ら創設した朗読クラブ〈フォー・ストーリーズ〉がボストン、大阪、東京などで好評を博す。ペンニューイングランドのフレンド・オブ・ライター賞を受賞。
04年、東アジアの企業幹部社員を対象としたMBA課程においてビジネス・コミュニケーションを教える講師として来日、現在の夫と出会い結婚。大阪在住。

高月園子
翻訳者・エッセイスト。『災害ユートピア』『ハイジャック犯は空の彼方に何を夢見たのか』『殺人鬼ゾディアック』（亜紀書房）、『戦禍のアフガニスタンを犬と歩く』（白水社）、『なぜ人間は泳ぐのか』（太田出版）他、訳書多数。20年以上におよぶロンドン生活をテーマにした『おしゃべりなイギリス』（清流出版）、『ロンドンはやめられない』（新潮文庫）などの著書もある。

亜紀書房翻訳
ノンフィクション・シリーズ Ⅱ-11

米《べい》国《こく》人《じん》博《はく》士《し》、
大阪《おおさか》で主《しゅ》婦《ふ》になる。

2016年10月15日　第1版第1刷発行

著　者　**トレイシー・スレイター**
訳　者　**高月園子**
発行所　**株式会社亜紀書房**
〒101-0051
東京都千代田区神田神保町1-32
電話 03(5280)0261
http://www.akishobo.com
振替　00100-9-144037

装　画　**小山萌江**
装　丁　**セキネシンイチ制作室**
印刷所　**株式会社トライ**
http://www.try-sky.com

ISBN978-4-7505-1441-3